Ram Adhar Mall

Mensch und Geschichte

Ram Adhar Mall

Mensch und Geschichte

Wider die Anthropozentrik

Wissenschaftliche Buchgesellschaft
Darmstadt

Einbandgestaltung: Neil McBeath, Stuttgart.

Die Deutsche Bibliothek – CIP-Einheitsaufnahme
Ein Titelsatz für diese Publikation ist bei
Der Deutschen Bibliothek erhältlich

Gedruckt auf säurefreiem und alterungsbeständigem Werkdruckpapier
Printed in Germany

Besuchen Sie uns im Internet: www.wbg-darmstadt.de

ISBN 3-534-14970-X

„Der Mensch muß wieder neu lernen, die große unsichtbare Solidarität aller Lebewesen untereinander im Alleben … zu erfassen.“

Max Scheler

„Wer sagt uns aber, daß die Welt auf den Menschen und seine Geschichte hin angelegt ist und nicht auch ohne uns sein könnte, nicht aber der Mensch ohne Welt, in der er und durch die er überhaupt da ist.“

Karl Löwith

Inhalt

Vorwort

Der Titel des Buches ›Mensch und Geschichte. Wider die Anthropozentrik‹ klingt nur scheinbar gestelzt, denn der Verfasser glaubt weder an die Geschlossenheit der Anthropologie noch an die der Geschichte. Es geht um die zentrale Frage: Bestimmt sich der Sinn der Anthropologie und der Geschichte aus ihnen selbst? Wenn nicht, woraus dann? Es ist zwar richtig, dass jede Geschichtsphilosophie eine bestimmte Anthropologie voraussetzt und dass eine jede Anthropologie eine bestimmte Geschichtsauffassung zur Folge hat. Dennoch geht die Anthropologie nicht in der Geschichtsphilosophie ganz auf, ebenso wenig umgekehrt. Den unüberschreitbaren Rahmen erhalten Anthropologie und Geschichtsphilosophie von ihrer Verankerung in dem großen Haushalt der kosmischen Natur.

Die Suche nach dem Verhältnis von Mensch und Geschichte oszilliert zwischen den beiden in dauernder Spannung befindlichen Polen einer Machbarkeit der Menschen durch die Geschichte und der Geschichte durch die Menschen. Hier werden anthropologische und geschichtstheoretische Reflexionen vorgetragen, die zur Bescheidenheit und Zurückhaltung mahnen gegenüber den Ansprüchen einer privilegierten Anthropologie, die im Menschen den eigentlichen und letzten Sinn allen Geschehens sieht, und einer Geschichtsphilosophie, die den letzten Zweck der Geschichte mit absoluter Sicherheit zu wissen glaubt.

Nur die Menschen wollen die Geschichte letzten Endes verstehen und erklären. Der Weg des menschlichen Bewusstseins mit seinem Auf und Ab zeigt eine metonymische Koinzidenz mit dem Weg der Geschichte, ihren Höhen und Tiefen. Das menschliche Bewusstsein umfasst das sinnkonstituierende und sinnempfangende. Das *bloß* transzendentale Motiv, in dem unaufhörlichen Fluss der Ereignisse eine Teleologie der Geschichte und die Fußspuren der Vernunft zu erblicken, ist nur die eine Seite der Medaille, die zu große anthropozentrische Züge trägt und im großen Haushalt der großen Natur dem menschlichen Bewusstsein eine all zu privilegierte Stellung einräumt. Unser Wissensvorsprung, verbunden mit der technischen Veränderbarkeit, verleitet uns auch noch dazu, einem Wert gegenüber taub zu sein, der über den Menschen und seine Geschichte hinausragt. Die andere Seite der Medaille ist das gleichberechtigte Eingebettetsein der menschlichen Gattung in der großen Natur als der Sinnquelle für Mensch und Geschichte. Ein Subjekt, das dieses Phänomen vernachlässigt oder für völlig überwindbar hält, überschätzt sich; die Erfahrung, von der großen Natur dem allgemeinen Gang der Dinge unterworfen zu sein, ist unausweichlich.

Die Furcht, von etwas Fremdem bestimmt zu werden, führt das philosophische Denken oft zum Absolutismus. Das menschliche Bewusstsein liest und beschreibt die Geschichte sowohl optimistisch als auch pessimistisch: optimistisch, weil es von der Geschichte die Erfüllung seiner Vorstellungen erwartet, und pessimistisch, weil diese Erfüllung oft scheitert. Gelegentlich überfällt dabei den Menschen ein tragisches Gefühl der Ohnmacht.

Wer eine bestimmte Geschichte erzählt und dabei den Anspruch erhebt, *die eine einzig richtige* Geschichte zu erzählen, verhält sich wie der chinesische Brunnenfrosch, der die eigene Perspektive in den absoluten Stand setzt. Falsch ist nicht, dass der Mensch perspektivisch denkt; der Irrtum besteht darin, dass er eine bestimmte Perspektive für allgemein gültig hält.

Für die gute Zusammenarbeit mit dem Verlag, vor allem mit Herrn Bruno Frisch, möchte ich mich an dieser Stelle herzlich bedanken.

Ram Adhar Mall

Einleitung

Einige heuristische Thesen

1. Auf der Suche nach einer orthaft ortlosen philosophischen Reflexion können wir einen der beiden folgenden Wege wählen: Entweder geben wir unserem kosmischen Eingebettetsein den Vorrang und nicht dem Geist, ohne jedoch dabei die geistig-kulturellen Errungenschaften des menschlichen Denkens zu schmälern oder zu ignorieren, oder wir stellen den Geist vor die kosmische Verbundenheit mit dem Ergebnis, dass wir immer auf der Suche nach einer Sonderstellung des Menschen, einer eigenständigen menschlichen Geschichte im Kosmos sind.

2. Die große Natur in der menschlichen Natur deutet eher auf eine strukturell angelegte kreislaufmäßige Wiederkehr, die nicht missverstanden werden darf, als ginge es hier um eine identische Wiederholung der Inhalte. Die menschliche Natur wünscht sich zwar eine privilegierte Behandlung im Kosmos, aber die Unparteilichkeit der großen Natur erlaubt dies nur in Maßen. Grundsätzlich sind alle Wesen dem einen Gang unterworfen.

3. Die zentrale anthropologische Frage lautet: Ist der Mensch in erster Linie und vor allem a) ein Naturwesen, b) ein Kulturwesen, c) ein von Gott geschaffenes Wesen, d) ein geschichtliches Wesen? Den Antworten auf diese Frage entsprechend gestaltet sich das Verhältnis Mensch – Geschichte – Natur.

4. Die zentrale geschichtsphilosophische Frage lautet: Ist die Geschichte in erster Linie a) eine Naturgeschichte, b) eine Geistesgeschichte, c) eine Heilsgeschichte, d) eine sozial-politische Geschichte? Ferner ist hier die Frage nach dem Sinn und Subjekt der Geschichte zu stellen.

5. Das Problem der Verankerung des Menschen in der großen Natur, in Gott, im absoluten Geist, im Sein, im Nichts formuliert zugleich das zentrale Thema der Verankerung der Geschichte. Mensch und Geschichte können sich einander nicht vermitteln und bedürfen daher eines Mediums. Denn nur wenn die Frage nach der Verankerung sowohl des Menschen als auch der Geschichte geklärt ist, lässt sich das wechselseitige Verhältnis zwischen Mensch und Geschichte bestimmen.

6. Was der Mensch sei, sagt ihm nur seine Geschichte. Diese Ansicht Diltheys kann jedoch nicht bedeuten, dass der Mensch in seiner Geschichte restlos aufgeht. Er hat Geschichte, ist sie aber nicht.

7. Der Mensch hat nicht nur seine Natur; er ist zugleich Natur. Geht dann die Anthropologie der Geschichtsphilosophie voraus? Dass in dieser Frage die Ideologien und die großen Entwürfe oft versagt haben, deutet auf außergeschichtliche Faktoren hin, die dem menschlichen Geist nicht verfügbar sind.

8. Weder die Ewigkeit Gottes noch die der großen Kette der kosmischen Ordnung kann in das Leben des Menschen und in das seiner Geschichte zurückgeholt werden. Alle solche Versuche im Namen einer allgemein gültigen und prinzipiellen Anthropologie und Geschichtsphilosophie sind zu kurzatmig.

9. Die weltgeschichtlichen Ereignisse, Nöte und Katastrophen sind nicht der Untergang des Universums als des großen Kosmos. Nicht die Geschichte des Menschen, sondern die der Natur hat Vorrang. Die Welt der großen Natur ist ohne uns denkbar, aber nicht die Welt des Menschen ohne die der Natur.

10. Weder soll eine Anthropologie noch eine Geschichtsphilosophie in den absoluten Stand gesetzt werden. Die große Natur mit ihrer kosmischen Ordnung (sowohl zum Glück als auch zum Unglück für die Menschen) kann nur unser Leitfaden sein für das Selbst- als auch Geschichtsverständnis. Alles ist im Werden begriffen, weil die große kosmische Natur selbst ein Prozess ist.

11. Nur zwei Verankerungen kennt der Mensch: Erstens die positive Verankerung in der großen Natur mit ihrem Entstehen, Bestehen und Vergehen und zweitens die negative Verankerung seines Protestes dagegen. Der Mensch bringt in die Natur einen Riss. Alle großen anthropologischen und geschichtsteleologischen Entwürfe sind verschiedene Versuche, diesen Riss zu kitten. Als bloßes Geschichtswesen vermag der Mensch die Geschichte nicht ganz zu überblicken.

12. Eine jede anthropologische als auch geschichtsphilosophische Deutung hat auszugehen erstens von der Beobachtung des bisherigen Ganges der Menschheit und ihrer Geschichte und zweitens von der Reflexion über beider Verlauf. Was kann und soll die Reflexion leisten? Hier scheiden sich die philosophischen Geister.

13. Auch wenn die Menschen Geschichte machen, widerfährt ihnen doch immer wieder die Geschichte. Diese Unverfügbarkeit der Geschichte wird als Diskrepanz zwischen den Intentionen und den geschichtlichen Ereignissen erlebt. Die zum größten Teil fruchtlosen Eingriffe der Menschen zwingen uns zur Frage nicht nur nach der Geschichte, sondern auch nach uns selbst. Als absolute Paradigmata sind unsere Entwürfe hinfällig.

14. Die willkürlichen Einschränkungen des Erfahrungshorizonts auf eine bestimmte Tradition führen nur zu Pseudoanthropologien und -geschichtsphilosophien. Den unüberschreitbaren Rahmen für alle unsere

Entwürfe finden wir in der Empirie des Entstehens und Vergehens in der Natur.

15. Die Abkoppelung der menschlichen von der großen Natur und die der menschlichen Geschichte von der kosmischen führt entweder zu einer panaktivistischen oder panpessimistischen Anthropologie bzw. Geschichtsphilosophie.

16. Fortschritte und Rückschritte kann es geben; jedoch nur partikulär in einem großen Ganzen; dieses große Ganze kennt weder Fortschritt noch Rückschritt, sondern nur Entstehen, Bestehen und Vergehen. Das menschliche Bewusstsein soll das Eingebettetsein in das Ganze einsehen lernen. Dabei wird deutlich, dass es neben dem Bewusstsein auch das Natursein gibt. Bewusstsein ist eine Form des Naturseins und nicht umgekehrt.

17. Die Menschen in dem großen Haushalt der Natur als eingebettet zu betrachten, bedeutet nicht eine blinde Unterwerfung der Natur gegenüber; ebenso wenig darf die Natur verworfen werden. Das, was die kosmische Natur ist, bleibt der Rahmen, der Kreis, in dem der Mensch seine Sollensvorstellungen zu realisieren hat. Außerhalb dieses sehr weit gezogenen Kreises ist sowohl die philosophische Anthropologie als auch die Geschichtsphilosophie weder real möglich noch sinnvoll.

18. Der Mensch als Handelnder und als Subjekt der Geschichte und der Mensch zugleich als der meditativ-reflexive Beobachter der Geschichte sind zwei Pole in dem spannungsvollen Verhältnis von Mensch und Geschichte. Der Mensch als Handelnder der Geschichte darf den Menschen als den Beobachter derselben nicht ganz einverleiben. Nur der Mensch als ein kosmomorphes Wesen kann die Geschichte beobachten.

19. Der Mensch ist sowohl seine physische als auch seine moralische Natur; er ist Geist und Nicht-Geist zugleich. Die Konstanten der Anthropologie sind – wenn überhaupt – eher bei dem letzteren zu suchen.

20. Die Geschichte Hiobs im Alten Testament zeigt – in ihrer säkularisierten Form – den Kampf zwischen Sein und Sollen. Das Sein wird immer wieder angeklagt von einem Sollen, das von dem Protest gegen das Sein gespeist wird. Man darf jedoch dieses Sollen nicht hypostasieren. Gerade dies haben die Theologien und metaphysischen Entwürfe getan.

21. Je mehr die Anthropologie auf Erfahrung und Wissenschaft basiert, desto bescheidener fällt die Geschichtsphilosophie aus. Plessners Anthropologie ist ein Beleg hierfür.

22. Je spekulativer die Anthropologie, desto geschlossener und absolutistischer die Geschichtsphilosophie. Hegels Philosophie ist ein Beleg dafür.

23. Die Veranstaltung eines Entweder/Oder zwischen Anthropologie und Geschichtsphilosophie hilft uns in der Tat nicht. Sie macht die Situation noch polemischer, als sie ohnehin schon ist. Daher soll dieser Gegen-

satz zurückgewiesen werden und demzufolge auch die Frage, ob die Geschichtsphilosophie oder die Anthropologie Recht habe.

24. Dem modernen Menschen gefällt die griechische, chinesische, indische oder indianische Verbundenheit mit dem Kosmos nicht, weil sie sowohl die Menschen als auch die Geschichte dem ewigen Lauf des Entstehens und Vergehens unterstellt. Ihm ist aber auch die theologische Betrachtungsweise abhanden gekommen. Ferner ist er auch mit den geschichtstheoretischen Konstruktionen und Entwürfen nicht zufrieden; denn diese verlieren sich im Dickicht der Ideologien und verursachen mehr Leid als Glück. Aber auch der Historismus als der Absolutismus des Relativismus bleibt in der Aporie stecken, weil er auf der einen Seite den Menschen in der Geschichte aufgehen lässt und auf der anderen Seite ihn trotzdem übergeschichtlich zu begreifen versucht.

25. Der Ausweg aus dieser Problemlage ist, dass der Mensch sein Eingebettetsein im Kosmos begreift und sich von der Natur auch leiten lässt. Dadurch soll der Mensch den Frieden in und mit der Natur finden und von den unverhältnismäßigen geschichtsoptimistischen und geschichtspessimistischen Vorstellungen loskommen.

26. Weder geschichtsphilosophische Anthropologien noch anthropologische Geschichtsentwürfe sind heute am Platze; denn in beiden bestätigt sich das, was in der großen Natur die Regel ist, nämlich dass Anfang und Ende zwei miteinander vertraute Genossen sind. Es mag stimmen, dass es die Natur ohne uns geben kann, aber es ist ebenso richtig, dass die Rede von der Natur ohne den Menschen kaum Sinn macht. Den erkenntnistheoretischen und methodischen Vorrang, dass nämlich dies ja selbst auf Grund unseres Bewusstseins möglich ist, dürfen wir nicht ontologisch ummünzen. Wissensvorsprung besitzen wir wohl, aber könnte dies nicht gerade unsere Art und Weise sein, den Gang der Dinge zu gehen?

27. Die Sinnfrage der menschlichen Geschichte lässt sich in drei Teilfragen zerlegen: Hat die Geschichte überhaupt einen Sinn? Stimmt der Sinn, den der Mensch der Geschichte gibt, mit dem naturgegebenen Sinn, falls ein solcher existiert, überein? Verwirklicht das Sinnstreben des Menschen den naturgegebenen Sinn, arbeitete es ihm entgegen, oder ist es letztendlich bedeutungslos? Trotz der Unentscheidbarkeit dieser Fragen handelt der Mensch zielgerichtet. Unvermeidlichkeit bedeutet daher nicht Tatenlosigkeit. Von der Unvermeidlichkeit des Todes weiß der Mensch, dennoch versucht er, die Krankheiten zu heilen.

28. Nur eine Verankerung scheint letzten Endes standzuhalten, nämlich die in der kosmischen Natur. Und eine solche Verankerung weist sowohl eine theozentrische als auch eine anthropozentrische Vorstellung von Mensch und Geschichte zurück.

29. Alle Entfremdungen sind mehr oder minder korrigierbar; was je-

doch unkorrigierbar bleibt, ist die Entfremdung des Menschen von der großen Natur. Einen Anspruch auf eine menschliche Sonderstellung gibt es daher nicht. Eine Philosophie der Natur ist die Vorbedingung für eine Philosophie des Menschen.

30. Für eine anthropologische und geschichtsphilosophische Besinnung müssen heute die beiden Fragen zusammen gedacht werden: die nach der Natur des Menschen und die nach dem Menschen in der Natur.

31. Sind unsere Kategorien historisch, dann haben sie keine Endgültigkeit; sind sie anthropologisch, so müssen sie sich in der Geschichte bewahrheiten. Mit anderen Worten: Es gilt, die Sehnsucht nach dem Absoluten eher als eine Sucht zu begreifen.

32. Der hohe und stellenweise selbstgerechte Anspruch und das Elend sowohl mancher Anthropologien als auch Geschichtsphilosophien lassen sich zurückführen auf die utopische Vorstellung, dass erstens eine planmäßige Veränderung der natürlichen und sozialen Welt möglich und zweitens der Mensch zur Vervollkommnung fähig sei. Der natürliche Erfahrungsraum ist und bleibt der zentrale Angel- und Drehpunkt, zu dem wir zurückzukehren haben.

33. Mensch und Geschichte, Anthropologie und Historik bedingen sich gegenseitig. Der heutige Kampf unterschiedlicher Geschichtsauffassungen resultiert daher, dass es grundverschiedene Ideen vom Wesen des Menschen gibt. Die Verankerung der Anthropologie und auch der Geschichtsphilosophie im „homo naturalis“ kann den Boden abgeben, auf dem der fast hoffnungslose Gegensatz von Natur und Geist neutralisiert werden könnte.

34. Das „Woraus“ sowohl des Menschen als auch der Geschichte kennt keine vorschnellen Lösungen. Weder der Mensch kann sich ausschließlich aus sich heraus oder aus der Geschichte oder gar aus der Natur heraus begreifen noch ist die Geschichte aus ihr heraus oder aus den Menschen und der Natur heraus zu verstehen. Der Geist des Menschen kann die Welt und sogar sich selbst in Frage stellen, aber er bleibt ein Geschöpf der Natur.

35. Die Säkularisierung der ursprünglichen Sehnsucht nach Heil in der jüdisch-christlichen Tradition nahm die Menschwerdung Gottes zu ernst und meinte, die Vorstellung vom Gottesreich auf Erden durch Gottwerdung des Menschen im Zeitalter der technologischen Naturbeherrschung realisieren zu können. Verwandte Träume von der Erlösung gibt es auch in anderen Traditionen. Die Säkularisierung im Westen ging zunächst von der Theologie (die sich selbst als eine Aufklärung begriff) auf die Philosophie, von dort auf die Psychologie, Pädagogik, Soziologie und schließlich auf die Politik über, wo sie kaum zur Geltung kam. Selbst die Allianz zwischen Aufklärung, französischer Revolution, Industrialisierung und tech-

nologischer Formation bleibt unheilig. Auch die alles beherrschende moderne Technologie scheint überfordert zu sein, wenn es um die Frage nach der Realisierung eines geschichtlichen Idealzustandes geht. Wer versagt, ist der Mensch.

36. Will man heute philosophisch-wissenschaftlich und im Geiste einer gesunden Empirie jenseits aller geschichtstheologischen und spekulativ-metaphysischen Präsuppositionen und Prätentionen über Mensch, Geschichte und Natur nachdenken, so kann man dies nur tun, wenn man nicht mehr im Fahrwasser des bloß Spekulativen schwimmt, gleichgültig, ob man sich dabei theologisch oder metaphysisch oder ideologisch orientiert. Nietzsche hat immer wieder den Verdacht geäußert, dass viele deutsche Philosophen verkappte Theologen gewesen seien. Es gilt, heute das unverrückbare Eingebettetsein des Menschen mit seiner Geschichte in der immer wiederkehrenden Ordnung der großen Natur einzusehen, es zum Ausgangspunkt zu machen und sowohl die anthropologische als auch geschichtsphilosophische Problematik von hier aus anzugehen. Alles andere entlarvt sich als ein menschliches Vorurteil, geboren aus der menschlichen Eitelkeit, die nach einem Platz jenseits des natürlichen Kreislaufs aller Dinge strebt.

I.

Zur Fragestellung der Geschichtsphilosophie

Aus dem Buch der großen kosmischen Geschichte ist das Buch der Menschheitsgeschichte höchstens ein kleiner Auszug. Keine kritische Geschichtsschreibung auf der Suche nach Objektivität wird den Charakter der Erzählung ganz beseitigen können. Keine historische Wahrheit besteht nur aus sich selbst; sie hat keine eigene Zunge. Nicht die Geschichten, sondern die Geschichtenerzähler sind ihre Zungen. Diese sind jedoch nicht einheitlich. Wenn die Geschichtsdenker das Scheitern der unterschiedlichen Gesellschaftssysteme mit ihren religiösen, ideologischen und spekulativ-politischen Botschaften feststellen, dann sprechen sie oft vom Ende der Geschichte. Auch wenn die heutige Rede vom Ende der Geschichte nicht etwas unerhört Neues ist, so ist sie doch in dem Sinne einmalig, weil sie kumulativ das Scheitern vieler Geschichtsphilosophien und Anthropologien darstellt: Der Mensch als Ebenbild Gottes, der Mensch als Gestalter der Geschichte, der Mensch als ein vernunftbegabtes Wesen mit der Fähigkeit, seine Leidenschaften zu besiegen usw. Die Rede vom Ende der Geschichte kann auch als die Vollendung der Geschichte begriffen werden. In neuerer Zeit ist Fukuyama ein Vertreter des Endes der Geschichte.

Da aber das Bedürfnis nach Erklärung, Rechtfertigung, Sinn und Zweck allen Geschehens der menschlichen Gattung angeboren zu sein scheint, wird die geschichtsphilosophische Betrachtung nie ein Ende haben. Selbst die Rede vom Ende der Geschichte ist in höchstem Grade geschichtsphilosophisch besetzt.

Philosophische Reflexionen über die Geschichte und auch über die Menschen befassen sich mit der Geschichte einmal als dem Geschehen selbst und ferner mit der Mitteilung und Erklärung dieses Geschehens. Es geht um die Suche nach Gesetzmäßigkeiten in dem Geschehen. Hierbei ist die zentrale Frage: Wer oder was steht hinter dem, was wir Geschichte nennen? Ist dies eine außergeschichtliche Instanz, oder sind dies weltgeschichtliche Personen, Völker oder Gruppen? Trägt die Geschichte sich selbst oder wird sie getragen?

Die wissenschaftstheoretische Diskussion hinsichtlich des Gegenstands der Geschichtswissenschaft unterscheidet zwischen methodischen Disziplinen: Die ideographische Disziplin stellt ihre Betrachtungen und die individuellen Sachverhalte ins Zentrum und fragt nicht nach allgemeinen Gesetzmäßigkeiten. Ebenso weist sie die Ansprüche einer übertriebenen Verallgemeinerungspraxis zurück. Dem gegenüber beschäftigt sich die nomothetische Disziplin gerade mit der Frage nach allgemeinen Gesetzen, Faktoren und Eigenschaften der geschichtlichen Sachverhalte. Im Vergleich zur Naturwelt unterliegt jedoch die Menschenwelt unwägbaren und sehr schwer zu verallgemeinernden Bedingungen. Betonen die Vertreter der ideographischen Geschichtswissenschaft die Einmaligkeit der historischen Phänomene, so zielen die Befürworter der nomothetischen Geschichtswissenschaft auf die Entdeckung der allgemeinen Gesetze. Die extreme Position einer ideographischen Methodologie ist jedoch abzulehnen, weil, theoretisch und wissenschaftlich über die Dinge zu reden, eigentlich immer bedeutet, dass man das bloß Subjektiv-Besondere verlässigt und nach Oberbegriffen Ausschau hält. Wer nur die Individuen die Motoren der Geschichte sein lässt, unterschätzt die geschichtsträchtige Rolle einer Gruppe, einer Klasse, eines Volkes. Hinzu kommt, dass Allgemeinbegriffe unterschiedlicher Reichweite in den Natur- und in den historischen Wissenschaften verwendet werden. Ohne eine zumindest minimale Verallgemeinerung lässt sich theoretisch über die Dinge erst gar nicht reden.

Es war Tacitus, der eine in der Praxis schwer durchführbare Methode bei der Betrachtung der historischen Phänomene vorschlug. Er meinte, wir sollten das Geschehene ohne Vorwurf und Vorliebe darstellen. Offensichtlich sind wir den Naturkatastrophen gegenüber machtlos. Aber zu den geschichtlichen Ereignissen nehmen wir immer eine wertende Haltung ein. Was Stalin und Hitler, Gandhi und Mandela taten, ordnen wir nicht unbeteiligt ein. Dass dabei die Entscheidungs- und Beurteilungskriterien unterschiedliche Maßstäbe haben, bedarf keiner besonderen Betonung. Angriffs- und Verteidigungskriege werden daher nicht neutral beschrieben.

Die eigentliche Frage in unseren Beschreibungen und Beurteilungen hinsichtlich der historischen Ereignisse ist die nach den Beweggründen, nach den Zielsetzungen, die unseren Geschichtsphilosophien zu Grunde liegen. Die Geschichtsphilosophie gibt es nicht, kann es auch nicht geben; denn die die Geschichte betrachtenden, darstellenden und bewertenden Menschen sind trotz aller anthropologischer Konstanten unterschiedlich, ja sogar gegensätzlich orientiert und motiviert. Der Ort, an dem uns eine allgemein verbindliche Wissenschaft am wenigstens gelingt, ist der Mensch selbst.

Voltaire hat die Bezeichnung Geschichtsphilosophie (philosophie de l'histoire) geprägt, die sich mit der Frage nach Verlauf, Gesetzen, Stadien und Faktoren der Menschheitsgeschichte verband. Dieser Richtung gehören Namen wie Vico, Herder, Hegel, Marx, Scheler, Jaspers, Toynbee an, um nur einige zu nennen. Es wird aber auch von einer anderen Fragestellung in der Geschichtsphilosophie gesprochen, nämlich wie man ein sicheres Wissen über die Vergangenheit erlangen kann. Droysens Historik ist ein gutes Beispiel dafür. Seine Schrift ›Geschichte Alexanders des Großen‹ von 1833 beschreibt den Sieg der Griechen über den persischen König Darius als die höchste Herrlichkeit des Menschengeistes. Dass dies die Ansicht des Siegers darstellt, ist offensichtlich. Ironisch, aber zu Recht, kommentierte Burckhardt in seinem Vortrag über ›Glück und Unglück in der Weltgeschichte‹, dass dies eine perspektivische Verfälschung auf Grund einer ideologisch motivierten, universalhistorischen Betrachtungsweise ist. Das Glück der Griechen war das Unglück der Perser. Eine unparteiische Betrachtung und Beurteilung ist zwar nicht prinzipiell unmöglich; sie ist jedoch sehr schwierig und bedarf einer steten Kultivierung einer unparteiischen Einstellung, die Perspektiven nicht in den absoluten Stand setzt.

In der philosophischen Literatur ist die Bezeichnung „spekulative Geschichtsphilosophie" für die Betrachtungsweise Voltaires gebräuchlich, die Bezeichnung „kritische Geschichtsphilosophie" für die Betrachtungsweise Droysens.[1]

Kritische Geschichtsphilosophie macht im Gegensatz zur spekulativen Geschichtsphilosophie keine Aussagen über den letzten Sinn, über die letztbestimmenden Faktoren der Menschheitsgeschichte. Sie erarbeitet die Bedingungen, unter denen eine zuverlässige Beschreibung, Darstellung und Erklärung der historischen Wirklichkeit möglich ist. Hier geht es um die Grenzen unseres Wissens über das Vergangene. Unsere Interpretationen der Quellen und Zeugnisse sind zum Teil selbst von unseren Vorurteilen bestimmt. Darüber hinaus kann es auch Parteilichkeit geben hinsichtlich der Auswahl der wichtigen Ereignisse. Da niemand ohne die Perspektive einer bestimmten geschichtlichen Brille ist, gilt es, jenseits der totalen Kommensurabilität und der völligen Inkommensurabilität der Standpunkte Überlappungen unter ihnen ausfindig zu machen, um so eine einigermaßen allgemein gültige Geschichtsdeutung zu erarbeiten.

Die spekulative Geschichtsphilosophie meint stets das Vorhandensein und Wirken einer bestimmten Instanz annehmen zu müssen. Die Weltvernunft oder der absolute Geist Hegels stellt eine solche Instanz dar. Die theologischen, d.h. heilsgeschichtlichen, Deutungen gehen von einem persönlichen Gott aus. Eine solche Instanz kann jedoch auch etwas Natürliches, Unpersönliches und Kosmisches sein. Das Tao von Lao Tzu und das Karma-Gesetz der Buddhisten sind solche Instanzen. Instanzen können aber auch bestimmte Klassen oder Kollektive sein.

Das heutige Geschichtsdenken befindet sich im Umbruch: im Übergang von der Moderne zur Postmoderne. Der monistische Einheitsgedanke der Moderne scheint passee zu sein. Es machen sich pluralistische Geschichts-

[1] Vgl. Dray, W.: Philosophy of History, New York 1960; Acham, K.: Analytische Geschichtsphilosophie, Freiburg i. Br. 1974.

betrachtungen bemerkbar. Übertreibt die Moderne den Einheitsgedanken und missdeutet die Einheit als Einheitlichkeit (die eine Vernunft, die eine Geschichte, die eine Kultur, die eine Religion usw.), so neigt die Postmoderne zu einem fast zynisch erscheinenden Anarchismus, in dem das Zustandekommen der Kommunikation zur Glücksache wird. Beides gilt es zu vermeiden.

Zum Verlauf der Menschheitsgeschichte gibt es unterschiedliche Modellvorstellungen. Die folgenden drei Modelle sind erwähnenswert: Das Modell des Pfeiles, das des Kreises und das der Spirale. Die lineare Auffassung vom Gang der Geschichte postuliert in der Regel einen Anfangs- und einen Endzustand. Dieser Verlauf kann entweder einen Aufstieg oder einen Abstieg bedeuten. Der Fortschrittsglaube ist naturgemäß progressiv. Die Anfangszustände werden oft als Barbarei, Urzustand ohne Gesetz und Ordnung, als Animismus, Polytheismus u. dgl. bezeichnet. Die Abstiegsmodelle nehmen dagegen einen goldenen, friedlichen, paradiesischen Anfangszustand einer natürlichen Urgesellschaft an. Beide Vorstellungen sind zum größten Teil romantisch und idealisierend.

Die lineare Vorstellung – ob im Sinne des Auf- oder Abstiegs – kann auch krumme Phasen aufweisen. Diese sind im linearen Gang vorgesehen. Die hegelsche „List der Vernunft" soll eine Erklärung dafür sein. In den Puranas der Inder (mythologisch historische Bücher) ist von einer Großperiode die Rede, die vier Weltalter umfasst. Am Anfang existierte die goldene Periode der Wahrheit und Wahrhaftigkeit. Eine Verschlechterung bedeutet das folgende Zeitalter des Guten und Bösen. Die dritte Phase ist zu drei Teilen schlecht und zu einem Teil gut. Die Weltperiode, in der wir heute leben, ist das schwarze Zeitalter voller Verfallserscheinungen unterschiedlichster Art. Diese vier Weltperioden wiederholen sich ständig. Dieser Wechsel erinnert an einen zyklischen Verlauf, kann jedoch streckenweise auch linear gedacht werden. Platons Gedanken von dem Großen Jahr oder die geschlossenen Kulturabläufe Spenglers weisen verwandte Züge auf. Entstehen, Bestehen, Vergehen sind die Hauptmerkmale einer kreisförmigen Geschichtsvorstellung.

Vico und auch Toynbee scheinen eher das spirale Modell zu vertreten. Bei diesem Modell geht es um einen Auf- und Abstieg einer Kultur, eines Staates usw. Bei der Rückkehr wird nicht der alte Ausgangspunkt erreicht. Es gibt also einen gewissen Fortschritt, der so langsam vonstatten geht, dass ein Endzustand kaum vorstellbar wird.

Hinsichtlich der Faktoren und Akteure, die das geschichtliche Geschehen lenken und leiten, gibt es ebenfalls unterschiedliche Ansichten. Die rein naturalistischen Faktoren über Gott, Geist bis hin zu den Gruppen, Klassen und Produktionskräften gehören zu den Akteuren. Das eine Subjekt der Geschichte ist kumulativ und hat viele Väter. Nicht umsonst suchen die Geschichtsdenker das eigentliche Subjekt der Geschichte und machen es an unterschiedlichen Instanzen fest.

Gelegentlich wird von einem autonomen und heteronomen Geschichtsbild gesprochen. Im ersten Fall sind es die Menschen selbst, die die Subjekte der Geschichte darstellen und das geschichtliche Geschehen bestimmen. Im zweiten Fall geht es um fremde, übergeordnete Kräfte, deren Gesetzmäßigkeit die Menschen folgen und deren Willen sie vollziehen. Wir sind Handlanger dieser übergeordneten Kräfte, ganz gleich, ob sie natürlich, übernatürlich, gesellschaftlich oder politisch zu sehen sind.

Rein naturalistische Auffassungen machen die Naturgesetze zum Dreh- und Angelpunkt der Geschichte. Das Tao jedoch ist noch umfassender und regelt alles im Kosmos, das ethisch-moralische Verhalten der menschlichen Gattung eingeschlossen. Die theologische Vorstellung macht einen persönlichen Gott zum Leiter und Lenker der Geschichte. Die säkularisierten Auffassungen machen analoge Instanzen in der Welt fest.

Bei der autonomen Geschichtsauffassung können die Akteure entweder weltgeschichtliche Individuen wie Caesar, Napoleon oder Gruppen von Menschen sein. Die Strukturalisten sind nicht der Ansicht, dass man diese Gruppen als klar erkannt betrachten kann.

Die kritische Geschichtsphilosophie bemüht sich um Erkenntnismittel, deren Anwendung uns ein sicheres Wissen über die Geschichte liefern soll.

Nach Dilthey können wir zwei Richtungen unterscheiden: die hermeneutische und die analytisch-naturwissenschaftliche. Entscheidend ist, welche Methoden die notwendigen und hinreichenden Bedingungen für eine angemessene Erfassung der geschichtlichen Phänomene darstellen. Im Grunde kann man die geschichtlichen Ereignisse nicht für sich selbst sprechen lassen, weil die geschichtlichen Protokollaussagen nicht von gleicher Art sind wie das Protokollieren einer Krankenschwester beim Fiebermessen. Die schriftlichen und mündlichen Dokumente stellen eigenartige Gegenstände dar und sind für vielerlei Auslegungen offen. Weder haben wir hier den absoluten Text noch die absolute Interpretation, weil sowohl die Texte als auch die Interpretationen ihre eigene Geschichte haben.

Die hermeneutische Methode rückt die Kategorie des Verstehens ins Zentrum der Erfassung historischer Ereignisse. Dilthey, Collingwood und Gadamer sind einige der bekannten Vertreter dieser Richtung. Die historischen Texte sind die Gegenstände. Ihnen liegt die Intention des Autors zu Grunde. Und der Interpret versucht, die Intentionen des Autors zu erspüren. Dabei nimmt er die Wiederholbarkeit dieser Intentionen an. Diltheys „Einfühlung“, Collingwoods „enactment“ und Gadamers „Wirkungsgeschichte“ sind Belege für dieses Postulat. Auch das habermassche Konstrukt einer „idealen Sprachsituation“ gehört hierher. Ein weiteres

Merkmal dieser Methode ist nicht so sehr das Erfassen durch Erklärung, sondern eher durch Beschreibung.

Die Text- und Dokumenteninterpretation kann uns keinen direkten Zugang zu den Intentionen der geschichtlichen Individuen, Gruppen, Klassen und dgl. ermöglichen. Dies kann nur geschehen auf dem Umweg der Erfassung und Auslegung der geschichtlichen Ereignisse durch unsere Intentionen; denn das, was uns unmittelbar gegeben ist, sind unsere Intentionen und die der ursprünglichen Akteure. Diesem Vorgehen liegt eine phänomenologisch orientierte analogische Hermeneutik zu Grunde, die einige anthropologische Universalien als Konstanten annimmt.

Die kritische, analytische Geschichtsphilosophie versucht Mittel und Wege zu finden, die Vergangenheit zu rekonstruieren. Dies geschieht auf der Grundlage der vorhandenen Zeugnisse, Daten, Quellen und Protokolle. Auf diese Weise gelangt man zu Hypothesen und Theorien, die sich im Laufe der weiteren Untersuchungen als wahr oder falsch erweisen sollen. Die kritische Geschichtsphilosophie bewegt sich im Rahmen der Wahrscheinlichkeit und stellt keine endgültigen, alles bestimmenden Faktoren der Geschichte dar. Sie lässt sich nicht von den spekulativ-metaphysischen Träumen leiten.

Eine weitere Geschichtsphilosophie findet als eine mittlere Position zwischen der spekulativen und naturwissenschaftlichen eine Grundlage in der empirisch orientierten Geschichtsauffassung. Bei dieser Methode geht man in Anlehnung an die naturwissenschaftliche Geschichtsphilosophie zunächst von dem Primat der Beobachtung bzw. Erfahrung aus. Dann werden Wiederholungen und Regelmäßigkeiten in den geschichtlichen Ereignissen konstatiert. Schließlich versucht diese Methode, der Intention der spekulativen Geschichtsphilosophie entgegenkommend, sich im Sinne einer „deskriptiven Metaphysik" (Strawson) von der Induktion als einer ursprünglichen menschlichen Tendenz leiten zu lassen. Diese Vorgehensweise bewirkt, dass man weder der Metaphysik noch dem reinen Empirismus völlig verfällt. Die entwickelten Geschichtsbilder sind weder romantisch noch idealistisch, noch pessimistisch; sie entsprechen im Wesentlichen dem Charakter der menschlichen Natur.

David Hume ist einer der wenigen Philosophen, der sich in seiner Geschichtstheorie von einer empirisch orientierten, natürlichen, jedoch nicht naturalistischen Denkweise leiten lässt. Bei allen unterschiedlichen Verhaltensweisen der Menschen lassen sich die Grundmuster der menschlichen Intentionen erkennen wie z.B. das Selbstinteresse, Freundschaften, Feindschaften, Leidenschaften, Förderung des Gemeinwohls, die immer bei dem Zustandekommen geschichtlicher Ereignisse am Werke sind.[2]

[2] Vgl. Hume, D.: Enquiries, hrsg. von L. A. Selby-Bigge, Oxford 1966, S. 83.

Eine empirisch orientierte realistische Deutung und Erfassung der Geschichte versucht nicht die bei der Betrachtung der Menschheitsgeschichte aufkommende pessimistische Tendenz mit Hilfe eines utopischen Geschichtsbildes zu kompensieren. Vielmehr geht es um das Üben einer Bescheidenheit angesichts der menschlichen Natur, die nur mithilfe einer reduktiven Gewalt als nur gut oder nur schlecht zu verstehen ist.

Auf dem XVI. Kongress für Philosophie in Berlin machte der polnische Philosoph Kolakowski den Rationalismus für die totalitäre Entartung des Kommunismus verantwortlich. Der Rationalismus sei von Natur aus totalitär angelegt, und der Kommunismus zeige sich am Ende als eine zur Karikatur gewordene Ideologie des Rationalismus.

Alle rationalistischen Modelle haben in der Tat die menschliche Natur zu einseitig ausgelegt, die menschliche Vernunft überfordert und die Leidenschaften unterschätzt. Der Empirismus ist in der Regel bescheidener, toleranter und weniger fundamentalistisch als der Rationalismus, weil der Weg der Erfahrung auch für die bereits gemachte Erfahrung offen bleibt. Erfahrung korrigiert sich selbst durch weitere Erfahrung; sie kann sich freilich auch bestätigen. Feststeht, dass es jenseits aller geschichtsphilosophischen Konstruktionen eine Natur in der menschlichen Natur gibt, die sich nicht hintergehen lässt. Die „ungeheure Empirie" (Goethe) unterstützt diese These, indem sie zeigt, dass alle menschlichen Versuche nicht ausgereicht haben, ein gewisses Muster von Entstehen und Vergehen zu verhindern. Freilich darf die These von der Unhintergehbarkeit der Natur im Menschen nicht als sozial-politische und ideologische Legitimierung einer bestimmten Praxis interpretiert werden; ebenso wenig darf ein Leugnen dieser These dazu führen, dass totale Revolutionen gepredigt werden, so als ob es in der menschlichen Natur nichts gäbe, was nicht auf Grund menschlicher Entwürfe machbar bzw. veränderbar wäre. Die menschliche Natur ist kein blinder Biologismus, sondern weist eine Plastizität auf, die Raum für Veränderungen lässt. Anders wäre der menschliche Wille in seinem Verhältnis von Natur und Gesellschaft nicht zu erklären. Dies macht aber auch möglich, dass der Mensch als Zerstörer oder Bewahrer der Natur und Gesellschaft fungiert. Die gewesene Geschichte ist voll von Versuchen, sozial-politische, ethisch-moralische, religiöse Veränderungen im Sinne von Emanzipation und Gleichheit herbeizuführen gegen Ungleichheit, hierarchische Strukturen oder gar Hackordnungen.

II.

Zur Geschichte und Problematik der philosophischen Anthropologie

Auf die Frage nach seinem Menschenbild sagte Solschenizyn: „Es war der schlimme Irrtum von Rousseau zu behaupten, daß der Mensch gut ist und daß ihn die Umwelt, das Milieu schlecht macht. Ich habe nachdrücklich immer wieder gesagt: Die Linie, die Gut und Böse trennt, verläuft im Menschen – nicht zwischen Staaten, nicht zwischen Parteien, nicht zwischen Nationen, sondern im Herzen eines jeden Menschen. Von seiner Natur her ist der Mensch zum Guten und zum Bösen geneigt.“[1]

Das Nachdenken des Menschen über sich selbst und seine Geschichte hat es immer gegeben. Anthropologie als Selbstverständnis des Menschen fragt nach dem, was der Mensch ist und was er soll. Irgendeine Menschenanschauung liegt allen unseren Handlungen zu Grunde. Diese Anschauung mag uns verborgen bleiben. Mit Recht spricht Landmann daher von einer „impliziten Anthropologie“ im Gegensatz zu einer „expliziten“, welche die Menschen bewusst zu ihrem Problem und Untersuchungsgegenstand macht.[2]

Die moderne philosophische Anthropologie entstand um 1920 und wurde hauptsächlich in Deutschland zu einem repräsentativen Zweig der Philosophie. Obwohl die philosophische Anthropologie sich historisch in Deutschland entwickelte, ist sie nicht minder der Tradition der Wissenschaft von der menschlichen Natur (science of human nature des 18. Jh.) verpflichtet und wird von dieser antizipiert. Den fachspezifischen Charakter erfährt sie in der Auseinandersetzung mit anderen Rassen, Kulturen und Religionen. Das brüchig gewordene Verhältnis des Menschen zur Natur, zu Gott und zur Geschichte trug auch dazu bei, dass der Mensch in den Mittelpunkt der Forschung rückte, was eine anthropologische Wende bewirkte. In der Suche nach einer Verankerung wandte sich der Mensch der Natur und der Lebenswelt zu.

Der historische Hintergrund

In einem sehr weiten Sinne versteht man unter philosophischer Anthropologie jede Aussage des Menschen über sich selbst, und in diesem Sinne

[1] Die Zeit, Nr. 44, 29. Oktober 1993, S. 66.

[2] Vgl. Landmann, M.: De Homine. Der Mensch im Spiegel seines Gedankens, Freiburg i. Br. 1962, S. XI ff.

gibt es Anthropologie seit Menschengedenken. Bei Goethuysen, Scheler, Landmann u.a. liegt ein solches Verständnis vor. Im engeren Sinne ist die Anthropologie eine Reaktion auf die Zersplitterung in Spezialdisziplinen der Neuzeit. Die moderne Anthropologie ist empirisch und nicht-empirisch zugleich.

Oft hört man die Kritik, der Mensch habe im 20. Jh.das Verständnis für das Menschliche verloren. Das eigentlich Menschliche sei nicht mehr verbindlich festlegbar. Die alten Muster der Verbindlichkeiten sind nicht mehr tragfähig. Die Suche nach Verbindlichkeiten hält jedoch an. Nicht dass es sie überhaupt nicht gibt, sie sind nur nicht ausdauernd und immer verbindlich.

Philosophische Anthropologie als Reflexionsprozess über den Menschen und seine Geschichte beginnt mit der menschlichen Situation und kehrt zu ihr zurück. Die conditio humana ist sowohl Ausgangspunkt als auch das Ziel der philosophischen Anthropologie. Mensch, Gott und Welt stellen die Hauptthemen dar mit unterschiedlicher Wertung. Orientiert sich das griechische Denken kosmologisch und das mittelalterliche theologisch, so ist das moderne Denken anthropologisch. Die moderne philosophische Anthropologie scheint von der Vorstellung auszugehen, der Mensch besitze der Welt und Gott gegenüber eine gewisse Autonomie. Auf sich selbst zurückgeworfen erlebt er seine Unbegreiflichkeit. Er vermag alles in Frage zu stellen, nicht jedoch sein Eingebettetsein im Haushalt der großen Natur.

Die bekannten Namen in der Liste der unmittelbaren Vorgänger der modernen philosophischen Anthropologen sind: Kierkegaard, Marx, Nietzsche, Pascal, Herder, Hume, Kant, Hegel, Feuerbach, um nur einige zu nennen. Die anthropologischen Konzeptionen des Menschen belegen dies und spiegeln die Dichotomie zwischen dem Sein und Sollen wider. Die philosophische Anthropologie erkennt die vier großen Fragen Kants an, ohne jedoch die erkenntnistheoretische Frage ins Zentrum zu stellen.

Herder war der erste deutsche Philosoph, der Philosophie und Biologie zusammen dachte. Dass der Mensch ein Mängelwesen sei und daher für Kompensationen sorgen müsse, hatte er schon festgestellt, bevor Gehlen seine Anthropologie entwickelte. Nach Herder ist der Mensch ähnlich wie bei Hume ein Mängelwesen, aber er ist für ihn zugleich durch seinen aufrechten Gang ausgezeichnet und so „der erste Freigelassene der Schöpfung". Das Ziel und die Bestimmung des Menschen sind jedoch Humanität, Religion und Unsterblichkeit. Herder geht von der einen Menschengattung aus, die sich klimatisch und kulturell, durch Tradition und Gewohnheit unterschiedlich entwickelt. „Der Mensch ist nur ein kleiner Teil des Ganzen, und seine Geschichte ist wie die Geschichte des Wurms mit dem Gewebe, das er bewohnt, innig verwebt. Auch in ihr müssen also

Naturgesetze gelten ..."[3] Durch den Besitz der Sprache unterscheidet sich der Mensch von allen anderen Naturwesen.

Hegels Theorie der Entfremdung und ihre Auslegung durch Marx sorgten für eine Kritik der Geschichte und Gesellschaft und ließen Anthropologie mehr oder minder in ihren Geschichtsentwürfen aufgehen. Es war Feuerbach, der im Menschen das ens realissimum sah und an die Stelle der Theologie philosophische Anthropologie setzte. Die Anthropologie wurde so zu einer säkularisierten Theologie. Gott ist daher für Feuerbach eine Projektion des Menschen. Feuerbachs anthropologische These zusammen mit Hegels Ansicht von dem absoluten (göttlichen) Geist in der Geschichte sind die Muster, die immer wieder in den kulturanthropologischen Diskussionen auftauchen.

Die von Hobbes, Locke, Hume, Shaftesbury und anderen stammende „Wissenschaft von der menschlichen Natur" ist neben der oben erwähnten kontinentalen Quelle die wichtigste für die philosophische Anthropologie. In einer klassischen Formulierung heißt es bei Hume: „Es gibt keine Frage von Bedeutung, deren Lösung in der Lehre vom Menschen nicht mit einbegriffen wäre, und keine kann mit einiger Sicherheit entschieden werden, solange wir nicht mit dieser Wissenschaft vertraut geworden sind."[4] Hume schwebt hier eine völlig neue Wissenschaft vom Menschen vor, die in der Entdeckung und Beschreibung der Prinzipien der menschlichen Natur besteht. Im Gegensatz zum mehr oder minder konstruktiv-spekulativen kontinentalen Geist schlägt Hume als Methode die beiden Vorgehensweisen: Erfahrung und Beobachtung und deren Beschreibung vor. Die philosophische Anthropologie verdankt ihre empirische Verankerung dem Philosophen Hume.

Gegenstand, Einstellung und Ziel der philosophischen Anthropologie

Neben Existenzialismus und Lebensphilosophie macht auch die philosophische Anthropologie die menschliche Existenz, die menschlichen Erfahrungen und Ängste zu ihrem Gegenstand. Sie verbindet den Subjektivismus des Existenzialismus mit dem Objektivismus der kulturellen Leistungen. Die Methode, die sie anwendet, ist die des Verstehens in der Tradition Diltheys. Heidegger und Jaspers, die großen Einfluss auf das moderne philosophische Denken ausgeübt haben, lehnen die Bezeichnung ihrer Philosophie als Anthropologie ab.

Philosophische Anthropologie zielt auf ein einheitliches Verständnis des

[3] Herder, J. G.: Ideen zur Geschichte der Philosophie der Menschheit, hrsg. von E. Suphan, sämtliche Werke, Band XIV, Berlin 1877–1913, S. 244.

[4] Hume, D.: Ein Traktat über die menschliche Natur, Philos. Bibl., Bd. 283, Hamburg 1973, S. 4.

Menschen unter völliger Berücksichtigung der Erkenntnisse, die die verschiedenen Wissenschaften uns geliefert haben. Heute ist es nicht möglich, Anthropologie zu betreiben, ohne sich zugleich von allen anderen Menschenwissenschaften belehren zu lassen. In ihrem Wunsch, den Menschen als Ganzes zu begreifen, versucht die philosophische Anthropologie, eine wissenschaftlich begründete metaphysische Konzeption zu entwerfen. So versucht sie, den beiden Seiten des kantischen Programms einer physiologischen – was die Natur aus den Menschen macht – und einer pragmatischen – was der Mensch als frei handelndes Wesen aus sich selbst macht, machen kann und soll – Anthropologie gerecht zu werden.

Philosophische Anthropologie erhält so die Aufgabe einer Koordination, die darin besteht, dass eine einheitliche und allgemein verbindliche Idee des Menschen erreicht werden soll trotz oder gerade wegen der verschiedenen Bilder des Menschen in den verschiedenen Wissenschaften. Heute sind die philosophischen Anthropologen in ihren Orientierungen daher sehr unterschiedlich, je nachdem ob sie sich theologisch, geschichtlich, politisch, biologisch oder kulturell oder humanwissenschaftlich orientieren.

Die Aktualität der philosophischen Anthropologie infolge der vielfachen Krise der Religion, Geschichtsphilosophie und Wissenschaft

Die Auflösung der traditionellen Glaubensformen lässt viele Menschen eine Orientierungsleere erfahren. So gewinnt der Satz vom *homo mensura* des Pythargoras wieder an Bedeutung. Dieser enthält nicht nur einen erkenntnistheoretischen Relativismus, wie Platon richtig deutete, sondern auch einen ethischen. Darüber hinaus, und dies ist in unserem Zusammenhang wichtig, enthält er eine zu enge Anthropozentrik. Das Maß aller Dinge liegt eher in der großen kosmischen Natur. Auch das sozial-politische Scheitern vieler großartiger Geschichtsentwürfe lässt die Menschen daran zweifeln, ob sie die Geschichte unter Kontrolle haben. Der moderne Mensch hat sich, auch unter dem Erfolg der Wissenschaften bezüglich des Machbaren, von der Natur abgekoppelt und findet sich in der Position des besiegten Siegers wieder.

Die enge anthropozentrische Betrachtungsweise wird erstens durch die kopernikanische Wende vom Geozentrismus zum Heliozentrismus bloßgestellt, und der Mensch erlebt dies als Schock für sein singuläres Selbstverständnis. Zweitens ordnet die Darwinsche Theorie der Evolution die Menschen in die lange Kette der Entwicklung der Tiere ein. Der Mensch schämt sich und ist beleidigt, da zwischen ihm und dem Tier nur ein quantitativer, aber kein qualitativer Unterschied besteht. Drittens macht ihm der Historismus klar, dass alle unsere kulturellen und religiösen Werte relativ sind. Viertens macht ihm der ihn selbst beschämende Inhalt seines Unbewussten zu schaffen. Er findet sich noch tierischer als jedes Tier (Nietzsche). Auch die gegenwärtigen Entwicklungen in den Wissenschaften der Physik, Biologie, Medizin oder Mathematik lassen den gesuchten archimedischen Punkt vermissen. Die gewaltigen Veränderungs- und Manipulationspotentiale der Gentechnologie lassen eine künftige Anthropologie noch unbestimmter erscheinen. Was der Mensch ist, sagt ihm nicht nur die Geschichte, wie Dilthey meint, sondern auch die Gentechnologie.

Von einem bloß wissenschaftlichen Standpunkt her betrachtet, stellen diese Entwicklungen eher einen Fortschritt als eine Krise dar. Als Krise werden sie ausgelegt, wenn sie dem Sinnentwurf nicht entsprechen, den der Mensch von seinen Intentionen her in den Handlungen der Menschen in der Geschichte realisiert zu sehen hofft. Wo auf etwas gehofft wird, kann es Enttäuschungen geben. Als Fortschritte werden diese Entwicklungen angesehen, wenn man von dem kausalen Erklärungsmodell ausgeht und die ursächlichen Verhältnisse zwischen den Dingen und Ereignissen klarlegt.

Zur Methodologie der philosophischen Anthropologie

Den Cartesianischen Dualismus weist die philosophische Anthropologie zurück und möchte den Menschen als ein Wesen sui generis betrachten. Neben Diltheys Verstehensmethode wird die phänomenologische Methode Husserls angewandt. Husserls weder empirische, noch spekulative, sondern rein deskriptive Methode geht von dem regulativen Ideal der Voraussetzungslosigkeit aus. Sie beschäftigt sich mit den Bedeutungen, die als noematische Korrelate den noetischen Akten entsprechen. Die wesentlichen Kategorien, die die menschliche Natur und seine Kultur darstellen, werden von den phänomenologisch orientierten, philosophischen Anthropologen als vor aller Interpretation erlebte Institutionen beschrieben. Dabei wird darauf geachtet, dass keine Tradition sich in den absoluten Stand setzt, weil alle Bedeutungen historisch entstanden sind und vielschichtige Sedimentationen darstellen.

Ein bestimmtes Bild vom Menschen ist immer am Werke, ob wir von ihm im Sinne eines Gottesgeschöpfes, eines Naturwesens, eines Kulturwesens, eines Vernunftwesens oder eines Geschichtswesens sprechen. Tradition und Kultur binden ihn, aber nicht so starr, dass er sie nicht durchbrechen könnte. Ohne seine natürliche Konstitution vollständig zu durchbrechen, gestaltet er sein eigenes Bild im Lichte der geistig-kulturellen Werte, in deren Realisation er das Ziel des Lebens sieht. Er internalisiert so die Werte, die er selbst schafft. Daher ist das Selbstverständnis, das Selbstbildnis des Menschen ein zentrales Thema der philosophischen Anthropologie. Werte und Ideale mögen zwar nur als Vorstellungen, als Konzepte und Zielsetzungen existieren; sie können dennoch bewirken, dass der Mensch sich und seine Umwelt verändert.

Die verschiedenen Selbstbilder des Menschen

Die große Natur, die kosmische Natur, die den Menschen ernährt, gefährdet ihn auch. So fängt die Entzweiung des Menschen in seinem Verhältnis zur Natur an, und er versucht sie zu beherrschen. Heute ist der Mensch weniger durch die Natur bedroht als vielmehr durch seinen Umgang mit ihr, d.h. durch seine Kultur. Heute ist der Mensch des Menschen Feind, und nicht die Natur oder Gott.

Der Mensch entfremdet sich von der Natur, d.h. er empfindet sein Eingebettetsein in ihr mit glücklichen und unglücklichen Ergebnissen für sich als nicht mehr ganz befriedigend, sondern er macht sie zum Gegenstand der Untersuchung in einem spezifisch wissenschaftlichen Rahmen mit spezifischen wissenschaftlichen Zwecken, als ob die Natur nur ein Mittel darstellte zur Forderung und Befriedigung menschlicher Bedürfnisse. So verschwindet das Verhältnis zur Natur an sich. Überall begegnet der Mensch sich selbst. Indem er die Natur aus sich vertreibt, wird er aus der Natur vertrieben. Er versucht selbstständig und unabhängig von der Natur sein Selbstbildnis zu entwickeln.

Verschiedene Grundtypen der Selbstauffassung des Menschen werden entwickelt. Da ist erstens die religiöse Anthropologie mit ihrem Fundament in der theologischen Lehre von Schöpfung, Sündenfall und Weg zum Heil. Zweitens gibt es die Anthropologie des homo sapiens. Diese betont das Vernunft- und Sprachbegabtsein des Menschen und sieht ihn als Teilhaber göttlicher und kosmischer Vernunft. Drittens macht ab der Renaissance das zu rationalistische Bild des Menschen Platz für eine eher naturalistische, pragmatische Anthropologie des homo faber. Der Mensch wird hier eingereiht in die lange Evolutionskette, in der Körper und Seele zu funktionalen Einheiten werden. Das Denken von Machiavelli, Marx, Freud und Darwin haben diese Anthropologie als Hintergrund. Alle diese drei Bilder des Menschen zielen auf eine Einheit der menschlichen Natur und sehen selbst in der Evolution einen sinnvollen Fortgang.

Die Bilder vom Menschen als *homo dionysiacus* und *homo creator* brechen mit der Tradition und geben der philosophischen Anthropologie eine neue Orientierung. Der Mensch sieht sich mit der Seinsfrage in einer Weise konfrontiert, die den Fortschrittsgedanken mit Skepsis betrachten lässt. Hinzu kommt die Einsicht, dass in der biologisch-natürlichen Geschichte des Menschen eine notwendige Dekadenz liegt. Schopenhauer, Nietzsche, Klages, Spengler und Frobenius hängen mehr oder minder diesem Menschenbild an. Der Mensch ist ein Deserteur des Lebens, ein *faux pas* der Evolution. Seine Freiheit ist bloß eine untaugliche Kompensation, und er ist und bleibt in einer Sackgasse.

Schon Feuerbach hatte die Auflösung der Theologie in die Anthropologie propagiert. Mit Nietzsches Proklamation „Gott ist tot" könnte sich der Mensch auf nichts mehr zurückziehen. Alles bliebe an ihm hängen. Als *homo creator* hält er die Wünschbarkeit Gottes für abwegig. Scheler nennt im Gegensatz zu Kant diese Ansicht den postulatorischen Atheismus des Ernstes und der Verantwortung. Kant möchte Gott zumindest noch als moralisches Postulat retten. Der postulatorische Atheismus leugnet selbst die Wünschbarkeit Gottes.

Einige Hauptrichtungen der philosophischen Anthropologie

Die biologisch-philosophische Anthropologie macht die eigentliche Stellung des Menschen im Reich des Lebendigen zu ihrer Hauptaufgabe. Sie kann als eine philosophisch orientierte Reaktion auf den Determinismus der physikalischen Naturwissenschaften verstanden werden. Als Bio-Anthropologie untersucht sie sorgsam die biologischen Theorien philosophisch und versucht eine Korrelation zwischen der physiologisch-biologischen Organisation und den Leistungen und Haltungen des Kulturmenschen zu finden. Als nicht weiter reduzierbare Funktionen seiner physiologischen Organisation werden die menschlichen Fähigkeiten, wie Sprache, Abstraktionsfähigkeit, Voraussicht oder Kommunikation angesehen. Einige der bekannten Vertreter dieser Richtung sind: der Biologe Buytendijk, der Zoologe Portmann, der Biologe Uexküll und der Philosoph Gehlen. Für Gehlen ist der Mensch von Natur aus ein Mängelwesen. Das Konzept des Menschen als Fötalaffe wird von Gehlen benutzt, um seine kulturellen Leistungen zu erklären, die der Mensch notgedrungen vollziehen muss. Der Mensch ist verurteilt, ein Kulturwesen, ein Handlungswesen mit den diversen ihm Sicherheit bietenden Institutionen zu sein. Die Untersuchungen auf dem Gebiete der Tierphysiologie führen Uexküll zu der These, dass der Mensch in seiner spezifischen Umwelt leben muss wie die anderen Spezies in der ihrigen. Seine Bewusstseins-und Wahrnehmungsfähigkeiten sind begrenzt. Uexküll vertritt weiter die These, dass es einen bestimmten Lebensplan der veschiedenen Tierarten gibt. So weist er die mechanistische und positivistisch-behaviouristische Wissenschaftsauffassung zurück und vertritt eine dem Lebensplan immanente Teleologie. Nach Uexküll gibt es so etwas wie eine Soziologie der Tiere.

Buytendijks physiologische und psychologische Untersuchungen zeigen ihm die Unhaltbarkeit des Cartesianischen Dualismus. Im Gegensatz zu Uexküll aber lehnt er die Hypothese von der Determinierbarkeit des Menschen von seiner Umwelt ab. Seine phänomenologische Orientierung führt ihn zu einer wertorientierten Untersuchung des menschlichen Lebens. Scheler, Plessner und Victor von Weizsäcker zeigen eine ähnliche Orientierung.

In Portmann kulminiert sozusagen die philosophische Bioanthropologie. Es geht um ein integrales Bild des Menschen, das sowohl die biologische als auch die psychologische, soziologische und anthropologische Seite berücksichtigt. Das Leben des Menschen, trotz großer Ähnlichkeit mit dem Leben der Tiere, ist etwas, was sui generis da ist. Portmann vertritt so die These von der Weltoffenheit des Menschen im Gegensatz zu der Determination der Tiere durch ihre Umwelt. Portmann begreift den Menschen als Zentrum zielorientierter Handlungen, und die physiologische Organisation wird von den Menschen als Mittel zum Zwecke der Selbstäußerung und Kommunikation mit anderen Menschen gebraucht. Portmann meint damit nicht, dass die Frage nach dem Sinn des Lebens dadurch gelöst sei. Das grundsätzliche Problem der philosophischen Anthropologie bleibt bestehen, denn der Mensch hört nicht auf, *homo absconditus* zu sein.

Unsere kurze Durchführung der Bioanthropologie hilft uns freilich zu verstehen, wie die Strukturen sinnvoller Handlungen im Leben des Menschen zu Stande kommen. Aber das biologische Fundament der menschlichen Kreativität samt seinen Kulturleistungen (von der Religion bis zur Politik) beinhaltet dennoch kein klares, eindeutiges oder allgemein verbindliches Rezept zu der Frage nach dem Sollen des Menschen. Trotz der Bioanthropologie können wir die Pluralität der Kulturen nicht leugnen, und dies führt uns zu der Frage nach der Kulturanthropologie.

Ähnlich der amerikanischen kulturellen Anthropologie thematisiert auch die kulturell-philosophische Anthropologie den Menschen mit seinen Leistungen in der Gesellschaft und in der Geschichte. Hierher gehören auch die Fragen der historischen Morphologie und der Geschichtsphilosophie. Als Ausgangspunkt und als Ziel der Erklärung bleibt die Tatsache der multidimensionalen menschlichen Natur und Kultur. Nicht die Einheitlichkeit einer Theorie der menschlichen Natur oder Kultur wird angestrebt, sondern es wird auf den homo absconditus hingewiesen, denn der Mensch ist nicht nur Macher seiner Kultur oder Geschichte, sondern wird durch diese auch geprägt und gestaltet.

Die Kulturanthropologie verbindet den Diltheyschen Historismus mit der phänomenologischen Methode Husserls. Auch wenn der Mensch sich selbst durch seine Geschichte kennen lernt, befreit er sich auch von ihr. In der Abwesenheit einer einheitlichen Idee vom Menschen bleibt ein vergleichendes Studium der verschiedenen vorhandenen und versunkenen Kulturen das Schicksal dieser Anthropologie; es ist ihr Dilemma. Da kein bestimmtes Bild (religiös, spekulativ-konstruktiv oder ideologisch-utopisch orientiert) sich in den absoluten Stand setzen darf, bleibt unser Ausgangspunkt neben dem Faktum von der Pluralität der Kulturen die Beschreibung der von uns erfahrenen Überlappungen in den verschiedenen

Kulturen und Geschichten. Wir können weder davon ausgehen, dass es eine totale Übersetzbarkeit der Kulturen noch dass es eine radikale Inkommensurabilität derselben gibt.

Diese Überlappungskreise, der verbindende Rahmen zwischen Menschen, Kulturen, Religionen und Philosophien mögen noch so klein und mager sein; sie bilden unseren Ausgangspunkt; ihre Erweiterung ist die Aufgabe der philosophischen Reflexion.

Psychologisch-philosophische Anthropologie

Neben der biologisch-philosophischen und kulturell-philosophischen Anthropologie sollen kurz auch die psychologisch-philosophischen und die theologisch-philosophischen Anthropologien erwähnt werden.

Die psychologisch-philosophische Anthropologie entwickelt sich auf dem Kontinent im Gefolge der freudschen Lehre und der Tiefenpsychologie. Durch existenzielle Psychoanalyse gewann sie Einfluss auch in der Englisch sprechenden Welt. Die bekannten Pioniere hier sind: L. Binswanger, E. Straus, M. Boss, E. Fromm, R. May in den USA und R. D. Laing in Großbritannien.

Die Grundüberzeugung dieser Anthropologie ist die fundamentale Rolle, die der menschlichen Psyche, dem menschlichen Geist und der menschlichen Seele im Leben des Menschen zukommt. Die traditionelle Experimentalphilosophie wird nicht abgelehnt; vielmehr wird die Ansicht vertreten, dass sie die Hilfe der philosophischen Reflexion braucht, um befriedigendere Ergebnisse zu erzielen.

Es werden Phänomene des Lachens, Weinens, der Freude, Trauer und der Angst etc. analysiert und beschrieben. Diese Analysen bestehen nicht bloß im Registrieren von Reizen und Reaktionen, sondern in deren Auswahl und Interpretation, die mit Hilfe der Methode der phänomenologischen Reduktion geleistet wird. Letztere Methode besteht darin, dass man möglichst alles auszuschalten versucht, was die reine Beschreibung des uns Gegebenen und des von uns Erlebten verfälschen könnte. Plessner hat so unsere Fähigkeit zum Lachen und Weinen auf die „Exzentrizität", d. h. auf die Fähigkeit zurückgeführt, unsere angeborene Natur zu durchbrechen und so die Situationen per Distanz zu beobachten und zu beurteilen. Auf dem Wege zu einer authentischen Beschreibung gibt es viele Hürden, die überwunden werden müssen, z. B. die Stimmungen, Interessenlagen, Einstellungen usw. Hier ist eine stete Suche nach einer reinen, eigene und andere Standpunktgebundenheiten überblickenden, reflexiv-meditativen Instanz am hilfreichsten, denn einen anderen Weg, die Gefahren einer einseitigen Anthropologie zu durchschauen, gibt es nicht.

Binswanger sieht eine Einseitigkeit in der Anthropologie Freuds, die nach ihm positivistisch, utilitaristisch und negativ ist. Der Kulturbegriff

Freuds konzentriert sich zu sehr auf die negative Seite unserer diversen Bemühungen, den natürlichen und egoistischen Drang zu bekämpfen. Das positive Bild der menschlichen Spontaneitäten fehlt hier. Freuds somatographische oder somatomorphische Konzeption der menschlichen Existenz vernachlässigt die Analyse der kulturellen und historischen Aspekte des menschlichen Lebens, und sie betont einseitig die Analyse des Schlafs, des Traums, der Leidenschaften und der Sexualität. Die Aufgabe einer psychologisch-philosophischen Anthropologie ist die authentische Analyse der mehr oder minder freien Selbststrukturierung des Individuums durch seine von Idealen und Absichten geleiteten Antworten auf die Herausforderung der Welt. Augustinus ist ein Paradebeispiel hierfür. Durch Krankheit gehindert, Redner zu werden, antwortet er auf die Logik der Situation nicht durch Resignation, sondern durch die Wendung zur spirituellen Welt.

Theologisch-philosophische Anthropologie

Die theologisch-philosophische Anthropologie betont die religiöse Dimension und geht von der biblischen Konzeption des Menschen als Gottesgeschöpf im Dialog mit Gott aus. Buber, Brunner und Bonhoeffer sind Vertreter einer solchen Erneuerung. Da die Offenheit des Menschen, seine Individualität, seine Sozialität die Hauptthemen bilden, besitzt sie heute eine diskutable Aktualität, obwohl die eigentliche religiöse Anthropologie nach so vielen Niederlagen des Menschen in der Geschichte und nach dem Ausbleiben Gottes aus der konkreten Geschichte heute kaum reaktiviert werden kann.

Die Schwierigkeit für den Menschen, die richtige Entscheidung zu treffen, ist eine Tatsache. Sie wird von dieser Anthropologie mit der sündigen Natur des Menschen in Verbindung gebracht. Ein rein intellektuelles Verständnis und eine bloß logische Darstellung Gottes helfen uns heute wenig. Es kommt auf die existenzielle Ich-Du Beziehung an. Es geht weniger darum, dass es einen Gott gibt und dass er wahr ist. Vielmehr stellt sich die Frage, wie das, was wahr sein soll, wahr gemacht werden kann. Es bleibt aber heute ein schwieriges Unterfangen für eine jede theologisch-philosophische Anthropologie, die Menschheit von heute von der Gottesexistenz zu überzeugen. Buber stellt diese Ich-Du-Beziehung ins Zentrum seines theologisch-philosophischen Denkens.

Die Hauptfrage der pragmatischen Anthropologie nach Kant ist: Was kann/soll der Mensch als frei handelndes Wesen aus sich selbst machen? Die Geschichte des Menschen belegt ein wiederholtes Scheitern der pragmatischen Philosophie. Dadurch gewinnt die physiologische Anthropologie mit ihrer Frage: was macht die Natur aus den Menschen? an Wichtigkeit. Dies macht auch begreiflich, warum die moderne philosophische Anthropologie sich mehr oder minder von den geschichtsphilosophischen

Großentwürfen distanziert. Mit Herder und Dilthey lässt sie sich durch ihre Aufgeschlossenheit für den Reichtum der Empirie charakterisieren.

Das lange Auf und Ab, das Hin- und Her-Pendeln zwischen Anthropologie und Geschichtsphilosophie ist freilich auch heute noch nicht zum Stillstand gekommen. Dennoch wird die Vorrangstellung der anthropologischen Frage gemeinhin angenommen. Schon Diltheys Hinwendung zur Anthropologie und seine Abkehr von der Geschichtsphilosophie nehmen die spätere anthropologische Wende vorweg. Dem Menschen als dem strebenden, duldenden und handelnden Wesen (Burckhardt) bleibt das Geheimnis einer Geschichtsphilosophie verschlossen.

Löwith stellt daher die Kernfrage: Woraus bestimmt sich das Sein und der Sinn des Menschen und der Geschichte? Seine Antwort lautet: Aus der Natur, in die der Mensch trotz seiner großartigen kulturellen Leistungen eingebettet bleibt.

So stellen Anthropologen, wie Scheler, Plessner, Gehlen, Portmann u.a. die Frage nach der Stellung des Menschen im Kosmos, d.h. im Ganzen der großen Natur. Es bleibt dennoch eine Spannung, die darin besteht, dass der Mensch als Naturwesen fast zur Kultur verurteilt ist. Die beiden Parolen „zurück zur Natur" und „hin zur Kultur" streiten sich. Dies belegt wiederum die eminente Wichtigkeit der Kulturanthropologie, die dann auf eine andere Geschichtsdeutung hinweist. Geschichtsphilosophie kann dann nicht mehr als Maßstab, sondern nur noch als ein Lernprozess angesehen werden.

Da aber unter der Vielfalt der Kulturen die transkulturellen Konstanten gesucht werden, kehrt der Mensch wieder zu der Frage nach seiner Natur, d.h. nach der Natur in ihm, zurück. Auch der homo sociologicus (Dahrendorf) im Verbund mit der Rollentheorie zielt auf eine Quelle, die tiefer reicht als die bloß soziologische Natur des Menschen.

Wenn aber der Gesamtüberblick über die Menschen von Seiten aller Kulturwissenschaften fehlt, bleiben für die Anthropologie zwei Wege offen: entweder eine Ganzheit zu entwerfen oder aber die Natur, deren Dasein für unser Dasein die Grundlage bildet, nicht einfach mit Geistlosigkeit gleichzusetzen. Die Rhythmen der Natur und Tierwelt mögen dem menschlichen Geist nicht behagen; maßgeblich für unsere Anthropologie bleiben sie dennoch. So ist eine natürliche, aber nicht naturalistische, Anthropologie mit einer gesunden skeptischen Einstellung den Ansprüchen einem sich viel zu autonom dünkenden menschlichen Geist gegenüber ein möglicher Ausweg aus dem Dilemma, ob wir nun von Natur zu Geist oder vom Geist zur Natur gehen sollen. So mag eine „negative Anthropologie" (Sonnemann) mit ihrer Naturnähe ihr lebensweltliches Interesse in der Hauptsache durch Negativa zum Ausdruck bringen.

Was der Mensch aus sich machen soll, ist ihm nicht so autonom gegeben, wie es auf den ersten Blick den Anschein hat. Denn das Allgemeinste, das verschiedentlich Weltgeist, Weltvernunft, menschliche Natur oder moralische Freiheit genannt wird, steht heute nicht zur Verfügung. Wer die Idee des Konsensus für eine ausgemachte Sache hält, vergißt den dogmatisch-rationalistischen und prozeduralen Charakter eines solchen Konsensualismus. Selbst die Suche nach einer paradigmatischen Einheit über das Menschenbild muß die Wende zur Natur vollziehen, will die Anthropologie nicht Kompensationen erträumen, große Entwürfe machen oder gar Mythen bilden.

Die hier diesem Buch zugrundeliegende anthropologische Konzeption nennt sich *natürlich*, nicht *naturalistisch*, weil sie von der Einsicht ausgeht, daß das Eingebettetsein der menschlichen Natur im großen Kreislauf der kosmischen Natur mit ihrem immer wiederkehrenden Entstehen, Bestehen und Vergehen einen eigentlichen unverrückbaren Rahmen bildet. In diesem Rahmen hat der Mensch als Geist- und Geschichtswesen, ausgerüstet mit einem gesunden Skeptizismus, der weder den Indifferentismus eines extremen Relativismus noch den apriorisch-rationalistischen Dogmatismus meint, sondern Pluralität mit Kommunikation, Demokratie, Verantwortung, Entscheidung und Verpflichtung verbindet, sein Leben zu gestalten. Der Mensch ist auch hier das noch nicht festgestellte Tier.

III.

Zur Geschichte der Geschichtsphilosophie – ihr Anspruch und ihr Elend

Der Begriff „Geschichte" ist zweideutig. Dieser Doppelsinn besteht darin, dass sie erstens die Summe aller vergangenen Geschehnisse und Handlungen darstellt, die passiert sind und zweitens die Erkundung, Beschreibung, Reflexion und Deutung des Vergangenen beinhaltet. Die zweite Bedeutung kommt der Bedeutung des griechischen Wortes *Historie* sehr nahe. Daher wird im allgemeinen Sprachgebrauch der Begriff Geschichte in der ersten Bedeutung, der Begriff Historie in der zweiten Bedeutung gebraucht.

Das philosophische sich Befassen mit der Geschichte gehört demzufolge dem Bereich des Reflektierens über die Geschichte an. Eine solche Reflexion über die Geschichte und ihr Wesen kann mehrere Interpretationen der Geschichte liefern. Die Gesamtheit dieser diversen Deutungen trägt den Titel Geschichtsphilosophie. Heute wird dieses Unternehmen in zweifacher Weise gedeutet: Auf der einen Seite wird darunter die traditionelle, klassische Art der Geschichtsphilosophie verstanden, wobei von einem Gesamtüberblick, von einem Sinn und einem Endzweck der Geschichte die Rede ist. Auf der anderen Seite geht es um die logisch-philosophische, konzeptuell-methodische Analogie der Historiographie. Im Gegensatz zu dem religiös-metaphysischen Interesse der ersten Deutung ist bei der methodischen Analyse der zweiten Deutung von Geschichtsphilosophie die erkenntnistheoretische Intention maßgebend. Diese erst im 20. Jahrhundert sich richtig etablierende Betrachtung der Geschichte trägt auch den Namen „kritische oder analytische Philosophie der Geschichte" im Gegensatz zur „spekulativen Geschichtsphilosophie", vor allem des deutschen Idealismus.

Das kosmologisch orientierte griechische Denken mit seinem Kreislauf von Entstehen und Vergehen kümmerte sich wenig um die Frage nach dem Sinn der Geschichte. Voltaire ist der eigentliche Schöpfer des zusammengesetzten Ausdrucks ›Geschichtsphilosophie‹. In seiner Rezension zu David Humes ›Complete History of England‹ prägte er diesen Begriff im Sinne einer Betrachtung der Geschichte im philosophischen Geiste. Bei Voltaire geht es weder um eine gottgewollte Heilsgeschichte noch um den Entwurf einer spekulativen universalgeschichtlichen Auffassung. Fast modern anmutend sieht er den Anfang der Geschichte im Orient; im Gegensatz zu Hegel hat nach Voltaire der Okzident vom Orient viel gelernt. Voltaire will eine generelle, vom „Commonsense" geleitete Auffassung der

Geschichte. Die empirisch orientierte Geschichtsdeutung des schottischen Philosophen David Hume preist Voltaire und ist einem Geschichtsdenken gegenüber skeptisch, das Geschichte mit Unverfügbarkeit zusammenzudenken nicht bereit ist.

Die Geschichtsphilosophie im heutigen Sinne kümmert sich mehr um eine tiefere Bedeutung der Geschichte. Die Fragen dabei sind: Hat die Geschichte einen Sinn? Kennt die Geschichte Anfang und Ende? Gehorcht die Geschichte dem Zufall, dem Fortschritt oder dem ewigen Kreislauf? Hat die Geschichte eine geheime Botschaft? Das Kompositum „Geschichtsphilosophie" ist und bleibt eine Montage, die mehr Fragen aufwirft, als sie Antworten anbietet.

Die Beschäftigung mit der Frage nach dem Sinn der Geschichte ist charakteristisch für die jüdisch-christliche Tradition. Was der Beobachtung als eine heimliche Geschichtsphilosophie verborgen bleibt, tut sich dem gläubigen Sehen kund. In der Geschichtstheologie des Mittelalters kommt eine solche Deutung der Geschichte zur vollen Entfaltung. Augustinus legt vor allem in seinem ›Gottesstaat‹ den Grundstein für eine heilsgeschichtliche Betrachtung, die nicht mit der säkularen Auffassung der Geschichtsphilosophie verwechselt werden darf, die eigentlich mit der Renaissance und der Aufklärung beginnt. Geschichtsphilosophische Säkularisierung findet sich in den Philosophien von Herder, Kant oder Hegel, um nur einige zu nennen. Herder beansprucht in seinen ›Ideen zur Philosophie der Geschichte der Menschheit‹ zwar nicht, dass wir den Plan der Geschichte kennen; trotzdem kann der Mensch ohne den Gedanken der Ordnung nicht auskommen. In dem Labyrinth der Geschichte – so Herders Ansicht – muss trotz aller Zweifel ein Zweck postuliert werden. Herder geht von dem zentralen Gedanken der „Humanität" aus und sieht die Geschichte als eine idealistisch-theologische Entwicklung zum reinen Menschentum.[1] Herders Geschichtsphilosophie geht den Mittelweg zwischen den beiden einseitigen Wegen der bloßen Spekulation und der reinen Anschauung. Herder wirft der Aufklärung vor, sie beanspruche ein maßloses Wissen. Sie verfalle so der „Illusion des totalen Begreifens". Es gibt etwas Geheimnisvolles, Irrationales, das sich der begrenzten Erkenntnis der Menschen entzieht. Herder geht aber von einem dem Ablauf der Geschichte zu Grunde liegenden Plan, dem Plan der Vorsehung, aus. Die Frage ist, ob die Ordnung, die wir der Geschichte zuschreiben, doch nicht einem anthropozentrischen Gedanken entspringt, dem die Geschichte nicht zu entsprechen braucht.

Kant führt in seiner ›Idee zu einer allgemeinen Geschichte in weltbürgerlicher Absicht‹ die Idee Herders dahingehend kritisch weiter, dass er

[1] Vgl. Herder, J. G.: Ideen zur Philosophie der Geschichte der Menschheit, hrsg. von H. Stolpe, 2. Band, Berlin 1965, S. 214ff.

die fortschrittliche Bestimmung des menschlichen Geschlechts als der Geschichte innewohnend annimmt und durch Heranziehung eines geheimen Planes der Natur aufzuweisen versucht. Eine solche von der Idee des Fortschritts geleitete Geschichtsauffassung ist die Voraussetzung für das praktisch-moralische Handeln. Trotz der egoistischen, 'ungeselligen Gesellschaft' zwingt die Natur den Menschen, sogar gegen seinen Willen, eine vollkommene bürgerliche Vereinigung zu erreichen. Der letzte weltbürgerliche Zustand, der ewige Friede zwischen den Staaten ist das eigentliche Geschichtsziel. Garantiert ist der ewige Friede aber nicht. Es bleibt die Pflicht der Menschen, in dieser weltbürgerlichen Absicht dem Frieden zu dienen. Kant ist weit entfernt von der Auffassung, die Geschichte sei bloß etwas Chaotisches, eine Anhäufung sinnloser Ereignisse und Begebenheiten; ebenso sehr ist er entfernt von einer rein spekulativen Auffassung der Geschichte. Und die nicht zu leugnende Anlage zum Bösen (das krumme Holz) kann den Fortschritt gefährden. Kant kann den realen Gang der Geschichte nicht als einen von der Vernunft beherrschten Gang darstellen, was Hegel später tut. Für Hegel ist (wie wir später sehen werden) die Annahme, dass die Vernunft die Welt beherrsche, sowohl der Ausgangspunkt als auch das Ziel und Resultat des geschichtlichen Ganges. Die Geschichte wird vom Geist her verstanden, und sie ist nach Hegel „Fortschritt im Bewußtsein der Freiheit", denn der Geist, dessen Tat die Geschichte ist, ist in seinem Wesen Freiheit. In diesem Gang der Geschichte gibt es eine Stufentheorie der Entwicklung, welche durch die dialektische Selbstnegation der historischen Prozesse erreicht wird. Hegel identifiziert als Europäer par excellence leider die europäische Geschichte mit der Weltgeschichte.

Diese spekulativ-konstruktive, pseudo-theologische Auffassung von der Geschichte wird von Marx (siehe dort) zurückgewiesen, denn sie ist ihm wegen der 'mysteriösen Vorsehung', wegen der spekulativ-theologischen Momente suspekt und weit von der wirklichen Geschichte entfernt. Einen Fortschrittsgedanken gibt es auch bei Marx, nur dass es jetzt um den materialistisch verstandenen Fortschritt in der wirklichen Geschichte geht. Interpretiert haben wir die Geschichte zu Genüge, meint Marx, sie soll nun verändert werden.

Hegel war schlauer als Marx, denn er macht nicht irgendeine revolutionäre Gruppe zum Subjekt der Geschichte. Es ist die geschichtsphilosophisch mächtige Kategorie des Weltgeistes, die diese Stelle innehat. Hegel will die Revolutionierung der Wirklichkeit ohne Revolutionäre und muss darum, so Habermas, den Weltgeist „fingieren".[2] In der göttlichen Vorsehung liegt nach Hegel der eigentliche Schlüssel zur Weltveränderung.

[2] Vgl. Habermas, J.: Hegels Kritik der Französischen Revolution, in: Theorie und Praxis, Frankfurt a.M. 1963, S.89.

Das Scheitern aller Fortschrittstheorien, die einen Fortschritt nicht des Einzelnen im Ganzen, sondern des Ganzen meinen, beinhaltet den leeren Anspruch und das wirkliche Elend des absolutistisch orientierten geschichtsphilosophischen Denkens. Es liegt ein Elend im Anspruch des Totalwissens.

Eine schonungslose Destruktion der Geschichtsphilosophie liegt in der geschichtsphilosophiefeindlichen Philosophie Schopenhauers. Er macht dies deutlich, indem er das „optimistische Judentum“ als Grundlage aller Fortschrittstheorien und den metaphysischen Weltgeist Hegels als bloße Erdichtung zurückweist. Der sinnlose, blinde Weltwille ist das einzige Subjekt. Er verblendet uns und lässt uns von Fortschritt und Erlösung träumen. Es gilt nur, ihn zu überwinden, ihn zu negieren. Erlösung ist die Abwesenheit aller Verblendungen. Für Nietzsche, in diesem Sinne ein Schüler Schopenhauers, ist die Geschichte sinnlos. Als Vernunftprozess dient sie dem Götzen des Erfolges.

Für Dilthey stellt die Geschichtsphilosophie einen „metaphysischen Nebel“ dar. Dieser gilt aber für Dilthey als überwunden durch die These des Historismus, nämlich dass es keine Universalgeschichte gibt. Für Dilthey ist die Philosophie die Deutungskunst ihrer eigenen Geschichte und nichts mehr. Philosophiegeschichte ist ein hermeneutischer Ort.

Im 20. Jahrhundert sind die Versuche Spenglers und Toynbees als universalgeschichtliche Entwürfe zu bezeichnen. Spengler geht von einer biologischen Konzeption der menschlichen Kulturen aus, und diese erleiden mit Naturnotwendigkeit das Schicksal, dass jedem biologischen Organismus unentrinnbar eigen ist: Entstehen, Bestehen und Vergehen. Toynbee, dessen Geschichtsdeutung im Ganzen derjenigen Spenglers ähnelt, lässt aber auch die sozialpolitischen Faktoren in dem Rhythmus des Entstehens und Vergehens eine wichtige Rolle spielen. Prinzipiell brauchte eine Kultur überhaupt nicht unterzugehen. Toynbees universalgeschichtliche Auffassung in Verbindung mit seinem Glauben an das Christentum lässt das zyklische Schema zu Gunsten des Christentums zurücktreten. Toynbee ist weder ein nüchterner Historiker noch ein guter Theologe.

Im Gegensatz zu Heidegger, dem die Geschichtsphilosophie als eine Deutung des Ganzen suspekt geworden ist und der sie nur noch als einen Modus der Geschichtlichkeit des Daseins thematisieren kann und dem alle Menschengeschichte nur noch das Sein zum Tode zu sein hat, entwirft Jaspers ein universalgeschichtliches Bild, das alle Totalgeschichtsauffassungen zurückweist und nur noch einen universellen Kommunikationsraum denkt als eine regulative Idee. Keiner reinen inhaltlichen Fixierung der Weltgeschichte soll zugestimmt werden. Hierfür ist seine bekannte These von der Achsenzeit ein Beleg.

Löwith, der mit Recht das faktische Scheitern aller materialen Geschichtsphilosophien feststellt, übt eine grundsätzliche Kritik an der geschichtlichen Existenz. Der Mensch geht in der Geschichte nicht ganz auf. Für Löwith war der jüdisch-christliche Offenbarungsglaube das eschatologische Muster für die späteren, noch schlimmeren Säkularisierungen dieses Musters bei Hegel und Marx. So beurteilt Popper auch das Elend des geschichtsphilosophischen Denkens, das den utopischen Himmel auf Erden verspricht, aber leider die Hölle bringt. Popper ist ein Erzfeind aller geschlossenen Geschichtstheorien. Er nennt Hegel und Marx falsche Propheten und vertritt die These einer „offenen Gesellschaft". Historismus ja, Historizismus nein, ist sein Motto.

Das geschichtsphilosophische Denken, das immer bemüht gewesen ist, das eigentliche Muster der Weltgeschichte ausfindig zu machen oder das eine Ziel und das eine Ende zu proklamieren, hat sich nie auf ein allgemein verbindliches Muster einigen können. Es gibt eigentlich drei mögliche fundamentale Muster: Entweder gibt es eine bestimmte Richtung, der die Geschichte folgt, oder es gibt eine Wiederholung der Geschichte in der Geschichte oder aber die Geschichte ist eine chaotische Bewegung. Das erste Muster, das das lineare Geschichtsdenken darstellt, kann entweder als eine fortschrittliche Bewegung auf ein zu realisierendes Ziel hin oder als eine rückschrittliche Bewegung verstanden werden. Der Geschichtsprozess ist daher entweder als Prozess des immer besser Werdens oder als Prozess des Verfalls zu sehen. Das zweite Muster, das dem Kreislauf des Entstehens, Bestehens und Vergehens entspricht, sieht in der Geschichte die Wiederkunft des Gleichen, freilich unter den jeweiligen veränderten Situationen. Zwischen dem Ersten und dem Zweiten Weltkrieg ist etwas, das sich wiederholt, trotz der sonstigen Unterschiede, die doch das Wiederkehrende nicht leugnen.

Die verschiedenen Geschichtsphilosophen stellen nur idealtypisch das eine oder das andere Muster dar. Hegel z. B. vertritt, freilich im Ganzen, den linearen Gedanken des Fortschritts, aber er postuliert die sog. „List der Vernunft", um die Rückschritte im Gang der Geschichte zu erklären. Auch Toynbee, der sonst dem Schema des Enstehens und Vergehens zustimmt, geht von der noch religiös motivierten Idee eines Fortschritts der menschlichen Kulturen und Rassen aus. Auch wenn man einen Fortschritt im Ganzen leugnet, kann man dem wissenschaftlich-technischen Fortschritt dennoch zustimmen.

Die Geschichte als Labyrinth unüberschaubarer Ereignisse bietet sich an als Bestätigung sowohl für dieses oder jenes Denkmuster. Nur der spekulative Geschichtsphilosoph versucht von vorne herein sein bestimmtes Muster, das er theologisch-gläubig oder spekulativ-konstruktiv mit sich trägt, durch eine entsprechende Selektion aus dem großen Arsenal der Geschichte zu bewahrheiten. Es ist dieser Selektionsgedanke, den wir bestätigt finden, wenn wir bei Hegel lesen, dass die Weltgeschichte vom Orient zum Okzident fortschreitet. Oder wenn wir Marx betrachten, der das Merkmal des Klassenkampfes in der Geschichte besonders wichtig und geschichtsträchtig findet und so das Ganze der Geschichte von diesem Klassenkampfkonzept her erklärt. So sieht Augustinus die zentralen Ereignisse der Geschichte unter dem Blickwinkel des Wertes der Erlösung. Alle diese Geschichtsdenker sagen etwas Wahres und begehen keinen Fehler bis auf den Fehler der Einseitigkeit, der darin besteht, dass sie den eigenen Standpunkt zu dem einen Standpunkt machen, d.h. ihn in den absoluten Stand setzen. Ist die Geschichte der Elefant, so sind die Geschichtsphilosophen die blinden Personen, die ihn beschreiben. Niemand ist im Unrecht, aber keiner hat den Überblick.

Es gibt auch Fälle, in denen einige spekulative Geschichtsphilosophen wie z.B. Spengler und Toynbee eine Art „vergleichende Morphologie" betreiben und mit Hilfe von empirischen Betrachtungen die sog. historischen Gesetze entdecken. Das Problem hierbei ist, dass alle, auch diese spekulativen Geschichtsphilosophen von Notwendigkeiten gesetzmäßiger Art reden, wobei sie als Beobachtungsdaten nur einige Trends in der Geschichte vorfinden. Bei Hegel sehen wir, dass das letzte Ziel seiner philosophischen Spekulation über die Weltgeschichte die Theodizee ist, d.h. dass alles Geschehene die Wege Gottes rechtfertigt und von ihm vorgesehen ist.

Alle spekulativen Geschichtsphilosophien, die von einem Ziel her das Sinnvollsein der Geschichte vertreten, überschreiten das uns historisch Gegebene und nehmen die Gestalt einer Metaphysik, Moralphilosophie oder Religion an.

Nichts überdauert den geschichtlichen Wandel – weder die Geschichte, die im Wesentlichen eine politische Geschichte ist, noch der Mensch als Schöpfer und Geschöpf dieser Geschichte – es sei denn, wir weisen auf den kosmischen Kreislauf in der Welt der Natur hin, denn diese ist in der Tat übergeschichtlich und keinem menschlichen Begehren unterworfen.

Der Anspruch der Geschichtsphilosophie, verbunden mit der Proklamation des einen Ziels der Freiheit aller in einer Weltgeschichte, ist philosophisch viel zu spekulativ und ideologisch und politisch viel zu leichtsinnig gewesen.[3]

Geschichtsphilosophie als ein spekulativ verlängerter Arm der Geschichtstheologie ist abzulehnen. Als eine Wissenschaftstheorie der Geschichtswissenschaft kann sie nur methodisch und hypothetisch betrieben werden.

[3] Vgl. Koselleck, R.: Kritik und Krise. Ein Beitag zur Pathogenese der bürgerlichen Welt, Freiburg i.Br. – München 1969.

Analytische Theorie der Geschichte

Für die moderne Skepsis gegenüber den geschichtsphilosophischen Entwürfen – ob theologischer, spekulativ-metaphysischer, idealistischer oder materialistisch-konstruktiver Prägung – im 20. Jahrhundert sind mehrere Gründe verantwortlich.

Erstens bestand und besteht immer noch ein Hiatus zwischen dem Anspruch und dem Elend der großen geschichtsphilosophischen Entwürfe. Zweitens haben die modernen naturwissenschaftlichen Disziplinen wieder den Menschen in den Zusammenhang der Natur gestellt. Demzufolge entwickelte sich eine kritische oder analytische Geschichtsphilosophie, die freilich nur dem Namen nach eine Geschichtsphilosophie ist. Am Ende des 19. Jahrhunderts wandten sich viele Philosophen von jedweder konstruktiven Geschichtsphilosophie ab und interessierten sich mehr für die Herausarbeitung des besonderen Merkmals des historischen Wissens. Jacob Burckhardt warnt in seiner Kritik der hegelschen Geschichtsauffassung vor der Glorifizierung eines Geistes oder einer Vernunft, die meint, in die Zwecke der ewigen Weisheit eingeweiht zu sein. Da eine solche Prämisse falsch ist, führt sie zu Irrtümern, wenn man sie, wie Hegel es tut, zum Ausgangspunkt geschichtlicher Betrachtungen macht. Hinzu kommt, dass die naive Anschauung, europäische Geschichte sei Weltgeschichte, in unserem heutigen „Weltalter" längst nicht mehr gilt.

Dilthey, Croce und Collingwood bemühten sich um eine Theorie und Geschichte der Historiographie. Dilthey verneinte, dass man den Gang der Geschichte nicht begreifen könne ohne einen bestimmten teleologischen Rahmen im Voraus anzunehmen. Die Verständlichkeit der Geschichte besteht darin, dass die Historiker sie verständlich machen. Historiographie ist keine Geschichtsphilosophie; sie ist eher die Biographie der Geschichte.

Die angloamerikanischen analytischen Philosophen mit einem Interesse an einer kritischen Philosophie der Geschichte distanzieren sich von der psychologischen Beschreibung dessen, was der Historiker eigentlich tut, sowie von den voreiligen und bequemen religiös-metaphysischen Voraussetzungen. Sie machen es zu ihrer Hauptaufgabe, eine detaillierte Analyse und Klärung der konzeptuellen Struktur des geschichtlichen Denkens zu geben. Mandelbaum und Hempel ging es u. a. um die Frage, ob die behauptete Autonomie des Historischen nicht doch eine Illusion sei.

Die analytische Geschichtsphilosophie[4] thematisiert nicht so sehr die Gegebenheiten, sondern in der Hauptsache das, was erzählt wird. Dadurch gehört die historische Untersuchung dem Felde des Narrativen an. Und das Narrative verbindet die Geschehnisse der Geschichte miteinander nicht im Sinne einer kausalen Theorie, in der die Ereignisse einen ableit-

[4] Vgl. Drag, W. H. (ed.): Philosophical Analysis and History, New York/London 1960.

baren Charakter haben, sondern im Sinne einer Erklärung aus Voraussetzungen, die ein bestimmtes Ereignis erwarten oder prognostizieren lassen. Es geht hier im Namen der geschichtlichen Erklärung (historical explanation) um die Frage nach der Rolle und den Grenzen derselben. Historische Ereignisse sind nicht einmalig, unwiederholbar und können daher nicht unter Gesetze und Theorien subsumiert werden. Es besteht heute eine Art Einvernehmen darüber, dass befriedigende historische Erklärungen im Ganzen probabilistischer und nicht deduktiver Natur sind. Die Methode, die dort angewandt wird, ist nicht die der universellen Gesetze, sondern die der statistischen Verallgemeinerung. Es ist ein induktives Geschichtsschema mit der grundsätzlichen Möglichkeit der Falsifikation.

Die Frage nach dem historischen Individuum, nach dem historischen Akteur, erhielt zwei Arten von Antworten. Individualisten vertreten die Ansicht, dass eine befriedigende Erklärung nur durch die Reduktion der sozialen Ganzheiten auf die sie konstituierenden menschlichen Handlungen möglich ist. Die Holisten dagegen neigen dazu, den sozialen Ganzheiten wie Partei, Staat oder Parlament eine Art substanzieller Existenz zuzuschreiben. Die Individualisten sehen dabei eine Art Ontologisierung am Werke. Der Streit zwischen dem methodologischen Individualismus und Holismus geht immer noch weiter. Auch wenn die sozialen Phänomene, wie Kirche, Staat u. a. keine Individuen sind, so sind sie doch in einer von uns nicht zu leugnenden Weise tätig.

Ferner geht es in der kritischen Philosophie der Geschichte um die Frage nach der historischen Objektivität. Da aber die historischen Wissenschaften im naturwissenschaftlichen Sinne nicht wertfrei sind, wird die Frage nach der historischen Objektivität zurückgewiesen. Dies ist die Position der Relativisten, denn historische Ansprüche bestehen in Abhängigkeit von den entsprechenden Werterahmen und Kulturkontexten.

Die Werturteile gehen in die historischen Arbeiten nicht nur durch die selektive Tätigkeit des Historikers ein, sondern auch dadurch, dass diese Urteile selbst als kausale Erklärungen gebraucht werden. Selbst die Frage, wer zwang wen, etwas Bestimmtes zu tun, lässt in der Erklärung den quasi-moralischen Aspekt der Antwort anklingen. Die historischen Fakten sind eigentlich Kriege, Morde, Unterdrückung, Sieg, Niederlage, Reformen, Revolutionen und dgl.; diese können nicht – so sagen die Kritiker der historischen Objektivität – in einer wertneutralen Sprache beschrieben werden. Dieselbe geschichtliche Tatsache der Reformation beispielsweise kann eine katholische und eine protestantische Beschreibung erhalten.

„In unserem eigenen Leben“, sagt Burckhardt, „sind wir gewöhnt, das uns Gewordene teils als Glück, teils als Unglück aufzufassen ...“[5] Es ist

[5] Vgl. Burckhardt, J.: Weltgeschichtliche Betrachtungen, Stuttgart 1978, S. 251.

eine Naivität, weit entfernt von einer vorurteilslosen Beschreibung unter weltgeschichtlicher Perspektive, zu meinen, dass es nur ein Glück war, dass beispielsweise die Griechen über die Perser oder die Römer über die Karthager siegten.

Unsere Überlegung hier ist: Auch wenn es keine allgemein akzeptable Objektivität gibt, weil es keine totale Identität gibt, so gibt es auch keine totale Inkommensurabilität. Gäbe es eine solche, so wäre sie nicht artikulierbar. Auf der Suche nach einer großen Objektivität in den historischen Wissenschaften geht es eigentlich um die Kultivierung einer reflexiv-meditativen Instanz in uns, die die der Objektivität abträglichen Vorurteile abbaut. Dies könnte praktisch darin bestehen, dass der Philosoph qua Philosoph die konzeptuellen, die kulturellen, die philosophischen und die religiösen Rahmen als solche ansieht und damit den Fehler, den eigenen in einer bestimmten Tradition sedimentierten Rahmen in den absoluten Stand zu setzen, vermeidet.

Einem phänomenologisch orientierten, alle theologisch oder spekulativ-metaphysisch orientierten Entwürfe ablehnenden kritischen Philosophen der Geschichte bleibt der methodische Weg, der in der Feststellung der Gegebenheit des Überlappungsphänomens der verschiedenen Rahmen besteht, offen. Dies ist eine Geschichtstheorie von unten und keine Geschichtsphilosophie von oben.

Ein in diesem Sinne phänomenologisch orientiertes Geschichtsdenken vermeidet (durch den Hinweis auf das Noetisch-Noematische) sowohl die Vereinnahmungstendenz der Identitätsphilosophie als auch eine jede Kommunikation gefährdende Inkompatibilitätstheorie. Eine solche „phänomenologische Historiographie" ist nicht reduktiv in ihrem Vorgehen; sie erlaubt aber ebenso wenig, dass eine bestimmte Geschichtsperspektive sich verabsolutiert.

Die Aufgaben der kritischen Geschichtsphilosophen bestehen im Folgenden:

Erstens sollen die Rollen, die Grenzen und die Notwendigkeit der Standpunktgebundenheit aller Rahmen realisiert werden.

Zweitens sollen die Beschreibungen so vorurteilsfrei wie nur möglich vorgenommen werden.

Drittens soll die reflexiv-meditative Instanz in uns kultiviert werden im Sinne eines Ichs (Ego), das als transzendental-reflexiv-meditatives Ich keiner bestimmten Tradition angehört, keine bestimmte Sprache spricht und keine bestimmte Geschichte hat. Es geht hier nicht um eine Spekulation oder Konstruktion, sondern lediglich um eine regulative Idee, deren noetisches Korrelat das Erlebnis einer solchen Instanz in uns ist.

Viertens sollen die Methoden der eidetischen Variation, der Epoché und der transzendentalen Reduktion angewandt werden. Sie ermöglichen uns zwar nicht, das konkrete Subjekt der Weltgeschichte zu finden – denn ein solches Subjekt gibt es nicht, es sei denn, man statuiert es aus der Religion, Metaphysik oder Ideologie und dgl. –, aber sie helfen uns, einen reinen und unparteiischen Beobachter in uns zu entdecken und intuitiv zu realisieren.

Angesichts der „ungeheuren Empirie“ (Goethe) der Geschichte ist eine eindeutige und allgemein verbindliche Geschichtsphilosophie nicht nur schwierig, sondern gar unmöglich. Daher kann der Mensch existieren, ohne gleichsam in einem geschichtsphilosophischen Sinne geschichtlich zu existieren.

Der Mensch als handelndes Subjekt der Geschichte bleibt unverstanden, wenn nicht gleichzeitig der Mensch als vorurteilsfreier Beobachter der Geschichte kultiviert wird. Der Versuch, die Anthropologie der Geschichtsphilosophie anzupassen, ist zum Scheitern verurteilt, denn die Natur des Menschen als ein Zusammenschluss egoistischer und nicht-egoistischer Elemente behauptet sich stets. Scheler entwickelt seine philosophische Anthropologie durch das Beantworten der zentralen Frage nach der Stellung des Menschen im Kosmos. Plessner formuliert sein Programm: „Ohne Philosophie der Natur keine Philosophie des Menschen“.[6]

[6] Vgl. Scheler, M.: Die Stellung des Menschen im Kosmos, München 1962, S. 24–80 und Plessner, H.: Die Stufen des Organischen und der Mensch, Berlin 1975, S. 26.

IV.

Mensch und Geschichte in der Antike

Nicht zu Unrecht wird im Allgemeinen gesagt, dass die Griechen, deren Denken die Wiege des Abendlandes darstellt, grundsätzlich eine kosmologische Orientierung besaßen. Die Natur wurde zur größten Einheit alles Seienden (Pflanzen-, Tier-, Menschen- und Götterwelt) und aller Geschehnisse gemacht. Dies ist aber nicht die Natur der modernen Naturwissenschaften; vielmehr geht es um die Ordnung in der Natur, die alle Geschehnisse gleichmäßig, gleichförmig, eben zyklisch und rhythmisch verlaufen lässt. Der ewige Kreislauf vom Entstehen und Vergehen sei das Urmuster; und der Mensch stehe nicht außerhalb dieses Kreislaufs. Auch seine Geschichte nicht. Mit anderen Worten: Die Kosmologie besitzt eine Priorität vor der Anthropologie, Theologie und anderen Wissenschaften. Die außerirdische, die planetarische hemisphärische Ordnung spielte eine große Rolle in der Evolution der irdischen Geschehnisse.

In der Werdevorstellung des Kosmischen liegt auch eine Werdevorstellung der Götter und der Menschen beschlossen. Theologie und Kosmologie Hesiods belegen dies.

Das Göttliche wird in diesem Schema der Griechen zum Prädikat der kosmischen Ordnung. Das Natürliche ist dann das Göttliche, weil das ewig sich verändernde das Unveränderliche ist. Der Kosmos besitzt *logos*, und der Mensch nimmt teil an diesem kosmischen *logos*. Der Mensch als *homo sapiens* ist in die große Natur eingebettet. Die Natur ist sich selbst genug. Als hervorragendes Einzelwesen, nicht als Gattungswesen hat der Mensch Geschichte.

Aristoteles bestimmt den Menschen durch den Besitz von Geist und Politik. In seiner Abhandlung über Politik gibt Aristoteles zwei zusammenhängende Definitionen vom Menschen: Er sei ein *zoon logon echon* und ein *zoon politikon*. Mit anderen Worten: Der Mensch sei ein vernunftbegabtes Wesen und auch ein in der Gemeinschaft lebendes Wesen.

Diese Vernunft ist nach Aristoteles die besondere Fähigkeit des Menschen, die ihm angeboren ist. Es geht nicht um eine „historische" Vernunft und auch nicht um eine von einem Schöpfergott geschenkte Vernunft. Menschsein bedeutet zugleich dann auch Mitmenschsein, und dies kann der Mensch nur durch den Gebrauch der Rede. Der Mensch ist daher auf Mitteilung angelegt. Beide Bestimmungen des Menschen durch Aristoteles sagen aber kaum etwas über Geschichte oder Weltgeschichte aus. Aristoteles hält es demnach anscheinend für möglich, dass der Mensch geistig und politisch sein Leben führen kann, ohne auf die Geschichte einzugehen. Freilich wird Geschichte nicht geleugnet; sie bestimmt nur nicht das Leben des Menschen; sie mag ihm widerfahren.

Der Gedanke, dass der Mensch nicht nur und nicht primär Natur sei, dass er geschichtlich existiere, Geschichte habe und sie auch mache, „ist eine Behauptug der jüngsten Vergangenheit".[1] Die Griechen zeigten kein Interesse für eine bloß lineare Konzeption des Geschichtsverlaufs, welcher nur von dem Schöpfungsgedanken des Christentums her verständlich wird, denn der Gott der jüdisch-christlichen Tradition schafft sowohl die Natur als auch die Menschen und macht die menschliche Existenz zu einer geschichtlichen. Die Griechen besitzen keinen Namen für das, was uns Geschichte (das von uns oder von Gott Gemachte) bedeutet. Die Wörter *historeuein* bzw. *historia* bedeuten erkundigen. Und was da erkundigt wird, ist nicht der Sinn der Geschichte; nur die gewesenen Geschehnisse und Taten werden getreu beschrieben, denn der Mensch übernimmt sich, wenn er versucht, von sich aus die Sinnfrage zu klären. Eine solche Fragestellung schien den Griechen beinahe ketzerisch, da sie von der ewigen Ordnung, Größe und Schönheit des Kosmos so tief beeindruckt waren und sich vor ihr voller Respekt verneigten.

Aristoteles, der über alles zwischen Himmel und Erde nachgedacht hat, hat der Geschichte keine einzige Schrift gewidmet. Dies überrascht uns um so mehr, wenn wir daran denken, dass er ein Freund Alexanders des Großen war, eines Herrschers, der Eroberungszüge bis nach Indien führte und ein weltgeschichtliches Reich begründete. Mit Recht sagt Löwith: „Es wäre absurd zu denken, dass Aristoteles in Alexander, so wie Hegel in Napoleon, den 'Weltgeist' der Weltgeschichte hätte erblicken können, denn das würde voraussetzen, dass der Logos des ewigen Kosmos in die vergänglichen Pragmata unserer Geschichte eingehen könnte."[2]

Im Gegensatz zu dem *homo mensura*-Satz des Sophisten Protagoras, der in einem engeren Sinne die sog. anthropologische Wende, einen Anthropozentrismus beinhalten soll, gilt für Platon, dass Menschsein so viel bedeutet, wie ein Sterblicher sein im Unterschied zu den unsterblichen Göttern. Denn nicht der Mensch, sondern Gott, die göttlich-kosmische Ordnung ist das Maß aller Dinge. Die Geschichte in der Antike ist noch in der kosmischen Ordnung verankert genauso wie der Mensch. Von der Frage nach einem epochalen historischen Bewusstsein kann daher in der Antike nicht die Rede sein, denn für die klassischen Historiker sind die Wechselfälle der Geschichte – Aufstieg und Untergang der Reiche – in dem umfas-

[1] Löwith, K.: Gesammelte Abhandlungen. Zur Kritik der geschichtlichen Existenz, Stuttgart 1960, S.154.

[2] Ebenda.

senderen Wirken von Entstehen und Vergehen der *physis* (Natur) subsumiert. Platons Seelen- und Ideenlehre stellt eine metaphysische Untermauerung des Lebens dar, das in die ewige Wiederkehr des Gleichen mit aufsteigender und rücklaufender Bewegung eingebettet ist. In dem geistigen Vollzug dieser Bewegung als dem Wissen von dem natürlichen Kreislauf mag der Mensch als Vernunftwesen sich seiner Sonderstellung bewusst werden. Eine Sonderstellung im Sinne einer Stellung außerhalb dieses Kreises hat der Mensch nicht.

Selbst Aristoteles entwickelt ein Schema der Staatsverfassungen, wonach sich eine wiederholende Bewegung von Monarchie über Tyrannei, Aristokratie, Oligarchie, Demokratie, Ochlokratie wieder hin zur Monarchie ergeben soll. Aristoteles stellt nicht die Frage nach dem eigentlichen Subjekt der Geschichte, auch scheint diese Frage für das griechische Denken ein wenig anmaßend zu sein

So sind unsere neueren Geschichtsschemata von Fortschritts- und Verfallsprozessen auf das griechische Denken nicht anwendbar. In der immer seienden Weltordnung ist das Kommen und Gehen der Dinge das Natürlichste jenseits eines Pessismismus und Optimismus.

Herodot und Ovid sprechen in einem mythologischen Gewande von vier Zeitaltern: das goldene, das silberne, das eherne und das eiserne. Auch wenn hier von einem paradiesischen Zustand eines goldenen Zeitalters die Rede ist, stellt der Geschichtsverlauf – entsprechend dem Naturverlauf – eine wiederkehrende Bewegung durch den Verfall des Besseren dar. Seneca beschreibt im 90. Brief das goldene Zeitalter in herrlichen Farben: keine Habsucht, keine Sorge, denn man sorgte für den anderen wie für sich selbst. Der Wunsch nach dem ewig Bestehenden, was uns gefällt, ist ein menschlicher Gedanke, der einem Menschen zukommt, der seine Verankerung in dem ewigen Kreislauf vergessen hat. Der Glaube an die ewige Ordnung der Natur ist nicht ein uns von einer übernatürlichen Instanz geschenkter Glaube, sondern er steht auf dem Boden der Erfahrung mit der kosmischen Natur.

Man muss das Wort „natürlich“ bzw. „Natur“ in dem ursprünglich griechischen Sinne deuten. „Die Aristotelische Einsicht in das, was ist – nicht jetzt und nicht künftig, sondern immer –, ist nicht geschichtlich auf die griechische Philosophie bestimmt; sie findet sich auch im Osten.“[3]

Hierin mag u.a. der Grund gesehen werden, warum die Asiaten und die Griechen keine Geschichtsphilosophie wie Augustinus, Hegel, Marx u.a. entwarfen.

In dem 30. Fragment sagt Heraklit von der Welt: „Diesen Kosmos hier vor uns, derselbe für alles und alle, hat weder einer der Götter erschaffen noch einer der Menschen. Er war immer, er ist und er wird sein. Sein Lo-

[3] Ebenda, S. 207.

gosfeuer ist ewig und aufflammend und verlöschend …“[4] Auch wenn die Sophisten und Sokrates sich mehr oder minder von der natürlichen Welt abwenden, bleibt selbst für Platon eine Kosmologie mit dem Ordnungsprinzip des Weltalls eine unumstößliche Basis. In der Tat bleiben alle Ordnungsvorschläge, die das menschliche Signum tragen, diesseits einer im echten Sinne kosmo-politischen Ordnung. Nicht unseretwegen existiert die Welt, sagen die Griechen. In seinem Alterswerk ›Nomoi‹ schreibt Platon: „Auch das noch so winzige Teilchen, das du ausmachst, armseliger Wicht, hat seine innere Beziehung und Richtung immer auf das All. Dir aber bleibt verborgen, daß alles Werden um jenes Willen geschieht, auf daß dem Leben des Alls selig Wesenheit zuteil werde. Nicht um deinetwillen geht es hervor, sondern du um seinetwillen.“[5]

Auch wenn ein Hegelianer und ein Denker wie Augustinus in diese Worte Platons eine Art „List der Vernunft“ oder den Willen Gottes hineinlesen können, bleibt der scharfe Gegensatz zur spekulativen und theologischen Geschichtsdeutung bestehen. Denn den Griechen geht es nicht in erster Linie um einen anthropologischen Weltbegriff, auch nicht um einen theologischen Menschenbegriff, sondern lediglich um die natürliche Weisheit des Kosmos. Für ein solches Denken hat die philosophische Reflexion die Aufgabe, das Vertrauen in die Verlässlichkeit, in die Wahrheit der Welt zu entwickeln. Es geht darum, dass der Mensch mit der Natur und nicht im Protest gegen sie lebe. Der Mensch darf nicht pan-biologisch „naturalisiert“ werden; ebenso wenig darf er sich restlos von der Natur abkoppeln.

Die Frage, warum die Griechen keine Geschichtsphilosophie entwickelten, erhält dementsprechend die Antwort: weil sie das historische Bewusstsein von der Einmaligkeit nicht kannten. Sie hätten keinen Sinn in der Frage nach dem Zweck der Geschichte in dem ewigen Kreislauf der kosmischen Ordnung gesehen. Auch dem asiatischen philosophischen Denken liegt eine verwandte Geisteshaltung zu Grunde, die in dem ewigen Muster von Entstehen – Bestehen – Vergehen die Frage nach einem ‘menschlichen’ Sinn und Zweck redundant werden lässt. „Eine Geschichtsphilosophie im Sinne von Augustin oder Hegel“, schreibt Glasenapp, „konnten die Inder schon deshalb nicht ausbilden, weil ihnen ebenso wie den Denkern des klassischen Altertums die vom Christentum dem Abendland vermittelte Vorstellung von einem einmaligen Entwicklungsprozess … fremd ist, denn sie betrachten das Weltgeschehen ‘sub specie aeternitatis’, als einen sich dauernd fortsetzenden Vorgang, der nie zu einem letzten Ziel führen kann.“[6]

[4] Ebenda, S. 134.
[5] Ebenda, S. 234.
[6] Glasenapp, H. v.: Die Philosophie der Inder, Stuttgart 1974, S. 11.

Dass wir heute nach dem Sinn oder Unsinn der Geschichte im Ganzen fragen, ist selbst eine kulturell-geschichtlich, aber auch religionsgeschichtlich bedingte Frage. In dem Erstaunen der griechischen Philosophen war noch keine Enttäuschung von der Welt am Werke; es führte eher zum Respekt dem Weltlogos gegenüber. Mit dem Aufkommen der Gedanken wie Hoffnung, Glaube, Erwartung oder Erfüllung maßte sich der Mensch an, die Frage nach dem letzten Sinn der Geschichte, des menschlichen Lebens zu stellen. Dies sind Fragen, bei denen die Griechen viel bescheidener waren. In dieser Hinsicht waren auch die asiatischen Denker der griechischen Ansicht näher, denn auch sie traten nicht in Gegensatz zur Welt und versuchten nicht, die ansonsten legitime Sehnsucht nach Erlösung in eine Totalerlösung der Welt umzuwandeln im Sinne eines Reiches Gottes auf Erden oder eines pseudo-theologisch spekulativen Entwurfs der Weltgeschichte.

Das griechische philosophische Denken fragte nicht nach dem Schöpfer der Welt, des Menschen oder der Geschichte. Die Frage nach einem Herrn oder dem Subjekt der Geschichte schien ihnen überflüssig, weil der Mensch mit seiner Geschichte dem immer seienden kosmischen Logos unterworfen ist. Auch wäre die Frage nach einer „Philosophie der Geschichte" ein Widersinn gewesen, da diese eine Sammlung von politischen Ereignissen darstellt. Auf dem Boden eines solchen neutralen Denkens konnte daher auch keine Eschatologie oder Erfüllungstheologie entstehen, weil ja selbst die Rede von einem Endzweck der Geschichte oder der Völker in einem wiederkehrenden Verlauf von Entstehen und Vergehen sinnlos ist.

Es ist ein Vorurteil zu meinen, dass die Frage nach dem Sinn beantwortet werden kann, wenn zuvor das letzte „Woraufhin" (der Zweck) feststeht. Ein Denken, das das Kreislaufmäßige der Natur als gegeben annimmt, ja hinnimmt, kann nicht das Gewesene von dem Ende her deuten; es kann nicht futuristisch oder prophetisch sein. Lebt man im Einklang mit der Natur, so sind Erwartungen nur noch praktisch-pragmatisch, d. h. politisch interessant. Löwith konstatiert eine „unüberbrückbare Kluft zwischen griechischer Weisheit und jüdischem Glauben", indem er darauf hinweist, dass Jesaia und Herodot beinahe Zeitgenossen waren. „Griechische Philosophen und Historiker waren überzeugt, dass was immer sich künftig ereignen wird, nach dem gleichen *Logos* ablaufen und von gleicher Art sein wird wie vergangenes und gegenwärtiges Geschehen."[7]

Auch wenn die Geschichtsschreibung von Herodot einige religiöse und epische Züge trägt, ist sie ein Bericht mit dem Zweck, die Taten der Menschen nicht mit der Zeit verloren gehen zu lassen. Das zeitliche und periodische Schema Herodots stellt keinen von einem Sinn und Zweck gelei-

[7] Löwith, K.: Weltgeschichte und Heilsgeschehen, Stuttgart 1953, S. 15.

teten Fortgang der Weltgeschichte dar; es steht im Einklang mit der griechischen Auffassung von der Zeit, welche eine Kreisbewegung mit Auf und Ab ist.

Thukydides will einen pragmatischen Zusammenhang in den Geschehnissen zeigen. Geschichte ist für ihn in der Hauptsache politisch und stellt einen Kampf dar. Dieser Kampf aber ist in der menschlichen Natur begründet. Da Thukydides an das unveränderliche Auf und Ab der kosmischen Ordnung glaubte und an keine wesentliche Änderung der menschlichen Natur dachte, sah er die Zukunft nach dem Modus der Vergangenheit. Er hielt an der Kreisbewegung fest, auch wenn er nicht jede Veränderung in ihr ablehnte. Die menschlichen Generationen mögen an Klugheit oder Dummheit zunehmen und ihre Geschicke dementsprechend lenken; an der Geschichte im Sinne der Natur von Entstehen, Bestehen und Vergehen wird sich nichts wesentlich ändern. Es geht um die ewige Wiederkehr eines gleichen Musters in verschiedenen Zeiten mit ihren jeweiligen sich verändernden Situationen und Konstellationen.

In dem, was ist, soll der Mensch Genüge finden, nicht weil es gut ist, wie es ist, sondern einfach weil es ist, wie es ist. Es wäre wiederum ein menschliches Vorurteil, hier vorschnell einem solchen Denken Pessimismus und ein handlungstheoretisches Defizit vorzuwerfen.

Bei Polybios findet sich ein Geschichtsschema, das beinahe einem universalgeschichtlichen Schema ähnelt. Er stellt in seiner Geschichtsschreibung die Ereignisse so dar, als ob sie zu einem bestimmten Ziel, der römischen Weltherrschaft, führten. Aber auch von ihm wird das Schema des ewigen Kreislaufs nicht ganz in Abrede gestellt, denn die Geschichte bewegt sich im Kreislauf der politischen Wechselfälle. Trotz der Möglichkeit, die Zukunft eines bestimmten politischen Zustandes prognostizieren zu können, bleibt die natürliche Schicksalhaftigkeit des Geschehens im Ganzen erhalten.

Veränderung, das Werden und Vergehen ist das oberste Gesetz der Geschichte, und dies nicht nur in Bezug auf die menschlich-politische Geschichte, sondern in Bezug auf alle Bereiche des Seienden – von der Tierwelt bis zur Götterwelt, auch wenn den Göttern Unsterblichkeit zukommen soll.

Und heute, in der Folge der die Weltgeschichte leitenden Vorstellung, scheint diese Wandelbarkeit, diese unbestimmt-bestimmte Wiederkehr ein Ärgernis zu sein. Für die Alten damals war dies aber kein Grund der Resignation oder des Protestes. Sie erkannten es ohne Groll an und handelten in dem klaren Bewusstsein, dass alle Völker, Staaten, Regierungen, Kulturen und Religionen das Kleid der Vergänglichkeit tragen. Polybios pflichtet der weisen Ansicht seines Freundes Scipio bei, indem er die staatsmännische und tiefsinnige Äußerung Scipios lobt, der nach dem Fall

Karthagos meinte, ein ähnliches Schicksal könne auch dem siegreichen Rom einmal zuteil werden.

Die Moral aus einer solchen, dem Werden und Vergehen unterworfenen Geschichtsauffassung besteht darin, sich zu mäßigen und in dem Besiegten auch sich selbst zu sehen. Sehr asiatisch und natürlich griechisch rät Polybios, im Glück bescheiden zu sein und die Besiegten nicht zu misshandeln, ein Gedanke, der heute noch lebendig ist.

Dass die Zukunft nicht voraussagbar ist, d.h. dass sie im Dunkeln bleibt, resultiert in der Antike aus dem Fehlen einer religiösen, einmaligen Verkündigung. Die Antike kannte keine Ideologie im modernen Sinne des Bescheidwissens über die geheime Botschaft der Weltgeschichte. Die Antike war eher vom Vertrauen (nicht aber vom philosophischen Wissen) auf Weissagungen beseelt ohne den kirchlichen Glauben an Prädestination. Das Göttliche war ein Prädikat des Kosmischen.

Unter den römischen Historikern ist Tacitus mit seiner moralischen Beleuchtung der Geschichte zu erwähnen. Er bedauert den Verfall der Republik und sieht verbunden damit das Ende der Freiheit, das letztlich aus dem Sittenverfall resultiert. Das germanische Volk mit seiner Sittenreinheit dient als Gegenpart. Hegel fast vorwegnehmend, gibt er eine Periodisierung der römischen Geschichte nach Lebensaltern an: Kindheit, Jünglingsalter, Mannesalter, Greisenalter. Dennoch war Tacitus realistisch genug, eine Grundantinomie zwischen Wirklichkeit und Sehnsucht zu sehen.

Die antiken Denker leugneten nicht die Sonderstellung des Menschen im Kosmos, denn sie schrieben ihm die Fähigkeit der Vernunft zu. Aber diese Sonderstellung ist und bleibt eine Stellung innerhalb und nicht außerhalb der ewigen kosmischen Ordnung. Es gibt das Anthropologische für das griechische Denken diesseits des Kosmischen. Die Natur im Menschen geht der Natur des Menschen voraus, denn das Ethische, Moralische oder Politische ist wichtig, nötig und nützlich. Letzten Endes einzig wertvoll ist aber die *theoria*, diejenige ausgezeichnete ruhige Weise, alles zu sehen, zu betrachten und bei sich und der Welt zu bleiben, die unser tiefes Eingebettetsein in den Kreislauf der natürlichen Ordnung lehrt, ohne uns in einem Dualismus Natur – Mensch enden zu lassen.

Wer im „Werdesein“ und „Seinwerden“ des natürlichen Kreislaufs keine Ruhe gewinnen kann, sondern nach einem Endziel fragt und auf die Erfüllung der Hoffnung wartet, hat aus dem Mythos der Pandora, wie Hesiod ihn erzählt, nicht die richtige Lehre gezogen, denn der Geist ist zwar nicht nichts, aber Natur ist dennoch alles, wie die „ungeheure Empirie“ der gewesenen Menschheitsgeschichte zeigt.

So sagt Goethe in einem Gespräch mit dem Historiker Luden: „Und wenn sie nun alle Quellen zu klären und zu durchforschen vermöchten: Was würden sie finden? Nichts anderes, als eine große Wahrheit, die längst entdeckt ist … So ist es; so ist es gewesen; so wird es wohl auch bleiben …“[8]

Goethe will nicht dem Pessimismus das Wort reden; noch will er alles beim Alten lassen; was er möchte, ist, dass der Mensch sich nicht übernehme, indem er sich von der Natur abkopple und in der Erwartung eines endgeschichtlichen Zustandes sich entweder panaktivistisch oder pantragisch aufführe.

Die griechischen Denker hatten in dem kosmischen Modell vom Entstehen und Vergehen, in dem ewig Wiederkehrenden der Natur das Wahre gefunden; ihre kosmologische Orientierung legt Zeugnis von ihrem tiefen Vertrauen in die kosmische Weisheit und Ordnung ab. Alle Fragen, die das geschichtliche Handeln, die geschichtliche Kontinuität oder die geschichtliche Zeit betreffen, werden von dieser Erkenntnis der Unverrückbarkeit natürlicher kosmischer Ordnung her angegangen.

Hans Drexler sagt im Nachwort seiner Übersetzung der ›Geschichte des Polybios‹, was auch für andere Historiker gültig ist: Polybios beherberge zwei Seelen in seiner Brust – die des Historikers und die des Moralisten. Er sei sich jedoch „über die Unvereinbarkeit dieser beiden Betrachtungsweisen … niemals klar geworden.“[9]

Wenn die Aufgabe des Historikers, seines Erzählens, die Darstellung des wirklich Gewesenen, der Wahrheit ist, so ist es die Aufgabe des Moralisten, das so Erzählte als gut oder böse zu beurteilen.

Freilich sind diese beiden Weisen so miteinander verschränkt, dass es beinahe zu einer Legende wird, wenn man im Namen einer trockenen, toten Objektivität von *der einen* historischen Wahrheit spricht. Als Belegbeispiel möge dienen: Es war derselbe kleomenische Krieg zwischen den Achäern und den Spartanern, der von den beiden Historikern Phylarchos und Polybios erzählt wird. Während Phylarchos für die Achäer war, ergriff Polybios Partei für die Spartaner.

Aus einer Entfernung von 2000 Jahren stellen wir heute die Frage: in welcher der beiden Versionen des kleomenischen Krieges wohl die historische Wahrheit liegt. Die Sache des „Historikerstreits“ ist so alt wie der Mensch und seine Geschichte. Es ist zwar richtig, dass es immer etwas gibt, was nicht einfach zuerst von uns konstruiert und dann beschrieben und ausgelegt wird. Dieses Etwas ist das gemeinsame Reservoir für die geschichtlichen Interpretationen. Zu diesem Etwas gibt es weder einen absoluten Text noch eine absolute Interpretation. So verbindet sich die Objektivität der Geschichte mit der Vielfalt der perspektivischen Deutungen.

[8] Vgl. Biedermann, F. v. (Hrsg.): Goethes Gespräche, Gesamtausgabe, Bd. 1, 2. Aufl., Leipzig 1909, S. 434 f.

[9] Vgl. Drexler, H. (Übers.): Geschichte des Polybios, 2 Bände, Zürich 1963.

V.

Augustinus oder die theozentrische Anthropologie und gläubige Heilsgeschichte

Der Mensch als Geschöpf Gottes

Die Zurückweisung des griechischen Denkens über Mensch und Geschichte geschieht bei Augustinus nicht auf philosophischem, sondern theologischem Boden. Das antike philosophische Denken wird bei Augustin zu einem gläubigen Denken angesichts der exklusiven Wahrheit der Offenbarung. Mit der Entthronung der Natur, der griechischen kosmischen Ordnung, fängt die jüdisch-christliche Auffassung vom Menschen an. Die Ordnung in der Natur ist nun eine von Gott geschaffene. Die Schöpfungsgeschichte der ›Genesis‹ erzählt, wie Gott das Chaos der Welt verwandelt hat und wie er den Menschen in seinem Bilde als Herrscher, aber auch als Bewahrer der Erde erschaffen hat. Gleichzeitig wird aber auch der „Fall" des Menschen geschildert, der in Adam gesündigt hat und durch Christus erlöst worden ist. Man beachte hier, dass das jüdisch-christliche Denken eine Abkopplung der Ordnung von dem Kosmos vornimmt, was für die Griechen undenkbar war. Ist der Kosmos eine Ordnung, so nicht, weil er eine solche von sich aus ist, sondern weil sie ihm von Gott her gegeben ist.

Der Mensch ist für Augustinus ein Geschöpf Gottes, und er kann ihn nur im Erfahrungshorizont Gottes denken. Die kanonisierte „Heilige Schrift", bestehend aus dem Alten und dem Neuen Testament, bildet dabei den verbindlichen Ausgangspunkt für die Reflexion über Mensch und Geschichte. Augustinus geht zwar von der Autorität der alten griechischen Philosophen Platon und Aristoteles aus, er sieht sie freilich im Licht der unüberbietbaren christlichen Wahrheit.

Im Geiste Platons ist der Mensch auch für Augustinus eine Einheit von Seele und Leib. Die besonders geartete Seele, durch die der Mensch an Vernunft und Einsicht teilhat, verleiht ihm eine qualitative Sonderstellung im Kosmos. Die anthropologische Konstante im Menschen ist seine Ebenbildhaftigkeit zu Gott. Für Augustinus ist der „Sündenfall" des Menschen ein „Missbrauch seines freien Willens". Der Tod, der im ursprünglichen Schöpfungsplan Gottes nicht vorgesehen war, ist die Strafe dafür.

„Er (der Mensch – Vf.) sollte, wenn er, seinem Schöpfer als dem wahren Herrn ergeben, dessen Gebot in ehrfürchtigem Gehorsam befolgte, in die Gemeinschaft der Engel eingehen und ohne Dazwischentreten des Todes eine selige und ohne Ende fortdauernde Glückseligkeit erlangen; wenn er dagegen, seinen freien Willen hochmütig und ungehorsam gebrauchend, den Herrn, seinen Gott beleidigte, dem Tode verfallen nach Art der Tiere leben, ein Sklave der Begierde und nach dem Tode zu ewiger Pein bestimmt.“[1]

Augustinus übergeht die Lehren derjenigen Denker, die keine Antworten über die Entstehung und Natur des Menschen geben. An dem Platoniker Apulejus (2. Jh. n. Chr.) bemängelt Augustinus, dass er von dem Immerdagewesensein des Menschen (und der Welt) ausgehe. Nicht vom Wissen, sondern nur von Vermutungen, so Augustinus, sei bei diesen Denkern die Rede.

Nach Augustinus hat Gott dem Menschen eine Natur gegeben, welche in der Mitte zwischen Engel und Tier liegt. Die Frage, ob Gott denn nicht den Sündenfall des Menschen vorauswissen konnte, bejaht Augustinus und fügt hinzu, dass Gott den Menschen ja auch durch seine Gnade retten wollte.

Die Gebote Gottes sind keine Gebote des Menschen, auch wenn sie für ihn gemacht sind. Lebt „der Mensch nach dem Menschen und nicht nach Gott“, nähert er sich dem Teufel. Dasselbe gilt für die Engel. Hierin liegt die unverrückbare theozentrische Mitte in dem Dreiecksverhältnis Gott, Mensch und Geschichte. Die kosmologische Ordnung der Griechen wird ersetzt durch die theologische Ordnung der Christen.

Die Folge des Sündenfalls für die Menschen ist nach Augustinus der bittere Kampf der beiden *civitates*: der *civitas dei*, in der die Gottesliebe herrscht, und der *civitas terrena*, in der die selbstsüchtige gottabgekehrte Selbstliebe herrscht. Wenn Augustinus am Ende aller Zeiten einen Sieg der *civitas dei* voraussagt, so ist dieser Sieg nicht der Menschenkraft, sondern nur der Gotteskraft zu verdanken. Es geht hier nicht um eine Säkularisierung des feststehenden Endes, auch wenn im Abendland eine Verweltlichung dieser endgeschichtlichen Botschaft durch die verschiedenen Formen der Aufklärung, Revolution, Emanzipation und Verwissenschaftlichung versucht worden ist. Augustinus mag Recht haben mit seiner Ansicht, dass jede hochmütige Abkopplung des Menschen von seinem Herrn (Gott) eine Strafe nach sich ziehen wird.

Der Mensch ist in der Anthropologie des Augustinus ein extramundanes Geschöpf und kann demzufolge nicht von einer Kosmologie, sondern nur von einer Theologie begründet werden. Geht man von der alleinigen Wahrheit der christlichen Botschaft aus – und das tut Augustinus – so ist Menschsein gleich Christsein, sofern es sich an Christus als dem Gottmenschen bemisst.

[1] Augustinus: Der Gottesstaat XII, 22 (nach: Des heiligen Kirchenvaters Aurelius Augustinus ausgewählte Schriften: Gottesstaat, übers. von A. Schröder, II. Bd., München 1914, S. 242).

Das Paradoxe in der Natur des Menschen besteht eigentlich darin, dass ihm sowohl das Sündige, das Krankhafte als auch das Gute und Fromme natürlich ist. Dies drückt sich in der paradoxen Situation aus, in der die christliche Anthropologie sich befindet: Der Mensch ist auf der einen Seite ein Gottesgeschöpf, das auf der anderen Seite der Sünde verfallen ist. Eine solche aus der Erbsünde resultierende Korruption wird nur durch eine radikale Umkehr, die zum übermenschlichen Heil führt, beseitigt werden können. Dies ist keine philosophische Einsicht, sondern der christliche Glaube. Selbst in der Bemerkung Kants, der Mensch sei aus einem zu krummen Holz gemacht, als das man etwas Gerades aus ihm zimmern könnte, spürt man einen Hauch dieser Anthropologie.

Die theozentrische Anthropologie des Augustinus geht von einem Glauben aus, der insofern nicht „natürlich" genannt werden kann, als er dem Menschen erst von einem übernatürlichen Wesen gegeben werden muss. Was der Mensch als Mensch dazu tun kann, ist nicht viel, denn den Glauben erzwingen kann er nicht.

Augustinus akzeptiert weder den im griechischen Sinne verstandenen immer währenden Kosmos, noch das delphische Wort „Erkenne dich selbst". Letzteres bedeutet für Augustinus im Sinne der christlich-theologischen Reflexion, dass der Mensch erkennen soll, dass er sterblich und kein Gott ist. In seinen Bekenntnissen schreibt Augustinus: „Erkennen werde ich Dich, der Du mich kennst, erkennen, wie ich erkannt bin."[2] Das eigentliche Subjekt dieser Selbsterkenntnis ist nicht der Mensch, sondern Gott, der die Menschen kennt. Diese Kenntnis soll der Mensch anstreben. Dieser Entschluss liegt als Grundvoraussetzung dem Philosophieren von Augustinus zu Grunde. Der aus dem Nichts geschaffene Mensch hat die Aufgabe, nicht sich selbst, sondern den personalen Gott, den Schöpfergott zu erkennen. Augustinus will weder die antike kosmozentrische noch die moderne anthropozentrische Orientierung, sondern ausschließlich die theozentrische. Der immer währende Kosmos der Griechen wird zum Saeculum, zu einer vergehenden und erlösungsbedürftigen Welt. Auch für die Griechen ist der Mensch von den Göttern unterschieden, weil er sterblich ist und die Götter unsterblich sind. Aber das Besondere der Augustinischen Anthropologie liegt darin, dass es nicht um das Naturwesen Mensch, sondern um den in Christus wieder geborenen Menschen geht. Hier stehen sich heidnische Anthropologie und eine Anthropologie der Gläubigen einander gegenüber. Die heidnische Anthropologie sieht die immer währende Schöpfung des Menschen als einen ewigen Kreislauf an, und dieser ist in den natürlichen Kreislauf des Entstehens, Bestehens

[2] Augustinus: Bekenntnisse X, 1 (nach der Übers. von J. Bernhart, München 1955, S. 487).

und Vergehens eingebettet. Von einem bestimmten Anfang in der Zeit ist hier nicht die Rede. Aber der Mensch bloß als Naturgeschöpf, als Naturwesen kann niemals das Thema der Augustinischen Anthropologie sein. Keine rein biologisch-naturalistische Anthropologie kann den Menschen als Gottesgeschöpf befriedigend erklären, auch dann nicht, wenn wir die Menschen auf dem Umweg über die Natur zu erklären versuchen. Denn der Gedanke der Ebenbildlichkeit ist und bleibt der zentrale Punkt in der Anthropologie des Augustinus.

Zur Geschichtstheologie

Es ist wohl müßig, zu fragen, ob Augustinus seinen ›Gottesstaat‹ auch dann geschrieben hätte, wenn er nicht aus philosophisch-theologischer Sicht genötigt gewesen wäre, das Christentum und das christlich werdende Rom nach seiner Niederlage und Plünderung durch den Westgotenkönig Alarich im Jahre 410 zu verteidigen.

Die Weltgeschichte hat nach Augustinus seit Anbeginn zwei Gesichter: das weltliche (das Reich Kains) und das göttliche (das Reich Abels). Sie besteht in einem ständigen Kampf von Gottesstaat (*civitas dei*) und Weltstaat (*civitas terrena*). Der Sieg des Gottesstaates ist vorprogrammiert, freilich nicht durch Menschenhand, sondern durch Gottes Lenkung.

Das Christentum ruht auf der Einmaligkeit der Schöpfung – sowohl der Menschen als auch der Welt und der Natur. Hierin liegt der Hauptgrund für die Entwicklung eines ausgeprägten Geschichtsbewusstseins. Hinzu kommt, dass die Menschwerdung Gottes gleichzeitig die Erfüllung einer Verheißung war. Es geht um eine Erfüllungstheologie.

In der christlichen Geschichtsdeutung geht es daher um den zeitlichen Horizont eines vorausbestimmten Zieles. Das heilsgeschichtliche Schema beinhaltet ein Fortschreiten zu diesem Ziel hin. Die verweltlichten modernen Fortschrittsschemata sind im Sinne einer innerweltlichen Erfüllung der Verheißung aus der christlichen Geschichtstheologie genährt worden. Weitergführt haben sie diese aber nicht im christlichen Sinne.

In ›De civitate dei contra paganos‹ versucht Augustinus, die alte kreisförmige Zeit- und Weltbewegung dadurch zu widerlegen, dass er von einer gottgelenkten Geschichte spricht. Nicht wir Menschen sind die Herren oder Subjekte der Geschichte; nur Gott allein ist es. Es fällt Augustinus leicht, die alte Anschauung zu widerlegen, da er die Bühne der Widerlegung von der Kosmologie auf die Theologie verlagert.

Die Welt ist das größte unter allen sichtbaren, Gott das größte unter allen unsichtbaren Dingen, sagt Augustinus. Er schreibt: „Indes, daß es eine Welt gibt, sehen wir, daß es einen Gott gibt, glauben wir. Daß aber Gott die Welt geschaffen hat, glauben wir am sichersten Gott selber. Wo haben wir ihn gehört? Wir einstweilen nirgends besser als in der Heiligen Schrift, wo sein Seher sagt: 'Am Anfang schuf Gott Himmel und Erde'."[3]

Hierin kann man in der Tat eine wahrhaft christliche Apologie sehen, denn der christliche Standpunkt wird hier mit aller Klarheit klassisch formuliert, auch wenn er die griechische Kosmologie theoretisch nicht widerlegen kann. Im Gegensatz zur griechischen *theoria*, die im Wesentlichen eine Kontemplation über das Sichtbare ist, ist der christliche Glaube ein unbedingtes Vertrauen in Unsichtbares. Daher kann es in der christlichen Theologie auch nicht bloß um eine natürliche Theologie gehen. Die einzige und alleinige Quelle ist die Schrift, in der Gott sein Schöpfertum bezeugt. Auch die Ansicht von der Ewigkeit der Welt ohne Anfang und Ende verliert für Augustinus an Überzeugungskraft, da er von dem Geschaffensein der Welt ausgeht. Die natürliche Welt wird durch die Schöpfungstheologie des Augustinus entwertet.

In einem mit der Schöpfung der Natur, der Welt geht auch die Schöpfung der Zeit, denn es ist widersinnig, eine Zeit „vor" der Schöpfung vorzustellen. Nur Gott ist von allen Veränderungen frei; er ist daher auch zeitlos, d. h. ewig, während die Welt zeitlich ist. Da alles, was zeitlich ist, vergeht, ist die Welt vergänglich. Nach der Ansicht von Augustinus irrten sich die heidnischen Philosophen, als sie die wiederkehrende Bewegung der kosmischen Ordnung als ewig ansahen. Es fehlte ihnen freilich nicht so sehr an Verstand als vielmehr am richtigen Glauben. „Anstatt aber den heidnischen Irrtum", kommentiert Löwith, „mit theoretischen Gründen zu widerlegen, verweist Augustinus auf die Autorität der Heiligen Schrift ..."[4]

Mit den Augen des Glaubens sieht Augustinus alles, und in diesem gläubigen Sehen liegt das eigentliche „wahre Wissen". Die alten Philosophen dachten zwar, wussten aber nicht. Freilich sprachen sie von Erneuerung in dem ewigen Kreislauf der Ereignisse, aber diese hatten nichts zu tun mit der Erneuerung durch eine geistige Wiedergeburt. Die dauernde Veränderung der Welt, ja die Theorie von dem ewigen Werden und Vergehen erweckte bei Augustinus das Gefühl eines sinnlosen Dramas, einer sinnlosen Abwechslung. Es ist kein Verlass auf die Welt, es sei denn, dass von der Zuverlässigkeit des Kosmos mittelbar durch die Zuverlässigkeit des Willens Gottes ausgegangen wird.

Da Augustinus von einer in einer Hinsicht erfüllten Zukunft ausgeht und die Geschichte vom Ende her deutet, findet er das Kreislaufschema der Antike hoffnungslos. So versucht er, ein moralisches Argument gegen den klassischen Zeitbegriff anzuführen. Wer glaubt, hofft und auf die Zukunft hin gerichtet ist, der kann nicht das Rotieren von Entstehen, Beste-

[3] Augustinus: Gottesstaat XI, 4 (nach der Übers. von A. Schröder, ebenda, S. 146).

[4] Löwith, K.: Weltgeschichte und Heilsgeschehen, S. 150.

hen und Vergehen sinnvoll finden und glücklich sein. Der christliche Glaube will das Endgültige, die ewige Seligkeit. Die Gläubigen werden sie finden, die Ungläubigen nicht. Nicht als eine Hoffnungs-, sondern als eine Erfüllungstheologie steht der christliche Glaube zur Diskussion.

Augustinus empfindet die Lehre von den sinnlosen Kreisläufen nicht nur unannehmbar, sondern auch unglaublich, unerträglich, unklug und verwerflich. „Wenn es wahr wäre, schwiege man klüger davon, ja man wäre gescheiter, wenn man es nicht wüßte."[5] Dass die Hoffnung, die Sehnsucht nach einem Ende jenseits des kreisförmigen Enstehens und Vergehens ein menschliches Vorurteil (wenn auch ein kaum vermeidbares) sein könnte, konnte Augustinus wegen seiner gläubigen Zuversicht, dass wir in den Händen Gottes gut aufgehoben sind, nicht gelten lassen.

Das Kommen des Gottmenschen dagegen ist etwas, was nicht nur Neues, sondern unwiederholbar Neues darstellt. Löwith sieht in den beiden Sinnbildern – dem Kreuz und dem Kreis – das, wovon „die Geistesgeschichte der abendländischen Menschheit" zehrt. Bei Nietzsche hingegen gibt es ein Entweder/Oder zwischen dem Heidentum und dem Christentum. „Die Unvereinbarkeit", schreibt Löwith, „ist schon darin begründet, daß sich die klassische Anschauung der Welt auf Sichtbares richtet, wogegen die christliche 'Weltanschauung' gar keine Anschauung, sondern eine Sache der Hoffnung und des Glaubens an Unsichtbares ist."[6]

Augustinus ist unerbittlich in seinem Kampf gegen den heidnischen Glauben und fordert sogar die Zerstörung der heidnischen Götterbilder, denn er meint, den Willen Gottes zu kennen, der die Vernichtung des heidnischen Aberglaubens fordert.[7]

Theologisch-gläubige Geschichtseschatologie

Mit dem Erscheinen des Gottessohnes auf Erden kennt die Zeitrechnung der Menschheitsgeschichte eine Periode *vor* Christus und eine *nach* Christus. Nach dem christlichen Glauben verläuft jede Bewegung der Geschichte zu Christus hin und von Christus her. In jenem Glauben wurzelt auch die abendländische Geschichtsphilosophie. Diese Geschichtsauffassung ist eine gläubige und keine empirische. Hinzu kommt, was Jaspers mit Recht bemerkt: „Der christliche Glaube aber ist *ein* Glaube, nicht der Glaube der Menschheit."[8]

Die augustinische Geschichtsauffassung entspricht in der Tat einer dog-

[5] Augustinus: Gottestaat, XII, 21 (nach der Übers. von A. Schröder, ebenda, S. 237).

[6] Löwith, K.: Weltgeschichte und Heilsgeschehen, S. 153.

[7] Vgl. Jaspers, K.: Die großen Philosophen, München 1957, S. 387 ff.

[8] Jaspers, K.: Vom Ursprung und Ziel der Geschichte, München 1983, S. 19.

matischen Auslegung des Christentums. Der Gottesstaat des Augustinus ist etwas Übergeschichtliches und darf nicht mit den weltlichen Idealen/Ideologien oder Utopien verwechselt werden. Es geht Augustinus weniger um eine Deutung der Geschichte als eines Fortschritts, denn die christliche Wahrheit ist ja nicht im Werden begriffen; sie ist für alle Zeiten schon in der Heiligen Schrift ausgesprochen. Verkündigung und Verbreitung dieser ewigen Wahrheit sind die eigentlichen Aufgaben der Kirche. Augustinus hält es für selbstverständlich, dass alles in der Welt sich im Wandel befindet. Da das so ist, meint Augustinus, ist die profane Geschichte von keiner unmittelbaren Bedeutung für die Heilsgeschichte. Die weltlichen Geschehnisse, mögen sie noch so unglücklich verlaufen, können niemals über die Annahme oder Ablehnung des christlichen Glaubens entscheiden. Für den Gläubigen ist das eigentliche Subjekt der Geschichte nicht der Mensch, sondern nur Gott.

„Augustins Glaube“, schreibt Löwith, „bedarf keiner geschichtlichen Entfaltung, weil der Geschichtsverlauf als solcher das zentrale Mysterium der Fleischwerdung Gottes weder hervorbringen noch aufsaugen kann.“[9]

Augustinus ist sowohl gegen die chiliastische als auch gegen die heidnische Erwartung, weil diese die Theologie in die Geschichte einbeziehen. Auch wenn Augustinus eine zu weltlich orientierte Erwartung ablehnt, kann er nicht umhin, den Anfang mit dem Ende zu verbinden. So beinhaltet seine Lehre ein weltgeschichtliches Schema, das zwar weltgeschichtliche Ereignisse und das überweltliche Ziel nicht miteinander vermischt, aber diese dennoch im Glauben der Gläubigen verbunden sein lässt. Das „happy end“ der Geschichte ist nicht des Menschen Verdienst. Hierin besteht ein wesentlicher Unterschied zwischen Augustinus und Marx; denn Letzterer macht die Menschen im Verbund mit den notwendigen geschichtlichen Gesetzen zum Subjekt.

Nach der Plünderung Roms im Jahre 410 durch den Gotenkönig Alarich waren die Römer am Boden zerstört und meinten, die Götter hätten sich von Rom abgewandt, weil jene sich Christen nennenden Atheisten in Rom eingedrungen waren. Augustinus, der den Gotenkönig Alarich als besonnenen Herrscher darstellte, meinte, dass der Polytheismus der Römer keine irdische Wohlfahrt beinhalte. All die vielen Eroberungssiege der Römer seien weniger der römischen Tüchtigkeit als vielmehr der skrupellosen römischen Politik zu verdanken. Man fragt sich, was Augustinus wohl gesagt hätte, wenn er die Verbreitung des Christentums auf den verschiedenen Kontinenten in den späteren Jahrhunderten gesehen hätte. Denn auch die christliche Bekehrungsgeschichte ist die Geschichte eines z.T. unchristlichen Umgangs mit anderen Menschen.

[9] Vgl. Löwith, K.: Weltgeschichte und Heilsgeschehen, S. 154.

Gemäß der danielschen Weissagung der vier Weltreiche, war nach dem babylonischen, dem medischen und dem persischen das griechisch-römische das letzte. Mit Vorurteilslosigkeit und engagierter Distanz lehnt Augustinus diese Sicht ab, weil jede von Menschenhand gemachte Eschatologie zu verwerfen sei. Die Heiligkeit Roms lag darin, der Ort zu sein, von wo aus die Ordnung des eigentlichen Heilsgeschehens verbreitet werden sollte. Reiche, Staaten und weltliche Organisationen sind nicht im Naturrecht begründet; sie sind aber auch nicht einfach ein Werk des Teufels. Die sündige Natur des Menschen ist der eigentliche Ursprungsort. Dass sie nicht ganz bedeutungslos sind, beruht darauf, dass sie den Frieden erhalten und der Gerechtigkeit dienen können. Augustinus war kein Staatsideologe im modernen Sinn. Alles ist null und nichtig vor dem Willen Gottes.

Das Ziel der Geschichte liegt im Endgericht, das auf Erlösung und Verdammung in einer eschatologischen Zukunft verweist. Daher kommt es weniger auf die großen irdischen Reiche an. Trotz des unglücklichen Anfangs und der nicht minder unglücklichen Verläufe der Menschheitsgeschichte ist Augustinus entgegen einer empirischen Betrachtung der Geschichte von der Erfüllung des Endziels am Ende aller Zeiten fest überzeugt. Für Augustinus hat die profane Geschichte nur eine Bedeutung, indem sie das Mittelstück bildet zwischen den beiden überhistorischen Geschehnissen – Schöpfung, Sündenfall und Endgericht, Auferstehung. Weder ist der eigentliche Anfang noch das Ende dessen bekannt, was wir Geschichte nennen. Die Geschichte als Ganzes bekommt einen Sinn durch das Erscheinen Jesu Christi. Dieses Erscheinen hat die Geschichte zur Gottesgeschichte gemacht; sie ist nicht mehr das sinnlose Hin- und Herpendeln der Ereignisse und Handlungen.

Es gibt eine Geschichte (Universalgeschichte), weil es nun einen Gott gibt, der sie auf ein einziges Ziel lenkt. In dieser unserer Geschichte erleben wir den letzten Kampf zwischen zwei Reichen: Der *civitas dei* und der *civitas terrena*. Diese sollen nicht mit der sichtbaren Kirche und dem Staat gleichgesetzt werden. Augustinus ist weit entfernt von der Kurzsichtigkeit eines Hegel, der voreilig in der Person Napoleons den absoluten Geist zu erblicken meinte.

Der Brudermord – Kain und Abel – ist für das irdische Reich bezeichnend. Mit dem Brudermörder Kain beginnt die *civitas terrena*, während Abel auf die *civitas dei* hinweist. Als Bürger dieser Welt ist Kain mit seinem Verbrechen der Gründer irdischer Reiche; Abel dagegen lebt zwar in diesem *saeculum*, aber er ist auf der Pilgerfahrt zu einem überirdischen Ziel. Als *peregrinus* ist er ein Reisender in dieser Welt. Er ist zwar in dieser Welt, aber nicht von ihr. Die, die ihm im Geiste folgen, leben zwar auch in der Welt Kains, aber nur vorübergehend in *hoc saeculo*.

Nicht um Fortschritt oder Rückschritt geht es in der theologischen Geschichtsdeutung des Augustinus, sondern lediglich um eine Pilgerschaft, wobei die Welt der Geschichte einen Ort der Durchreise darstellt. Wenn bei Augustinus vom „Fortschritt“ gesprochen wird, dann wohl nur im Sinne eines gläubigen Fortschreitens auf das überweltliche Ziel hin.

Die Merkmale der *civitas dei* sind Liebe, Aufopferung, Demut und Gehorsam; die der *civitas terrena* Ehrgeiz, Stolz, Nützlichkeitserwägungen und Ungehorsam. Goethe bemerkt in seinem ›West-Östlichen Diwan‹ (Israel in der Wüste), dass das eigentliche Thema der Welt- und Menschheitsgeschichte der Konflikt des Glaubens und Unglaubens ist. Man meint schon sehr früh in solchen wohl auch theologisch motivierten Ansichten die katastrophale Logik eines Entweder/Oder vorfinden zu können.

Auch wenn der Geschichtsverlauf ein fast sinnloses Aufeinanderfolgen der Generationen, Staaten u. dgl. zu sein scheint, ist sowohl die heilige als auch die profane Geschichte in einer *ordinatio dei* vorherbestimmt. Augustinus' Geschichtsdeutung will Gott in der Geschichte rechtfertigen. Dies verbindet ihn mit Hegel.

Augustinus geht von der heiligen Zahl Sieben aus (die sieben Schöpfungstage) und spricht von sechs bzw. sieben Zeitaltern. Die Absicht des Augustinus in seiner Geschichtsdeutung ist nicht eine theoretisch-spekulative, sondern eine apologetische; und diese Absicht wurzelt in dem tiefen Glauben an den einen Gott, der die Geschichte geplant, geschaffen und vorbestimmt hat. Eine „mystische“ Deutung der beiden Reiche sieht Jerusalem als die Stadt Gottes und Babel als die des Teufels. Das römische Reich ist die *civitas terrena*, der noch heidnische Staat (*civitas diaboli*). Von den sieben Zeitaltern – von Adam bis zur Sintflut, von Noah bis Abraham, von Abraham bis David, von David bis zur babylonischen Gefangenschaft, von dieser bis zur Geburt Christi, von Christus bis zur Wiederkunft Christi und schließlich das siebte Zeialter des Sabbats – beschäftigt sich Augustinus in der Hauptsache mit der römischen Geschichte.

Im Gegensatz zu vielen anderen christlichen Geschichtsdenkern (Lactantius z.B. spricht vom Ende der Welt im Jahre 500) enthält sich Augustinus weise jeder apokalyptischen Berechnung. Ihm kommt es darauf an, dass man von der irrigen Ansicht abkomme, die Welt sei ewig, ungeschaffen.

Den sechs Epochen vor dem siebten Zeitalter werden sechs Altersstufen des Menschen (erste Kindheit, zweite Kindheit, Jugend, Jünglingsalter, Mannesalter, Greisenalter) zugeordnet. Nicht das Schema von Kindheit bis Greisenalter ist neu, denn auch im antiken Schema von Entstehen und Vergehen ist Ähnliches enthalten. Neu ist, dass jede Wiederholung abgelehnt wird.

Geht man vom geistigen (eher geistlichen) Fortschritt aus, so ergibt sich eine Einteilung in drei Epochen: vor dem Gesetz (Kindheit), unter dem Gesetz (Mannesalter) und unter der Gnade (Greisenalter). Hegel hat von einer solchen Einteilung in seiner spekulativ-konstruktiven Geschichtsdeutung vieles übernommen. Augustinus in seinem streng religiösen Schema der Geschichte erwähnt nur folgende zwei Reiche: das der Assyrer im Osten und das der Römer im Westen. Hegel wird später unter Beibehaltung einer pseudo-theologischen Deutung der Weltgeschichte eine (für ihn) sinnvolle Bewegung der Geschichte von Osten nach Westen konstruieren. Alexander der Große, der den Tempel von Jerusalem entweiht, wird als ein großer Räuber bezeichnet. Man sieht, dass dieselbe historische Persönlichkeit, dieselbe Epoche widersprüchlich beurteilt werden, je nach Deutungsbrille des Interpreten.

Augustinus ist kein Revolutionär, insofern als er sich wenig darum kümmert, in welchem Reich der sündige, dem Tod verfallene Mensch lebt. Worauf es aber doch ankommt, ist, dass die Machthaber die Menschen nicht zu Gottlosigkeit und Ungerechtigkeit nötigen. In solchen Fällen mag dem Menschen Widerstand gegen böse Herrscher erlaubt sein.

Augustinus geht es einzig und allein um die eschatologische Geschichte des Glaubens, eines Glaubens, der unsichtbar am Werke ist, auch wenn der in der *civitas diaboli* blind lebende Mensch es nicht weiß.

„Der ganze Geschichtsverlauf wird nur fortschrittlich, sinnvoll und verständlich durch die Erwartung eines jenseits der geschichtlichen Zeit liegenden letzten Triumphs des Gottesstaates über das Reich des sündigen Menschen."[10] So gesehen hat der Fortschrittsgedanke der Augustinischen Geschichtsdeutung mit dem säkularisierten Sinn der modernen Fortschrittsgläubigkeit nichts zu tun bis auf eine formal-strukturelle Ähnlichkeit, die durchgängig ist.

Es gereicht Augustinus zur Weisheit, dass er die von einigen modernen Philosophen und sogar Theologen beanstandete Verbindung zwischen der weltlichen und der heiligen Geschichte nicht ausdrücklich herausarbeitet. Augustinus wollte nicht, dass man aus dem weltlichen Erfolg theologisches Kapital schlage, denn Erfolg kann manchmal, wie Nietzsche bemerkt, der größte Betrüger sein. Der weltliche Messianismus der abendländischen Nationen belegt zur Genüge, zu welcher Grausamkeit, Unterdrückung und Ausrottung eine falsche Berufung auf die Religion führen kann. Einige Geschichtsdenker wie z.B. Hegel haben den Erfolg des christlich-europäischen Expansionismus als Bestätigung des Europäisch-Christlichen gesehen und daraus dessen Universalität abgeleitet.

„Aber gerade das Fehlen einer genau bestimmbaren Wechselwirkung zwischen weltlichen und heiligen Geschehnissen", bemerkt hierzu Löwith,

[10] Ebenda, S. 158.

„unterscheidet Augustins christliche Apologie zu ihrem Vorteil von Bossuets umfassender Theologie der politischen Geschichte und von Hegels Geschichtsphilosophie; beide beweisen zu viel, indem sie die Entfaltung der Folgen des Weltgeschehens herleiten … Von dem Verfasser der Bekenntnisse eine historische Kritik empirischer Tatsachen zu verlangen, würde ebenso abwegig sein, wie wenn man von einem modernen Historiker ein Interesse für das Problem der leiblichen Auferstehung, dem Augustin das ganze letzte Buch seines Gottestaates widmet, erwarten wollte."[11]

Die eschatologische Vorwegnahme gibt eine Sinndeutung der Geschichte vom Ende her und lässt uns in der intensiven, aber manchmal ungeduldigen Erwartung der Erfüllung zwischen Glaube und Hoffnung leben. Auch wenn es bei Augustinus um religiöse Kategorien geht, die in der Philosophie wenig zu suchen haben, ist die Gefahr einer Verwechslung des göttlichen Willens in den Händen der kurzsichtigen Menschen nicht ganz ausgeschlossen. Ist es dann einfach ein Zufall, dass der Mensch unter dem Eindruck einer solchen Hoffnung, die in der Person Christi sogar leiblich, zeitlich, geschichtlich und räumlich immer wieder bereitsteht, das versprochene Subjekt der Geschichte mal mit dieser, mal mit jener Gestalt der politischen Geschichte verwechselt? Haben nicht in der Tat die Menschen versucht, den Träger der Geschichte mal in Napoleon, mal in Hitler dingfest zu machen? Freilich sollten die Menschen als „Gotteskinder" nicht den selbstsüchtigen Interessen und Neigungen der „Weltkinder" unterliegen. Aber ist das gerade im Hinblick auf die Schwächen der „Weltkinder" – die übrigens auch Augustinus nicht leugnet – ganz und immer zu vermeiden? Die Säkularisierung der theologischen und exegetischen Geschichtsauffassung, d.h. die Verwechslung der Weltgeschichte mit der Heilsgeschichte, ist ein Beleg für das eben Gesagte.

War und ist das antike Schema von dem ewigen Kreislauf alles Seienden im Kosmos vielleicht doch nicht frei von solchen Verwechslungsverlockungen? Ist die Frage nach dem Sinn allen Geschehens doch nicht schon in und durch die gleichmütige Annahme des Weltenlaufs beantwortet? Im Vorwort seines ›Gottesstaates‹ spricht Augustinus voller Vertrauen und Hoffnung von dem „letzten Sieg" und „vollkommenen Frieden": Solange diese Worte noch religiöse Kategorien bzw. „theologomena" bleiben und wir Menschen darauf hoffen und warten, dass Gott die Geschichte zu einem friedlichen Ende führt, wird das Miteinander der Menschen und der Staaten nicht ausarten in ein Auseinander, Durcheinander und Gegeneinander. Aber die Frage bleibt: Wie lange? Hinzu kommt, dass Augustinus neben dem christlichen Glauben alle anderen Glaubensformen zum

[11] Ebenda, S. 159.

Unglauben degradiert. Wie lange kann es Frieden in einem solchen „tertium non datur"-Denkschema geben?

Selbst Augustinus, der anfänglich gegen Gewaltanwendung gewesen ist, befürwortet Gewalt, wenn es um die Verteidigung der wahren, christlichen Lehre geht. In diesem Sinne plädiert er für die staatliche Macht des christlichen Roms, um so die Heiden wegen ihrer falschen Religion zu bestrafen. Auch den Donatisten gegenüber ist Augustinus derselben Ansicht. Die Kirche ist für Augustinus wie eine Mutter, die ihre Kinder mit Strenge behandelt und auch bittere Medizin verabreicht. So ist der Schritt zur Bekehrung unter Zwang („compellite intrare") getan.

Auch wenn die theologisch-philosophischen Schriften Augustins keine Anthropologie im engeren Sinne und auch keine säkularisierte Geschichtsphilosophie enthalten, sind sie doch beschäftigt mit der gefallenen Natur der Menschen und mit der Möglichkeit der Erlösung durch die in Christus Fleisch gewordene göttliche Gnade und mit der eschatologischen Geschichte als Heilslehre. Nach dieser liegt das Endziel der Geschichte jenseits ihrer selbst, auch wenn die schnelle Verbreitung der christlichen Botschaft über den Erdball von manchem christlichen Apologeten vorschnell als ein Beweis und eine Bestätigung der göttlichen Vorstellung in der Weltgeschichte angesehen wird. Mit alledem in dieser Vergröberung hat die Augustinische Anthropologie und Geschichtstheologie nichts zu tun. Nicht so sehr an Sünde glaubt der Christ, sondern an Hoffnung, Gnade und Erlösung. Die Sünde ist zwar groß, Gnade aber ist größer.

„Geschichtsphilosophie hatte im Abendland ihren Grund", schreibt Jaspers in seiner Schrift ›Vom Ursprung und Ziel der Geschichte‹, im christlichen Glauben … Der christliche Glaube aber ist ein Glaube, nicht der Glaube der Menschheit. Der Mangel ist, dass solche Ansicht der Universalgeschichte nur für gläubige Christen Geltung haben kann."[12]

Unser Fazit ist: Eine theologisch orientierte Geschichtsphilosophie ist unverbindlich, es sei denn, sie wäre durch den Glauben gesichert; eine idealistisch-metaphysische Geschichtsphilosophie dagegen ist ein Konstrukt, es sei denn, sie ließe sich empirisch beweisen. Es gilt daher von solchen Geschichtsphilosophien Abschied zu nehmen, denn warum sollte die große Natur beim Menschen und seiner Geschichte eine Ausnahme machen.

[12] Jaspers, K.: Vom Ursprung und Ziel der Geschichte, S. 19.

VI.

Hegel oder die Anthropologie des „subjektiven Geistes“ und die pseudo-theologische und spekulativ-philosophische Geschichtsphilosophie

Hegels Beschäftigung mit Geschichte fängt mit dem folgenden Dilemma an: auf der einen Seite fallen das Denken und das Gedachte auseinander, auf der anderen Seite bestehen wir in der Reflexion auf der Identität zwischen beiden. Es gibt eine doppelte Lesart der Geschichte. Als Weg der Erfüllung der Idee, der Verheißung, des Bewusstseins wird sie optimistisch gesehen; als Erlebnisinhalt der Personen, der Bewusstseinszentren ist sie wegen der Kriege, Katastrophen und Ungerechtigkeiten tragisch. So ist die Geschichte sowohl kontinuierlich als auch diskontinuierlich je nachdem, ob wir den einen großen Sinn verfolgen oder die Individuen, in denen das Ganze sich organisiert und desorganisiert (lebt und stirbt).

In seiner Schrift ›Geschichte und Wahrheit‹ spricht Paul Ricœur von einer latenten Paradoxie der Geschichte. Diese beschreibt er folgendermaßen: „Wir sprechen von der Geschichte, von der Geschichte in der Einzahl, weil wir erwarten, dass ein menschlicher Sinn diese einzige Menschheitsgeschichte eint und vernünftig macht. Diese implizite Herausforderung sucht der rationalistische Philosoph, der eine Geschichte des Bewusstseins schreibt, zu erklären. Aber wir sprechen auch von den Menschen, von den Menschen in der Mehrzahl ..., und wir erwarten, dass die Personen als radikal vielfache Zentren der Menschheit auftauchen; diesen Verdacht fördert der Existenzphilosoph zu Tage, wenn er sich den einzigartigen Werken widmet, in denen sich der Kosmos rund um ein außerordentliches Existenz- und Gedankenzentrum organisiert.“[1]

Geschichte wird von Hegel als ein Entwicklungsprozess der Gattung „Mensch“ angesehen, und Menschheit und Geschichte bereichern sich gegenseitig. Die folgenden Worte Hegels sind für seine gesamte Philosophie charakteristisch: „Nur die Einsicht kann den Geist mit der Weltgeschichte und der Wirklichkeit versöhnen, dass das, was geschehen ist und alle Tage geschieht, nicht nur von Gott kommt und nicht ohne Gott, sondern wesentlich das Werk Gottes selbst ist.“[2]

[1] Ricœur, P.: Geschichte und Wahrheit, übers. mit einer Einleitung von R. Leick, München 1974, S. 61 f.

[2] Hegel, G. W. F.: Vorlesungen über die Philosophie der Weltgeschichte, Philos. Bibl., Bd. 171d, Hamburg 1955, S. 938.

Man hat in diesen Worten Hegels vieles gelesen: Zynismus, Naturalismus, Pantheismus, Optimismus, Prädestinationslehre, Rücksichtslosigkeit, Euphorie in Verbindung mit der Verbreitung der christlichen Religion und der Weltbeherrschung im 19. Jahrhundert. Hegel als Geschichtstheologe! Die Einsicht, von der Hegel hier spricht, mag sehr wichtig sein, aber Hegel sagt nirgends, wie ein Philosoph qua Philosoph zu dieser Einsicht kommt. Daher ist die skeptische Frage erlaubt, ob sie überhaupt eine philosophische Leistung ist. Es ist wohl eher so, dass der Grundsatz Hegels, dass es in der Weltgeschichte immer vernünftig zugeht, eine theologisch motivierte dogmatische Metaphysik ist.[3]

Hegel hat der Anthropologie keine eigenständige Schrift gewidmet, sondern er behandelt das Anthropologische fast thesenartig skizziert in der Enzyklopädie der philosophischen Wissenschaften. Ferner kann man das Anthropologische aus weiteren unterschiedlichen Schriften von ihm zusammenstellen.

In der Philosophie Hegels geht es in erster Linie um eine Ontologie des Bewusstseins, die in seiner Phänomenologie des Geistes herausgearbeitet wird. Die Philosophie des Geistes ist geteilt in die Lehre vom subjektiven Geist, vom objektiven Geist und vom absoluten Geist. Psychologie, Phänomenologie und Anthropologie gehören dem Bereich des subjektiven Geistes an, während Recht, Moral und Sittlichkeit dem objektiven Geist und Kunst, Religion und Philosophie dem absoluten Geist zugeordnet sind.

Hegels Prinzip ist der Geist, der absolute Geist, der letzten Endes auch das wahre und allgemeine Wesen des Menschen ist. Der individuelle Mensch ist wichtig, aber immer im Dienste des absoluten Geistes.

Der subjektive Geist – ein Moment in der Entwicklung des absoluten Geistes – hat auch seine eigenen Entwicklungsstufen. Die Seele oder der Naturgeist stellt die erste Stufe dar und ist der Gegenstand der Anthropologie im engeren Sinne. Die verschiedenen Verhältnisse wie z. B. Klima, Jahreszeiten, Rasse, Nation, Lebensart, Temperament, Charakter, Familieneigenarten, Geschlechterverbindungen u. a. bedingen und bestimmen den Geist auf dieser Stufe. Der Geist ist hier noch in der Natur versenkt und drückt sich aus durch Empfindung. In seinen Vorlesungen über die Naturphilosophie nennt Hegel die Natur den Sohn Gottes, aber nicht als *den* Sohn, sondern als das Verharren im Anderssein. Die Natur ist der sich entfremdende Geist; sie ist der bacchantische Gott, der sich selbst nicht zügelt. Auf dieser Stufe besitzt der Geist noch kein Bewusstsein. Später folgen dann die weiteren Stufen des Gefühls, des Selbstgefühls, des Bewusst-

[3] Vgl. Mansilla, H. C. F.: Die Trugbilder der Entwicklung in der dritten Welt, Kap. III. Zur Kritik der Geschichtsphilosophie, München 1986, S. 35 ff.

seins, des Verstandes und der Vernunft, die dann die Gegenstände der Phänomenologie bilden.

Wenige Hegelianer haben den Versuch unternommen, die anthropologischen Ansichten Hegels aus seinen verschiedenen Schriften systematisch herauszuarbeiten. Sein Schüler, Karl Rosenkranz, hat versucht, in seiner Schrift ›Psychologie oder die Wissenschaft vom subjektiven Geist‹[4] eine systematische Anthropologie zu entwickeln.

Der subjektive Geist ist ein endlicher und in seiner Erscheinung an die Natur gebunden. Diese Naturgebundenheit des subjektiven Geistes beeinträchtigt nicht das Wesen des Menschen als den absoluten Geist. Die leiblichen und seelischen Erscheinungen sind die Äußerungen des subjektiven Geistes. Der subjektive Geist ist aber seiner Anlage nach immer mehr und weist über seine Naturbestimmtheit hinaus. Es ist so wie bei dem neugeborenen Kind: es ist noch kein vernünftiger Mensch, aber im Prozess des Menschwerdens dazu bestimmt. Da aber die Natur für Hegel nicht die bloße Physis ist, sondern „Anderssein der Idee", kann Hegel ohne Widerspruch behaupten, dass die Natur im Menschen immer über sich selbst hinausweist. Wir sehen hier eine idealistische Vorwegnahme der Natur, die der Natur neben dem Geist keine eigenständige Existenz zugesteht.

Die Tiere sind nach Hegel nur mit dem Leben begabt; der Mensch dagegen hat einen lebendigen Geist, dessen Entwicklung in dem Stadium des Zu-sich-selbst-Kommens des Geistes zur vollkommenen Freiheit endet.

Die unorganische Natur der Physik verwandelt sich immer wieder in verschiedenen chemischen Prozessen. Das Organische ist dann die Aufhebung dieser Verwandlung. Das Lebendige zeigt sich so in der Natur, von dem Geologischen über das Pflanzenreich, das Tierreich bis zu den Menschen. Auch hier will Hegel den Gang der Idee von der unbewussten Natur bis zu den Menschen zeigen.

Seine Naturgebundenheit zeigt, dass der Mensch auch ein Naturwesen ist, d.h. dass er mit den nichtmenschlichen Lebewesen eine Verwandtschaft besitzt. Aber diese Verwandtschaft ist nicht das eigentlich Wesentliche im Menschen, denn der Mensch bestimmt sich nach Hegel als Geist, der als der noch unvermittelte, d.h. in unmittelbarer Einheit mit der Natur, das Seelenleben darstellt. Der Mensch besitzt im Gegensatz zum Tier das Selbstbewusstsein, wodurch er sich von seiner Umwelt unterscheiden kann. Eine solche Emanzipation kennt das Tier nicht.

In der griechischen Philosophie ist das Menschsein so viel wie das Sterblichsein im Gegensatz zu den unsterblichen Göttern. In der christlichen Anthropologie ist der Mensch überhaupt nur Mensch, sofern er ein Ge-

[4] Vgl. Rosenkranz, K.: Psychologie oder die Wissenschaft vom subjektiven Geist, Berlin 1863.

schöpf Gottes ist, sofern er ein Ebenbild Gottes darstellt. Der Mensch trennt sich hier von seinem Sein in der Natur; er ist Mensch, sofern er Christ ist, d.h. sofern er sich nicht an seiner Natürlichkeit oder Humanität, sondern an Christus als dem Gottmenschen misst.

In der Philosophie Hegels spielt die Anthropologie eine untergeordnete Rolle, und der Mensch als solcher ist weniger interessant für die Philosophie des absoluten Geistes; denn alles ist eine Vorstufe auf dem hierarchischen Weg zum absoluten Geist bzw. eine bestimmte Stufe des absoluten Geistes.

Es existieren zwei Richtungen im hegelschen anthropologischen Denken. Erstens ist der absolute Geist das allgemeine Wesen des Menschen, denn seinem allgemeinen „Wesen" nach bestimmt Hegel den Menschen als Geist.[5] Zweitens erscheint der Mensch in Hegels Rechtsphilosophie unter dem Titel, dass er das Subjekt der irdischen „Bedürfnisse" sei. Nach Hegel stellt das System dieser Bedürfnisse die „bürgerliche Gesellschaft" dar. In diesem Sinne ist der Mensch einfach der Bourgeois. Aber der Mensch als der Bourgeois, als der empirische Mensch dieser oder jener Nationalität, als die platte, gehaltlose Abstraktion stellt nach Hegel nicht das wahrhaft Allgemeine des Menschen dar. Und dieses wahrhaft Allgemeine ist das Allgemeine des Staates (eine konkrete Gestalt der Vernunft), und der Mensch als etwas Selbstständiges, Unabhängiges, Eigenbedeutendes hat zurückzutreten gegenüber dem Absoluten in ihm. Hegel betont wiederholt, dass es ausschließlich der Geist ist, „wodurch der Mensch Mensch ist".[6] So bedeutet die Rede von der „Selbstentfremdung" bei Hegel etwas anderes als bei Marx oder Feuerbach.

Der geistigen Bestimmung des Menschen ist der Mensch als das bürgerliche Subjekt mit irdischen Bedürfnissen untergeordnet. Von einer „Vorstellung" von dem Menschen spricht Hegel, wenn er dieses bürgerliche Subjekt als Menschen meint. Von den Menschen als Geist im eigentlich philosophischen Sinne haben wir einen „Begriff". Auch die reine humane Bestimmung des Menschen wird von Hegel dahingehend verstanden, dass durch die Menschwerdung Gottes in Christus, d.h. durch die christliche Religion, der geistige Begriff vom Menschen erst ermöglicht wird. In der Enzyklopädie (§ 163) heißt es: „Die sonst so hochgebildeten Griechen haben weder Gott in seiner wahren Allgemeinheit gewusst, noch auch den Menschen; die Götter der Griechen waren nur die besonderen Mächte des Geistes und der allgemeine Gott … war für die Athener noch der verborgene Gott. So bestand dann auch für die Griechen zwischen ihnen selbst

[5] Vgl. Hegel, G. W. F.: Enzyklopädie der philosophischen Wissenschaften, II, Werke in 20 Bänden, Bd. 9, Frankfurt a. M. 1970, § 377.

[6] Zit. in: Löwith, K.: Von Hegel zu Nietzsche, Stuttgart 1958, S. 331.

und den Barbaren eine absolute Kluft, und der Mensch als solcher war noch nicht anerkannt in seinem unendlichen Werte und seiner unendlichen Berechtigung ... Die christliche Religion ist die Religion der absoluten Freiheit, und nur für den Christen gilt der Mensch als solcher in seiner Unendlichkeit und Allgemeinheit."[7] Es ist nicht übertrieben, wenn gesagt wird, dass Hegels Anthropologie mit der christlichen Religion steht und fällt. Von der übermenschlichen, göttlichen, absoluten Instanz her glaubt Hegel absolut zu wissen, was den Menschen zum Menschen macht, denn der christliche Gott, der auch Geist ist, ist in seiner spekulativen Weise in die Anthropologie Hegels einbezogen. Will man aber aus heutiger Sicht der anthropologischen Problematik eine solche metaphysisch-theologische Bestimmung des Menschen ablehnen, so kann festgestellt werden, dass die Philosophie Hegels eigentlich keine Anthropologie enthält. Hegels philosophische Anthropologie geht in der theologischen auf.

Wenn aber der Mensch nach Hegel ein göttlicher Geist ist, und wenn Hegel von der Geistigkeit des Menschen mehr hält als von seiner Natürlichkeit und Humanität, welche Bedeutung kann dann dem gewöhnlichen Humanismus zukommen? Hegel gibt uns eine hinweisende Antwort auf diese Frage in seiner Rechtsphilosophie im Zusammenhang mit der Analyse des Geistes der bürgerlichen Gesellschaft. „Im Recht ist der Gegenstand die Person, im moralischen Standpunkt das Subjekt, in der Familie das Familienmitglied, in der bürgerlichen Gesellschaft überhaupt der Bürger (als Bourgeois) – hier auf dem Standpunkt der Bedürfnisse ist es das Konkretum der Vorstellung, das man Mensch nennt; es ist also erst hier und auch eigentlich nur hier vom Menschen in diesem Sinn die Rede."[8]

In der Philosophie Hegels geht es nicht um einen anthropologischen Begriff des Geistes, und Löwith bemerkt mit Recht, „dass Hegels Begriff vom Geist nicht anthropologisch, sondern theologisch als christlicher Logos und mithin 'übermenschlich' gemeint ist."[9] Hierbei ist zu beachten, dass es nicht um einen Übermenschen zur Überwindung des Menschen geht (Nietzsche), sondern um ein Geschöpf Gottes, das dem Schöpfergott alles verdankt.

Hegel zeigt demnach einen gesunden realistischen Sinn für den eigentlichen Menschen, indem er die Menschen als rechtliche Personen in der bürgerlichen Gesellschaft zur Geltung bringt. Nur darf diese Bestimmung des Menschen nach Hegel nicht verabsolutiert werden, denn wenn auch jeder als Mensch dem anderen gleich ist, so bleibt dieses Selbstbewusstsein doch mangelhaft, wenn es dem öffentlichen staatlichen Leben ge-

[7] Hegel, G. W. F.: Enzyklopädie, I, § 163.
[8] Zit. in: Löwith, K.: Von Hegel zu Nietzsche, S. 332.
[9] Ebenda, S. 331.

genüber als etwas Selbständiges auftritt. Der bürgerliche Mensch ist nach Hegel nur der Vorstellung nach ein Mensch, denn für Hegel gilt, dass der Mensch im christlichen Sinne eine onto-„logische“ Bestimmung hat.

Die christliche Idee des Menschen begreift sich in der Philosophie Hegels als der philosophische Begriff des Menschen. Hegel weist nicht die Ansprüche des christlichen Logos zurück; er bringt ihn auf den Begriff. Die christliche Religion wird philosophisch, und es mag gegen die Intention Hegels sein, dass die Idee des Menschen sich verselbständige. Nicht Hegel, sondern Feuerbach, Ruge, Marx und Nietzsche versuchen, die traditionelle, ursprüngliche Verbindung der Idee vom Menschen mit dem Christentum in Frage zu stellen. Wenn es gelten sollte, dass eine jede Konzeption der Humanität ohne das Christentum gehaltlos und ohne Fundament ist, so kann es nur zwei Wege geben, die zu begehen wären: Entweder die Auflösung der notwendigen Verbindung der Humanität mit dem Christentum oder eine Wiederherstellung dieser Verbindung. Hier stellt sich die Frage: Ist Anthropologie ohne Theologie, ohne spekulative Metaphysik möglich? Die nachhegelianische Entwicklung zeigt, dass sie möglich ist. Feuerbach ist ein Paradebeispiel dafür, denn er lässt sogar Theologie in der Anthropologie aufgehen.

Hegels Anthropologie – sowie auch seine Geschichtsphilosophie – geht von einer stufenmäßigen Entwicklung und Selbstrealisierung des absoluten Geistes aus, und die theologisch motivierte und spekulativ-konstruktive philosophische Idee des Menschen bildet dabei den Endpunkt.

Die Frage, die jede Anthropologie und Geschichtsphilosophie fragwürdig erscheinen lässt, ist folgende: Ist es die volle Wahrheit, zu meinen, das sich seiner selbst bewusste Sein sei das Maß alles unbewussten und des bloß lebendigen Seins? Zur vollen anthropologischen Wahrheit gehört auch und notwendig das unbewusste Leben der Natur, das sich als die menschliche Natur im Menschen ausdrückt. Hegels Weg vom Geist zur Natur stellt nur die halbe Wahrheit dar. Die Philosophie Hegels hebt den Einzelnen und seine Existenz in einem spekulativen System von dem absoluten Geist auf. Gerade in dieser Aufhebung sahen Marx und Kierkegaard, freilich verschieden motiviert, die eigentliche Bedrohung des Menschen im 19. Jahrhundert.

Auf die Frage nach den Mitteln des Vollzugs des Geschichtsprozesses gibt Hegel zunächst die Antwort: Es sind die Individuen, die ihre selbstischen Zwecke verfolgen. Aber auf dem Wege der Verwirklichung des allgemeinen Interesses verändern sich die besonderen Zwecke und werden „aufgehoben“ auf einer höheren Stufe. Da in der Geschichte sich der Weltgeist verwirklicht, tut er dies, indem er die welthistorischen Individuen durch eine „List der Vernunft“ für sich handeln lässt.

„Das Besondere“, so Hegel, „hat sein eigenes Interesse in der Weltgeschichte; es ist etwas Endliches und muss als solches untergehen. Es ist das Besondere, das sich aneinander abkämpft und wovon ein Teil zu Grunde gerichtet wird. Aber eben im Kampf, im Untergang des Besonderen resultiert das Allgemeine. Dieses wird nicht gestört. Nicht die allgemeine Idee ist es, die sich in Gegensatz und Kampf, die sich in Gefahr begibt; sie hält sich unangegriffen und unbeschädigt im Hintergrund und schickt das Besondere der Leidenschaft in den Kampf, sich abzureiben. Man kann es List der Vernunft nennen, dass sie die Leidenschaften für sich wirken lässt, wobei das, durch was sie sich in Existenz setzt, einbüßt und Schaden leidet."[10]

Die weltgeschichtlichen Individuen wie Sokrates, Cäsar, Napoleon sind „Geschäftsführer des Weltgeistes", die er überlistet, um sich selbst zu verwirklichen. Man hat Hegel vorgeworfen, er verstoße gegen das kantische Prinzip: ein Mensch könne niemals als bloßes Mittel zu einem Zweck gebraucht werden. Hegel verwahrt sich gegen diesen Vorwurf. Er meint, er habe zwar von den Menschen als Mittel gesprochen, aber die Menschen seien Mittel des absoluten Geistes und nicht etwa die Mittel anderer Menschen. Und die Selbstverwirklichung des Geistes sei der höchste Wert, dem alles untergeordnet werden muss.[11]

Im Sinne dieses Prinzips des Weltgeistes behandelt Hegel die kolonialpolitischen Ereignisse und zeichnet den Weg von Osten nach Westen, angefangen von Despotie (nur einer ist frei) über Aristokratie zu der Monarchie (einige sind frei) und Demokratie, in der alle Staatsbürger frei am allgemeinen Willen mitwirken.[12]

Diesen vier Grundtypen entsprechen vier Hauptstufen des Geistes: der orientalische, der griechische, der römische und der christlich-germanische. Die Aussagen Hegels über die Asiaten, Afrikaner und Indianer sind von einer Härte und Verachtung, die trotz der gedachten Notwendigkeit des Ganges des Weltgeistes unverständlich bleiben.

[10] Hegel, G. W. F.: Die Vernunft in der Weltgeschichte, hrsg. von J. Hoffmeister, Philos. Bibl., Bd. 171a, Hamburg 1955, S. 105.

[11] Vgl. ebenda, S. 87.

[12] Vgl. Hegel, G. W. F.: Vorlesungen über die Philosophie der Geschichte, hrsg. von Th. Litt, Stuttgart 1961, S. 168f.

VII.

Marx oder die ambivalente Anthropologie des „homo laborans" und der universalistische Geschichtsentwurf des „Histomat"

Unter dem Begriff „Philosophie" versteht Marx die theoretische Erfassung einer Praxis, die das Grundverhältnis des Menschen zu seinen Produkten, zur Natur und zur Gesellschaft darstellt. In der ›Deutschen Ideologie‹ (verfasst gemeinsam mit Engels) heißt es: „... Ganz im Gegensatz zur deutschen Philosophie, welche vom Himmel auf die Erde herabsteigt, wird hier von der Erde zum Himmel gestiegen ... Nicht das Bewußtsein bestimmt das Leben, sondern das Leben bestimmt das Bewußtsein."[1]

Ist der Fortschritt der Selbsterkenntnis des Geistes die einzige hinreichende Bedingung für die reale Freiheit? Marx verneint diese Frage und weist auf die Macht der Interessen und des Geldes hin, die eigentlich einer „Kritik der Waffen" bedarf.

Vertritt der Marxismus eine immer fixe Natur[2] oder ist seine Rede von der unwandelbaren Natur des Menschen ein Hirngespinst?[3] Zwischen diesen beiden Polen bewegt sich die Diskussion um die anthropologische Position des Marxismus. Die Entscheidung wird erschwert, weil Marx selbst nicht immer eindeutig Stellung bezieht zu dem anthropologischen und soziologischen Faktor, den „Begierden" und „Umständen".[4]

Die idealistische Theologisierung der Vernunft durch Hegel weist Marx zurück und stellt die These von der Einheit der Geschichte dar, die die Geschichte des „homo laborans" ist, denn die Wirklichkeit ist die Welt der Arbeit, in der und mit der der Mensch sich selbst hervorbringt.

Wie bei Hegel finden wir ebenso bei Marx eine Geschichtsphilosophie weiter entwickelt als eine Anthropologie. Auch bei Marx müssen die anthropologischen Ansichten aus seinen verschiedenen Schriften zusammengesucht werden. Eine eigene Schrift zur Anthropologie gibt es nicht.

Im Gegensatz zur idealistischen und spekulativ-theologischen Fragestellung Hegels liegt bei Marx eine sozial-ökonomische und politische Orientierung vor. Die eigentliche anthropologische Fragestellung macht sich bei Marx an dem Problem der menschlichen Selbstentfremdung in der bürgerlich-kapitalistischen Gesellschaft fest.

[1] Vgl. Marx, K., Engels, F.: Die deutsche Ideologie, in: MEW, Bd. 3, S. 26f.

[2] Vgl. Jonas, F.: Geschichte der Soziologie, Bd. I, Hamburg 1968, S. 147.

[3] Vgl. Iljitschow, L. F.: Marx und die historischen Perspektiven der Menschheit, in: Karl Marx und die moderne Philosophie, Moskau 1968.

[4] Vgl. MEW, Bd. III, S. 238f.

Der tschechische Philosoph Milan Machovec sagt in Bezug auf die Frage nach dem Menschen im Marxismus Folgendes: „Der bisherige Marxismus hat die Frage nach dem Sinn des menschlichen Lebens – trotz gewisser nicht unbedeutender Anregungen – noch nicht gelöst. Oft ist der Horizont der Marxisten so sehr auf ökonomische Methoden und politische Parolen reduziert, daß leicht der Eindruck entsteht – und nicht ohne Grund –, daß die Marxisten viel weiter entfernt sind von einer Lösung der Sinnfrage als die Anhänger der anderen Denkstrukturen.“[5]

Marxens Interpretation des Menschen in der bürgerlich-kapitalistischen Gesellschaft nimmt als Ausgangspunkt Hegel und setzt sich über Feuerbach fort. In der „politischen Ökonomie“ geht es um die „Anatomie“ der Gesellschaft, die sich dialektisch ausdrückt in dem Verhältnis vom wirtschaftlichen Sein und Bewusstsein. Der Mensch als „System der Bedürfnisse“ ist für Marx ungemein wichtiger als für Hegel, und die materiellen Produktionsverhältnisse sind für Marx von grundlegender Bedeutung. Auch wenn eine totale Reduzierung der Lehre Marxens auf das Unterbau-Überbau-Schema viel zu vulgär-marxistisch wäre, lässt sich nicht leugnen, dass Marx durch die Überbetonung des Ökonomischen selbst zu einer solchen Interpretation Anlass gibt. So sieht Max Weber bei Marx einen Geschichtsmaterialismus, denn nicht-ökonomische Faktoren werden entweder reduziert oder aber vernachlässigt. „Man kann“, schreibt K. Korsch, „den Entwicklungsvorgang Marxens in dieser Hinsicht in die kurze Formel zusammenfassen: er habe zunächst die Religion philosophisch, dann die Religion und Philosophie politisch und schließlich die Religion, Philosophie, Politik und alle anderen Ideologien ökonomisch kritisiert“.[6]

Auf der Suche nach einem System für das Glück der Völker zeigt Marx via negationis die Gründe des Unglücks. Die die Menschen umgebende Wirklichkeit der bürgerlich-kapitalistischen Produktionsprozesse und Verteilungsverhältnisse ist das Grundthema seiner Analyse. Marx sieht sie als eine unvernünftige Wirklichkeit, als menschliche Welt eine Unmenschlichkeit. Schon im Vorwort seiner Dissertation und in einem Brief an Ruge bezeichnet sich Marx als einen „Idealisten“, der die „Unverschämtheit“ habe, „den Menschen zum Menschen machen zu wollen“.[7]

Der Mensch, den Marx zum Menschen machen will, ist der entfremdete Mensch der bürgerlich-kapitalistischen Gesellschaft. Worauf es Marx immer

[5] Vgl. Machovec, M.: Auf gemeinsamer Suche nach dem Sinn des Lebens, in: Schöpfertum und Freiheit in einer humanen Gesellschaft, Marienbader Protokolle, hrsg. von Kellner, E., Wien 1969, S. 261.

[6] Zit. in: Löwith, K: Geschichtliche Abhandlungen, Stuttgart 1960, S. 38.

[7] Zit. ebenda, S. 38 f.

wieder ankommt, ist der konkrete Mensch, wie er „geht und steht“. Dieser Zug des marxschen Denkens, den Menschen zum Menschen machen zu wollen, gilt unbeschadet der Entdeckung des „neuen“ Menschen im Proletariat, denn die letzte Emanzipation ist und bleibt eine „menschliche Emanzipation des Menschen“; sie ist der „reale Humanismus“ von Feuerbach.

Nur eine solche menschliche Emanzipation (und nicht bloß die idealistisch ausgedachte Versöhnung von Geist und Wirklichkeit bei Hegel) kann die Philosophie aufheben, indem sie sie verwirklicht. Dies ist ein Gedanke, an dem der junge Marx bekenntnishaft festhielt. Der frühe Marx ist ein Humanist durch und durch; der späte Marx spricht dagegen im Namen seiner geschichtsphilosophischen Konzeption von einem objektiv gültigen und wissenschaftlich nachweisbaren freiheitlichen Ende einer Gesellschaftsordnung.

Feuerbach, der die Theologie in der Anthropologie aufgehen lässt, möchte die viel zu idealistische Philosophie des Geistes in eine menschliche Philosophie des Menschen verwandeln. Auch bei Marx sehen wir eine Weiterführung dieser feuerbachschen Intention, denn Marx fordert, dass aus dem „Philosophischwerden der Welt“ (bei Hegel) ein „Weltlichwerden der Philosophie“ hervorgehen müsse. Die Verwirklichung der Philosophie enthält zugleich ihren Verlust. Hierin liegt die marxsche Ansicht von der Aufhebung der Philosophie begründet. Denn jetzt geht es nicht darum, die Welt verschieden zu interpretieren, sondern sie zu verändern. Dass der Mensch sich verändert, indem er die Welt, in der er lebt, verändert, enthält einen ambivalenten Doppelbezug: der Mensch als Produkt der sozio-ökonomischen und gesellschaftlich-politischen Verhältnisse und der Mensch als der Veränderer derselben Verhältnisse. Den methodischen Vorrang aber behält im Denken von Marx der Gedanke, das materielle Sein bestimme das Denken, das Bewusstsein.

Der anthropologische Standpunkt des Feuerbachschen „realen Humanismus“ bildet für Marx den Ausgangspunkt seiner Kritik der bürgerlich-kapitalistischen Gesellschaft. Im Geiste Feuerbachs und im Gegensatz zu Hegel schreibt Marx in der ›Heiligen Familie‹: „Der reale Humanismus hat in Deutschland keinen gefährlicheren Feind als den Spiritualismus oder den spekulativen Idealismus, der an die Stelle des wirklichen individuellen Menschen das ‘Selbstbewusstsein’ oder den ‘Geist’ setzt und mit den Evangelisten lehrt: Der Geist ist es, der da lebendig macht.“[8]

Marx protestiert hier gegen Hegels partikulare Bestimmung des Menschen, es ist ein Protest gegen die sich widersprechenden Existenzweisen des Menschen: die des „Privatmenschen“ und die des „Öffentlichen Staatsbürgers“.

[8] Vgl. Marx, K., Engels, F.: MEW, Bd. I, S. 607.

Für Marx ist der Mensch der bürgerlichen Gesellschaft mit der Ware vergleichbar, und er stellt als verkörperte Arbeit eine „Wertform" dar, wobei der Mensch als Mensch nirgends zum Ausdruck kommt. Aber im Gegensatz zu Hegel und Feuerbach verlangt Marx eine „menschliche" Emanzipation des Menschen, denn Marx hält Feuerbach vor, dass er (Feuerbach) von einem weltlosen Ich ausgeht und Hegel, dass er (Hegel) die politischen und wirtschaftlichen Verhältnisse philosophisch-spekulativ mystifiziert. Denn für Marx ist der Mensch die Welt des Menschen; alles andere ist eine Abstraktion. Der Mensch ist nach Marx im Wesentlichen ein Gattungswesen, ein gesellschaftliches Wesen, ein *zoon politikon*. Um den Charakter des bürgerlichen Privatmenschen richtig aufheben zu können, müssen die gesellschaftlich-bürgerlichen Strukturen von Grund auf revolutioniert werden.

„Erst wenn der wirkliche individuelle Mensch den abstrakten Staatsbürger in sich zurücknimmt, und als individueller Mensch in seinem empirischen Leben, in seiner individuellen Arbeit, in seinen individuellen Verhältnissen Gattungswesen geworden ist ..., erst dann ist die menschliche Emanzipation vollbracht."[9] Die Auflösung des Widerstreits zwischen Kapital und Arbeit wird dann stattfinden, wenn die Differenz von Individuum und Gattung hinfällig geworden sein wird. In diesem Sinne sieht Marx in dem Kommunismus das Rätsel der Geschichte aufgelöst.

Die conditio sine qua non der marxschen Anthropologie ist daher der eigentliche gesellschaftliche Mensch, der weder das abstrakte Geistwesen Hegels noch das weltlose Ego und alter Ego Feuerbachs ist. Der *homo laborans* ist der konkret einheitliche Mensch, und er darf nicht entzweit werden: Individuum – Staatsbürger.

Der bürgerliche Mensch ist nach marxscher Überzeugung der entfremdete Mensch. Es gilt die scheinbare Selbstverständlichkeit, dass der eigentliche Mensch der Bourgeois ist, zu entlarven. In dem Bezug des Menschen auf die Welt des Menschen liegt der eigentliche Ansatzpunkt zur Befreiung des Menschen von der Entfremdung.

Das Menschenbild von Marx lässt sich grundsätzlich an seiner Entfremdungstheorie verdeutlichen. Der Grundgedanke der Entfremdung ist, dass die Verhältnisse, so wie sie sind, nicht in Ordnung sind. Erstens ist die Arbeit dem Arbeiter äußerlich geworden, d.h. der Arbeiter bejaht sich in seiner Arbeit nicht, er verneint sich. Die Arbeit ist nicht die Befriedigung eines Bedürfnisses, sondern sie ist nur ein Mittel, um Bedürfnisse außer ihr und durch sie zu befriedigen. Der Arbeiter besitzt nicht, was er produziert, d.h. er ist von dem Produkt seiner Arbeit entfremdet.

Marx legt den Begriff der Entfremdung nach zwei Seiten hin aus: Ein-

[9] Ebenda, S. 599.

mal geht es um „das Verhältnis des Arbeiters zum Produkt der Arbeit als fremdem und über ihn mächtigen Gegenstand“ und zweitens um „das Verhältnis der Arbeit zum Akt der Produktion innerhalb der Arbeit“.[10]

In der Entfremdung ist der Arbeiter von dem Produkt seiner Arbeit abgekoppelt; in der Selbstentfremdung dagegen ist er seinem wahren Wesen, d.h. seinen Mitmenschen entfremdet. Die Kritik richtet sich gegen die menschliche Welt.

Durch die Kritik der Religion als „Opium des Volkes“ entlarvt Marx die „Heiligengestalt der menschlichen Selbstentfremdung“; die „unheiligen Gestalten“ der Entfremdung werden auf den Gebieten Politik, Recht, Ökonomie usw. analysiert. „Alte Emanzipation“, so Marx, „ist Zurückführung der menschlichen Welt, der Verhältnisse, auf den Menschen selbst“.[11] Entfremdung ist eine falsche Form der Vergegenständlichung.

Marx analysiert und entlarvt die verschiedenen Entfremdungsformen. In der Ware finden wir den ökonomischen Ausdruck der Selbstentfremdung. Mit der Analyse gerade dieser Ware beginnt Marx daher sein ›Kapital‹. In der ›Deutschen Ideologie‹ stellt Marx die Frage nach der Fremdheit, mit der sich die Menschen zu ihren eigenen Produkten verhalten. Die Aufhebung der Arbeitsteilung und der zufolge ökonomischen Selbstentfremdung kann nur gelingen auf der Grundlage einer kommunistischen Gemeinschaftsordnung, die die Menschen nicht durch den Besitz, sondern durch das Menschsein selber als das eigentlich Allgemeine definiert. Nicht Gott, auch nicht der absolute Geist, sondern nur der Mensch kann sich aus den Fesseln der ihn entfremdenden Verhältnisse befreien. Der Mensch als Gattungswesen erhält die Schöpfungsfunktion Gottes.

Um die allgemeine Selbstentfremdung aufheben zu können, bedürfen wir, so stellt Marx in seiner Kritik der hegelschen Rechtsphilosophie fest, der Arbeiter, der Arbeiterklasse, die das Gattungswesen des Menschen verkörpert und eine notwendige weltgeschichtliche Rolle spielt. Marx spricht von „neuen Menschen“, die wir brauchen als die neuen Kräfte der Gesellschaft. Der so genannte „reale Humanismus“ Feuerbachs bekommt dadurch in dem Proletariat das eigentliche Subjekt der gesellschaftlichen Praxis. So kommt Marx zu seinem „wissenschaftlichen Sozialismus“ mit dem dazugehörigen Subjekt.

Die marxsche Kritik der Religion endet in einer für die anthropologische Fragestellung sehr wichtigen und weit reichenden Lehre, „daß der Mensch das höchste Wesen für den Menschen sei“, und Marx spricht von „dem kategorischen Imperativ, alle Verhältnisse umzuwerfen, in denen der Mensch ein erniedrigtes, ein geknechtetes, ein verlassenes, ein verächtli-

[10] MEW, Bd. I, S. 514.
[11] Vgl. ebenda, S. 370.

ches Wesen ist".[12] Das Revolutionäre dieser Einsicht besteht darin, dass Marx jetzt eine „rücksichtslose Kritik alles Bestehenden" fordert, die sich vor ihren Resultaten und vor dem Konflikt mit den bestehenden Mächten nicht fürchten soll.

Der politische Ausdruck der menschlichen Selbstentfremdung ist die bürgerlich-kapitalistische Gesellschaft, und sie macht den Privatmenschen zu dem wirklichen Menschen und legitimiert dies durch moderne Staatsverfassung. Der moderne Mensch der modernen Zeit weiß nicht, was er als ganzer Mensch ist, denn teils ist er ein Privatmensch und teils ein öffentlicher Staatsbürger. Als eine menschliche Selbstentfremdung bekämpft Marx diese unselige Geteiltheit der Menschen. Die individualistische Ansicht, dass das Individuum der letzte Zweck und alles andere (der Staat einbezogen) bloß Mittel sei, lässt die eigentliche gattungsmäßige Bestimmung des Menschen, notwendigerweise ein Mitglied des Staates zu sein, zu einer bloßen abstrakten Lehre werden.[13] Als sein „Vorhaben" bezeichnet Marx, durch die Kritik dieser vorhandenen Welt die „wahre Wirklichkeit und ihr Sollen als ihren Endzweck" zu entwickeln.[14] Der Mensch als Individuum soll in dem Menschen als Gattungswesen aufgehen und nicht umgekehrt, fordert Marx.

In dieser Aufhebung des bürgerlichen Widerspruchs von Privatheit und Öffentlichkeit vollzieht sich die positive Ausbildung der marxschen Idee einer menschlichen Gesellschaft bzw. des menschlichen Menschen. So will Marx alle vier Entfremdungsformen – die Entfremdung von den Produkten, die Entfremdung von der Arbeit, die Entfremdung von dem Gattungswesen und die Entfremdung von den Mitmenschen – aufgehoben wissen. Der Kommunismus ist die eigentlich positive Aufhebung menschlicher Selbstentfremdung; er ist als vollendeter Naturalismus gleich Humanismus und als vollendeter Humanismus gleich Naturalismus. Trotz des „utopischen" Moments im Kommunismus ist er nach Marx und Engels keine „gesellschaftliche Utopie". „Der Kommunismus ist für uns nicht ein Zustand, der hergestellt werden soll, ein Ideal, wonach die Wirklichkeit sich zu richten haben (wird). Wir nennen Kommunismus die wirkliche Bewegung, die den jetzigen Zustand aufhebt. Die Bedingungen dieser Bewegung ergeben sich aus den jetzt bestehenden Voraussetzungen."[15]

In den marxschen Gedanken von der radikalen Aufhebung liegt die Forderung der Rückkehr des Menschen aus Religion, Staat und Familie. Die Destruktion jeder religiösen Besonderheit des Menschen wird von

[12] Vgl. ebenda., S. 385.
[13] Vgl. ebenda, S. 538.
[14] Vgl. ebenda, S. 572 ff.
[15] MEW, Bd. III, S. 35

Marx im Anschluss an B. Bauers Abhandlung zur Judenfrage verlangt und durchgeführt. Es ist damit nicht getan, dass man in einem Staat die Religionsfreiheit garantiert. Worauf es ankommt, ist daher nicht die Religionsfreiheit, sondern die eigentliche menschliche Freiheit von der Religion als solcher.[16]

Von hier aus wird die Kritik Marxens an dem unvollkommenen Charakter der Emanzipation sowohl in den französischen als auch in den amerikanischen Menschenrechten[17] verständlich. Nietzsche mag als Antichrist gelten, aber seine Religionskritik nimmt sich gegenüber der von Marx eher bescheiden aus, denn Marx will Freiheit von jeder Religion.

Die Idee der Freiheit in einer vollkommenen Emanzipation besteht nach Marx dann in der Freiheit der höchsten Gemeinschaft, die nur das kommunistische Gemeinwesen sein kann. Diese Freiheit kann erreicht werden durch eine gesellschaftliche Veränderung im Menschsein und im menschlichen Selbstbewusstsein. Die besondere Freiheit des Privatmenschen der bürgerlichen Gesellschaft ist eine Scheinfreiheit, eine Freiheit der eigenen Vorstellung nach. Marxens Religionskritik ist nicht die Kritik bloß dieser oder jener Religion, sondern die Forderung nach der Aufhebung der Religion als solcher. Daher war Marx gegen die sog. religiöse Toleranz.

Im Proletariat sieht Marx den sozialen Ausdruck der menschlichen Selbstentfremdung. Eindeutig auf die weltgeschichtliche Rolle des Proletariats bezug nehmend, sagt Marx: „Wenn die sozialistischen Schriftsteller dem Proletariat diese weltgeschichtliche Rolle zuschreiben, so geschieht dies keineswegs, ... weil sie die Proletarier für Götter halten. Vielmehr umgekehrt.“[18]

Bereits in der Einleitung zur Kritik von Hegels Rechtsphilosophie schreibt Marx: „Die Auflösung der Gesellschaft als ein besonderer Stand ist das Proletariat.“ Damit will Marx das Proletariat nicht als eine besondere Klasse der bürgerlichen Gesellschaft darstellen, sondern als eine Gesellschaft außerhalb der Gesellschaft. Es geht nicht um eine Erneuerung einer alten Gesellschaft, vielmehr geht es um das Herstellen einer ganz neuen Gesellschaft, „welche“, so Marx, „mit einem Wort der völlige Verlust des Menschen ist, also nur durch die völlige Wiedergewinnung des Menschen sich selbst gewinnen kann“.[19]

Ein so verstandenes Proletariat stellt den Menschen als ein Gattungswesen dar. Das Proletariat ist das Herz der Emanzipation und ihr Kopf ist

[16] MEW, Bd. I, S. 585.
[17] MEW, Bd. II, S. 595.
[18] MEW, Nachlaß II, S. 133.
[19] MEW, Bd. I, S. 619f.

die Philosophie, die nicht dazu da ist, um über die Gesellschaft zu spekulieren, sondern deren Aufgabe es ist, die Gesellschaft zu verändern. Im Zusammenhang des modernen Weltverkehrs auf allen Gebieten entwickelt Marx die weltverändernde Funktion des Proletariats näher. Da das Proletariat kein besonderer Stand ist, vertritt es auch kein besonderes Interesse. Es ist das Gemeinwesen, in dem Unterschiede harmonisch aufgehoben sind. Als Gattungswesen stellt das Proletariat aber auch nicht das reine Naturwesen Mensch dar, sondern es ist das gesellschaftliche Gattungswesen als Einheit, in der der Widerspruch von Besonderheit und Allgemeinheit, von Privatheit und Öffentlichkeit aufgehoben ist.

Was ist die menschliche Natur? Ist sie für alle Zeiten festgelegt? Oder ist sie veränderbar? „Die in der menschlichen Geschichte – dem Entstehungsakt der menschlichen Gesellschaft – werdende Natur ist die wirkliche Natur des Menschen, darum die Natur, wie die durch die Industrie, wenn auch in entfremdeter Gestalt wird, die wahre anthropologische Natur ist."[20]

Das positive Bild vom Menschen enthält mehrere Momente: da ist der Mensch als das tätige Naturwesen mit Bedürfnissen, die er zu befriedigen hat. Aber nur als Naturwesen wäre der Mensch von den Tieren ununterscheidbar. Die Menschen, nach Marx, fangen an, sich von den Tieren zu unterscheiden, sobald sie anfangen, ihre Lebensmittel selbst zu produzieren. Diese Tätigkeit, seine Lebensmittel selbst zu produzieren, ist die besondere Lebensweise des Menschseins. Daher hängt von den materiellen Bedingungen der Produktion das Sein der Individuen ab.[21]

So sieht Marx die Grundbestimmung des Menschen in der Arbeit, die zwischen Mensch und Natur vermittelt. Da der Mensch arbeitet, ist er nicht dem blinden Schicksal der Natur ergeben; er beherrscht die Natur durch seine Arbeit. Die Arbeit als der Prozess des Arbeitens ist ihr Produkt im Sinne der Vergegenständlichung der Arbeit.

Da ist der Mensch aber auch als ein Geflecht der gesellschaftlichen Verhältnisse. Der menschliche Mensch, das menschliche Naturwesen, der eigentliche Mensch ist das gesellschaftliche Gattungswesen. Marx nennt ihn „das Ensemble der gesellschaftlichen Verhältnisse."[22] So ist nach Marx nicht das Bewusstsein, welches das Sein, das Leben bestimmt, sondern es ist das Leben, das das Bewusstsein bestimmt.[23] In dieser Ansicht von Marx liegt der Problemkreis des „ideologischen Überbaus".

Das Ambivalente der marxschen Anthropologie besteht in Folgendem:

[20] Marx, K.: Pariser Manuskripte, Hamburg 1966, S. 83.

[21] Vgl. MEW, Bd. III, S. 21.

[22] MEW, Bd. III, S. 6.

[23] Ebenda, S. 26.

Der Mensch als Naturwesen deutet auf eine Naturkonstante im Menschen hin. Mit anderen Worten: Es geht hier um die „Natur“ im Menschen, d.h. in der „menschlichen Natur“. Der Mensch aber als ein menschliches, gesellschaftliches Gattungswesen sieht die Naturgebundenheit des Menschen nicht als ganz unveränderlich an. Dass Marx in seinen Äußerungen zur kommunistischen Gesellschaft sehr spärlich bleibt, mag daran liegen, dass er immer noch ein Reich der Notwendigkeit im Reich der Freiheit findet. Anthropologisch ist er eigentlich skeptisch, aber geschichtsphilosophisch wagt Marx dennoch einen geschlossenen Geschichtsentwurf, den er meint, der Geschichte mit Sicherheit entlocken zu können. Es ist aber schwer, immer mit Eindeutigkeit entscheiden zu können, ob Marx hier ontologisch, eschatologisch, utopisch oder ideologisch verfährt. Lepenies und Nolte schreiben in ihrem Aufsatz: Experimentelle Anthropologie und emanzipatorische Praxis. Überlegungen zu Marx und Freud: „Festzuhalten bleibt, daß Marx der ambivalenten Einstellung zum ‘anthropologischen Faktor’ treu bleibt. Noch im ‘Kapital’[24] begreift er ihn doppelt: als unveränderliche Naturgegebenheit, die vielleicht formal modifiziert, nicht aber verändert werden kann, andererseits als einen Faktor, dessen Einfluß auf menschliches Handeln, auf humane Praxis, sich nicht theoretisch bestimmen läßt ... Marx hält an der Skepsis fest, auch im Reich der Freiheit ‘immer ein Reich der Notwendigkeit zu sehen’.“[25]

Geht der *homo naturans* dem *homo laborans* voraus oder umgekehrt? Behält dieser oder jener das Recht über den anderen? Fängt das Rad des Lebens erneut an, nachdem der „neue Mensch“ geboren ist und das Reich der Freiheit realisiert ist? Möchte Marx hier griechisch oder christlich denken? Das sind einige offene Fragen an seine Anthropologie.

Die Gretchenfrage an die marxsche Anthropologie aber ist die folgende: Wie weit kann der Mensch die Natur in seiner Natur humanisieren? Wie weit bleibt im „neuen Menschen“ der alte Naturmensch noch enthalten? Inwieweit kann man ein menschliches Vorhaben von der Einrichtung einer Gesellschaft menschlicher Menschen einen „wissenschaftlichen Sozialismus“ heißen? Ist es nicht doch unbestreitbar, dass, auch wenn wir die Unwandelbarkeit der menschlichen Natur nicht im Einzelnen zu fixieren vermögen, wir sie ebenso wenig als nicht existent betrachten können? Sind wir in der Tat Herr der Geschichte, des Seins? Können wir Menschen ohne Widerfahrnisse noch Menschen sein? Auch wenn wir theoretisch eine anthropologische Konstante in der Ausstattung des Menschen weder beweisen noch leugnen können, finden wir dennoch eine Art Unbehagen im Positivismus der marxschen Geschichtsphilosophie. Sie will wissen-

[24] Vgl. MEW, Bd. XXV, S. 825.
[25] Lepenies, W., Nolte, H.: Kritik der Anthropologie, München 1972, S. 25f.

schaftlich fundierte Vorhersagen machen, weil sie glaubt, das Naturgesetzliche der gesellschaftlichen Bewegung entdeckt zu haben.

„Ich glaube", schreibt Popper, „daß Marx trotz seiner Verdienste ein falscher Prophet gewesen ist. Er war ein Prophet des Ablaufs der Geschichte, und seine Prophezeiungen haben sich nicht bewahrheitet; aber das ist nicht mein Hauptvorwurf: Viel wichtiger ist, daß er zahllose intelligente Menschen dazu verführte, zu glauben, daß die wissenschaftliche Behandlung sozialer Probleme in der Aufstellung historischer Prophezeiungen besteht."[26] Popper sieht im Marxismus die „gefährlichste Form des Historizismus".

Freud, in seiner Auseinandersetzung mit der marxistischen Idee von der realen Möglichkeit der Veränderbarkeit der menschlichen Natur, schreibt: „Die Kommunisten glauben den Weg zur Erlösung von Übel gefunden zu haben. Der Mensch ist eindeutig gut, seinem Nächsten wohl gesinnt, aber die Einrichtung des privaten Eigentums hat seine Natur verdorben ... Wenn man das Privateigentum aufhebt, alle Güter gemeinsam macht und alle Menschen an deren Genuß teilnehmen läßt, werden Übelwollen und Feindseligkeit unter den Menschen verschwinden ... Ich habe nichts mit der wirtschaftlichen Kritik des kommunistischen Systems zu tun ... Aber seine psychologische Voraussetzung vermag als haltlose Illusion zu erkennen ... Sie ist nicht durch das Eigentum geschaffen worden, herrschte fast uneingeschränkt in Urzeiten, als das Eigentum noch sehr armselig war ..."[27]

Auch wenn diese Worte Freuds das große marxsche Unternehmen nicht im Ganzen in Frage stellen, lassen sie die anthropologischen Fundamente seines Denkens doch kritisch-skeptisch betrachten. Nach Fromm ist Marx weder ein Determinist noch ein Nichtdeterminist, sondern ein „Alternativist" gewesen, so wie Spinoza und Freud.[28]

Die geschichtlichen Analysen und Voraussagen lassen aber dennoch ahnen, dass Marx eher über die menschliche Natur als ein sich geschichtlich veränderndes Menschenwesen denkt und nicht von einer immer gleich bleibenden Natur des Menschen. Aber das zu realisierende Reich der Freiheit ist auch nicht bloß eine Station auf dem Wege des ewigen Wandels von Entstehen und Vergehen. Ein so verstandener Marx wäre dann nur noch ein modernes Duplikat des griechischen politischen Denkens. Der Traum vom Ende der Geschichte bleibt am Werke.

Marx schwankt in seiner Entscheidung über die Mächtigkeit *des homo*

[26] Popper, K.: Falsche Propheten, II, Bern 1958, S. 104.

[27] Vgl. Freud, S.: Das Unbehagen in der Kultur, Frankfurt a. M. 1972, S. 103.

[28] Vgl. The Application of Humanist Psychoanalysis to Marx's Theory in: Fromm, E. (ed.): Socialist Humanism. An International Symposium, New York 1966.

laborans, auch wenn er von dem Menschen in dem utopischen Endzustand als einer noch bestellbaren Wirklichkeit ausgeht. Die Mächtigkeit bzw. die Unfähigkeit des *homo laborans* kann auch an der ambivalenten marxschen Konzeption der Arbeit gezeigt werden: in den Frühschriften, wo noch das anthropologische Pathos groß geschrieben wird, stellt die Arbeit eine Art „ewige Naturnotwendigkeit"[29], eine Existenzweise des Menschen schlechthin dar, andererseits ist der Hauptgegenstand des ›Kapitals‹ nicht der Mensch der allgemeinen menschlichen Natur, sondern der gesellschaftlich bestimmte Mensch, der ein Beziehungsgeflecht in der Gesellschaft bedeutet. Entgegen jeder individualistischen Auffassung des Menschen ist der Mensch für Marx „kein abstraktes, außer der Welt hockendes Wesen. Der Mensch, das ist die Welt des Menschen, Staat, Sozietät".[30] Seine Grundauffassung von der Geschichte skizziert Marx im ersten Teil der ›Deutschen Ideologie‹ von 1845/46. Sehr charakteristisch lautet der erste Satz: „Wir kennen nur eine einzige Wissenschaft, die Wissenschaft der Geschichte." In der Geschichte offenbart sich das Wesen des Menschen. Sowohl eine Offenbarungsgeschichte als auch eine Naturgeschichte wird von Marx als nicht zutreffend für die Geschichtsdeutung zurückgewiesen.

Im Geiste Hegels bleibt die Natur auch für Marx bloß eine untergeordnete Vorbedingung und betrifft geographisch-klimatische Verhältnisse. Dass die Natur vor der Geschichte keinen Vorrang besitzt, zeigen die wenigen fast ironisch-sarkastischen Worte Marxens, indem er einen solchen Vorrang nur noch, „auf einigen australischen Koralleninseln neueren Ursprungs" sieht.[31]

Der Mensch bringt seine Welt hervor, indem er durch seine Arbeit sich und seine Geschichte gestaltet. Die Physis, die Natur, die nichts von sich weiß, spielt keine Rolle. Dieser Veränderungsgedanke als eine Forderung ist nur insoweit erfüllbar, als die zu verändernde Welt nur eine Welt des Menschen ist. Sind wir aber, so abgekoppelt von der großen Natur in uns und außer uns, noch denkbar?

Als Geschichtsphilosoph zeigt sich Marx hauptsächlich in dem ›Kommunistischen Manifest‹ und im ›Kapital‹. Denn hier geschieht die grandiose historische Rekonstruktion unter (einseitiger) Hervorhebung der Kategorien des Klassenkampfes, der Arbeit und des Kapitals.

Schon in seiner Dissertation von 1841 über die Naturphilosophie von Epikur und Demokrit stellt Marx die Frage nach der geschichtlichen Be-

[29] MEW XXII, S. 57.

[30] MEW I, S.378.

[31] Löwith, K.: Geschichtliche Abhandlungen. Zur Kritik der geschichtlichen Existenz, S. 171.

deutung verschiedener Systeme. Seine materialistische Geschichtsauffassung definiert sich durch die Beziehungen zwischen der ökonomischen (Produktivkräfte) Entwicklung und den sozialen Verhältnissen der Menschen in der Produktion (Produktionsverhältnisse). Stehen auf dem Wege der Weiterentwicklung die Produktionskräfte und Produktionsverhältnisse im krassen Gegensatz, so werden veraltete Produktionsverhältnisse beseitigt. Marx meint, hierin eine Notwendigkeit einer revolutionären Veränderung sehen zu können.

Nachdem Marx mit dem idealistischen Traum einer Versöhnung zwischen der Vernunft und der Wirklichkeit abgerechnet hatte, dachte er, dass eine Einheit von Vernunft und Wirklichkeit, Theorie und Praxis im Bereich der materiellen Wirklichkeit realisiert werden wird. Dadurch würde Philosophie von sich aus sich selbst aufheben, denn dann wird sie sich realisiert haben. Mit anderen Worten: Bei Marx wird (im Gegensatz zu Hegel) die Philosophie weltlich, d. h. politisch, ökonomisch u. a.

In diesem Weltlichwerden der Philosophie durch die weltgeschichtliche Leistung des Proletariats teilt sich für Marx die gesamte Geschichte a) in die Vorgeschichte (die bisherige Geschichte) und b) in eine künftige Geschichte. Dies ist fast ein materialistisches Gegenstück zu Hegels Zweiteilung der Geschichte vor und nach Christus. Die damalige kapitalistische Gesellschaft war für Marx die letzte antagonistische Form des gesellschaftlichen Produktionsprozesses.

Marx beschreibt die Versklavung des Menschen unter einer fremden Macht, die hier das Kapital heißt. Marx sieht aber auch die „Aufhebung des Privateigentums“ kommen „durch kommunistische Revolution“. In eins wird dann auch „die Befreiung jedes einzelnen Individuums“ stattfinden. So wird die Geschichte sich in Weltgeschichte verwandeln. „Die allseitige Abhängigkeit“, schreibt Marx, „... des weltgeschichtlichen Zusammenwirkens der Individuen wird durch die kommunistische Revolution verwandelt in die Kontrolle und bewußte Beherrschung dieser Mächte ...“[32]

Der Vollzug dieser bewussten Kontrolle geschieht durch die „neuen Menschen“, die, wie Marx es ausdrückt, „die neuen Kräfte der Gesellschaft“ sein werden, „um gutes Werk zu verrichten“.[33]

Der geschichtsphilosophische Glaube von Marx steht und fällt mit dem Kommen oder Ausbleiben dieser neuen Menschen. „Man fragt sich“, schreibt Löwith, „ob Marx sich jemals die menschlichen, moralischen und religiösen Voraussetzungen seiner Forderung ... klar gemacht hat. Er

[32] Vgl. Löwith, K.: Gesammelte Abhandlungen. Weltgeschichte und Heilsgeschehen, S. 40.

[33] Zit. in: Löwith, K.: Weltgeschichte und Heilsgeschehen, S. 41.

scheint für die Bedingungen einer möglichen Wiedergeburt völlig blind, und dogmatisch befriedigt gewesen zu sein ..., daß der neue Mensch der das Gemeinwesen hervorbringende Kommunist ist ..."[34]

Der historische Materialismus hat in dem Proletariat das eigentliche Subjekt, das dazu auserkoren ist, jede Form der Entfremdung aufzuheben. Nur das Auserwähltsein des Proletariats hat weder einen theologischen, noch einen spekulativ-idealistischen, sondern einen im Gang der Geschichte liegenden objektiven Hintergrund. Es geht Marx weniger um einen Geschichtsentwurf, entstanden aus dem tätigen Mitleid für die Schicksale der Armen; sondern um die Proklamation der universalen Mission der proletarischen Klasse, welche selbst ja nicht einfach eine Klasse unter anderen, sondern der Hervorbringer der klassenlosen Gesellschaft ist.

Hegel meinte, in der Botschaft des Christentums „den Schlüssel zur Weltgeschichte" gefunden zu haben; Marx findet im Proletariat den Schlüssel zur Lösung aller Probleme der ganzen menschlichen Gesellschaft. Philosophisch betrachtet ist die Differenz nur eine scheinbare, denn beide, Hegel wie auch Marx, meinen jenseits aller subjektiven Färbungen die eigentliche wahre Botschaft der Geschichte vernommen zu haben, und dies auch noch in einem exklusiven Sinne. Systeme haben keine Gesichter, was eigentlich heißt, sie alle haben austauschbare Gesichter. Man muss nur verstehen, wie sie funktionieren, denn Konformismus verlangen sie alle Mal und überall – mehr oder minder.

Die universale Bedeutung des Proletariats legt Marx in der ›Deutschen Ideologie‹ fest. „Nur die von aller Selbstbestätigung vollständig ausgeschlossenen Proletarier der Gegenwart sind im Stande, ihre vollständige, nicht mehr bornierte Selbstbestätigung, die in der Aneignung einer Totalität von Produktivkräften ... besteht, durchzusetzen."[35] In diesen Worten von Marx liegt etwas Eschatologisches, Universales, Prophetisches, Utopisches, Bestimmendes. Die Philosophie eines solchen die Weltgeschichte verändernden Proletariats wird in dem ›Kommunistischen Manifest‹ entwickelt. Die Geschichte aller bisherigen Gesellschaft ist nach Marx die Geschichte von Klassenkämpfen; es ist ein Kampf zwischen „Unterdrückern" und „Unterdrückten". Die industrielle Bourgeoisie zerstört nach Marx alle „natürlichen" Bande zwischen den Menschen und lässt nur noch das nackte Interesse herrschen. Marx beschreibt die Lage der Gesellschaft in „zwei feindlichen Lagern" sehr engagiert in dem Manifest. Man meint, in Marx manchmal einen ethisch-moralisch motivierten Humanisten zu sehen. Ist Marx ein humanistischer oder wissenschaftlicher Sozialist?

[34] Löwith, K.: Weltgeschichte und Heilsgeschehen, S. 41.
[35] Zit. in: Ebenda, S. 42.

Soll die proletarische Klasse ihre weltgeschichtliche Mission erfüllen, so muss sie organisiert und politisch geführt werden. Die ungeheure Mehrzahl der Proletarier lässt die proletarische Bewegung in einem qualitativ anderen Licht erscheinen als alle bisherigen Bewegungen von Minoritäten. Löwith sieht bei Marx einen „historischen Messianismus" am Werke mit dem Endziel eines Gottesreiches ohne Gott, eines „Reiches der Freiheit" in einer höchsten Gemeinschaft kommunistischer Prägung.[36]

Das eigentlich Revolutionäre des ›Kommunistischen Manifests‹ besteht nach den Ansichten von Marx und Engels nicht so sehr in dem so engagiert beschriebenen weltgeschichtlichen Schema, sondern vielmehr in der „materialistischen" These, dass nicht das Bewusstsein der Menschen ihr Sein, sondern umgekehrt ihr gesellschaftliches Sein ihr Bewusstsein bestimme. Daher fordern Marx und Engels, dass das gesellschaftliche Sein gründlich verändert werden muss.

Die Frage ist aber, ob alles, was im „Überbau" enthalten ist, sich restlos auf den „Unterbau" zurückführen lässt. Löwith kommentiert: „Zugestanden nämlich, daß die juristische, politische und geistige Geschichte in den ökonomischen Bedingungen ihre 'geheime Geschichte' hat, die mit ihren ideologischen Spiegelungen nicht übereinstimmt, so gilt dasselbe umgekehrt von Marx' Materialismus. Denn die geheime Geschichte des 'kommunistischen Manifestes' ist nicht sein bewußter Materialismus und was Marx selber darüber denkt, sondern der Geist des Prophetismus. Das 'kommunistische Manifest' ist in erster Linie ein prophetisches Dokument, ein Urteilsspruch und ein Aufruf zur Aktion, keineswegs aber eine rein wissenschaftliche, auf empirische Gegebenheiten gegründete Analyse."[37]

Hat die Ausbeutung, die Marx freilich durch seine „Mehrwert-Theorie" wissenschaftlich erklärt, doch nicht ein moralistisches Element in sich? In dieser Ausbeutung sieht Marx ja das radikal Böse der Vorgeschichte, nur dass er es ein wenig voreilig auf das ökonomische Faktum reduziert. Man hat bei Marx den jüdischen Messianismus erblickt und sein Geschichtsschema von der jüdisch-christlichen Eschatologie her gedeutet. „Der historische Materialismus", schreibt Löwith, „ist Heilsgeschichte in der Sprache der Nationalökonomie". Denn „es ist nicht möglich, die Vision der messianischen Berufung des Proletariats wissenschaftlich zu beweisen und Millionen von Anhängern durch eine bloße Feststellung von Tatsa-

[36] Ebenda, S. 46.

[37] Ebenda, S. 47. – M. Weber: Gesammelte Aufsätze zur Soziologie und Sozialpolitik, Tübingen 1924, S. 505 ff. – A. J. Toynbee: A Study of History, London 1934, 39. V, 178 f., 589 ff. – N. Berdjajew: The Russian Revolution, Vital Realities, New York 1923, 105 ff.

chen zu begeistern“.[38] Ergänzend zu dieser Ansicht Löwiths kann auch von einem anderen Ursprung des marxschen Geschichtsdenkens gesprochen werden. Er kann auch seine Idee von dem Gang und Endzustand der Geschichte „hypostasiert“ haben. Und eine solche exklusive Ontologisierung der Geschichte bleibt unfalsifizierbar, wenn sie den empirischen Gang der Geschichte nicht als ausreichende Kritik ihrer Geschichtsvision anerkennen will.

Ob die religiöse Erhellung des ›Kommunistischen Manifests‹ ganz zutrifft oder nicht, ist nicht die Hauptfrage. Die Frage ist nämlich, ob eine Geschichtskonstruktion möglich ist, wenn man von den vorurteilslosen Beschreibungen der geschichtlichen Tatsachen ausgeht, oder anders gesagt, ob nicht doch ein der Geschichte äußeres Prinzip der Konstruktion benötigt wird. Hinzukommt die Frage, ob ein Faktor (wie der der ökonomischen Bedingungen) das große Ganze der Geschichte allein bedingen kann.

Marx meinte, durch seine Religionskritik die Religion als das die Geschichte verändernde Moment ausgeschaltet zu haben. Nach ihm lehrt uns der Gang der Geschichte etwas anderes. Marx mag in seiner Kritik der Religion Recht haben, dass es nämlich eine Unvereinbarkeit gibt zwischen den Normen weltlichen Tuns und den Grundlehren des Evangeliums und der Kirchenväter. (Ironischerweise lässt sich dasselbe in Bezug auf die marxsche Lehre und Praxis sagen!)

Schon in seiner Dissertation lässt Marx seine atheistische Begründung des Weltgeschehens zum Ausdruck kommen, nämlich in seinem Lob Epikurs als des größten griechischen Aufklärers. Die materielle Weltrevolution hat das Proletariat und nicht eine göttliche Vorsehung zur Vorbedingung.

An Feuerbach anknüpfend, aber über ihn hinausgehend, stellt Marx die Frage: warum projiziert der Mensch einen Gott, den religiösen Überbau? Im Sinne einer Antwort sagt er dann: „Es ist in der Tat viel leichter durch Analyse den irdischen Kern der religiösen Nabelbildungen zu finden, als umgekehrt aus den wirklichen Lebensverhältnissen die verhimmelten Formen zu entwickeln.“[39]

Marx geht es nicht nur um die Kritik einer Religion, die die Schöpfung des Menschen ist, sondern um die einer Religion, die das falsche Selbstbewusstsein des Menschen darstellt. Die eigentliche materialistische Kritik der Religion besteht in der Entlarvung der Motivationskräfte, die als Quelle für die Entstehung der Religion dienen. Mit anderen Worten: Das Erlösungsbedürfnis soll seine jenseitige Komponente ablegen.

[38] Löwith, K.: Weltgeschichte und Heilsgeschehen, S. 48 f.
[39] Zit. in: Ebenda, S. 51 f.

Im Denken von Marx gibt es einen Dualismus der Impulse. Einerseits ist er als wissenschaftlicher Forscher ein hervorragender Analytiker, der empirisch belegbare Erkenntnisse an die Hand gibt; andererseits aber entwirft er das Bild einer konfliktfreien Gesellschaftsordnung im Sinne einer „Religion des Diesseits“. Marx meint, in dem Gang der Geschichte eine mit objektiver Notwendigkeit arbeitende Tendenz zu sehen, die in seiner Geschichtskonzeption die folgende Form annimmt: am Anfang der Menschheit habe es überall eine primitive klassenlose „urkommunistische“ Gesellschaft gegeben; im Laufe der sozialen und ökonomischen Entwicklung aber habe sich die Klassengesellschaft gebildet; und am Ende werde wieder eine klassenlose, kommunistische Gesellschaft auf höchster Entwicklungsstufe stehen. Viel zu offenkundig ist hier die Parallele dieser Vision mit der biblischen: Paradies – Sündenfall – Paradies. Marxens Lehre als Humanismus, geboren aus Freiheits- und Gerechtigkeitsgefühl und unterstützt durch seine Analysen wird immer ihre Anziehungskraft behalten, als eine Eschatologie aber ist sie passee.[40] Und dies heute mehr denn je nach dem Zerfall der so genannten Staaten, die Marx, Engels und Lenin auf ihre Fahnen geschrieben haben.

Marx und Engels glauben, dass der historische Materialismus die Vollendung der hegelschen Philosophie sei und dass die deutsche Arbeiterbewegung das Ende der deutschen klassischen Philosophie darstelle. Der Anspruch von der Vollendung ist aber doch nicht ganz falsch, denn gerade eine praktische Verwirklichung seiner sonst richtigen Lehre – so Marx – von der Einheit zwischen Vernunft und Wirklichkeit habe Hegel vernachlässigt. Marx kritisiert nicht nur die ganze bestehende Wirklichkeit theoretisch, sondern ruft auf zur praktischen Veränderung derselben. Die Wirklichkeit muss erst vernünftig gemacht werden, denn so wie sie ist, ist sie nicht vernünftig, wie Hegel nach Marx wohl irrtümlicherweise angenommen hat.

Die marxsche Lehre hat ein Doppelgesicht. Dieser Doppelcharakter ist einmal der Anspruch, eine wissenschaftliche Lehre zu sein, und zweitens ein Glaube, eine absolute Überzeugung von der einzig wahren Botschaft der Weltgeschichte.[41]

Der nicht-marxistischen Philosophie fehlt der dogmatisch-doktrinäre Charakter des Marxismus. Und „geschichtlich gedacht“, schreibt Löwith, „ist das ein offenkundiger Nachteil, philosophisch und menschlich gedacht ist es ein unscheinbarer Vorzug“.[42]

[40] Vgl. Popper, K.: Falsche Propheten, II, S. 102 f. und S. 259.

[41] Wolfe, B. D.: Marx und die Marxisten. 100 Jahre Theorie und Praxis einer Doktrin. Berlin 1965.

[42] Löwith, K.: Gesammelte Abhandlungen. Zur Kritik der geschichtlichen Existenz, S. 174.

„Die Erkenntnisse von Karl Marx, so bedeutend sie zu seiner Zeit waren, waren nur die zeitlich und auch menschlich begrenzten Erkenntnisse eines Einzelnen, und jeder Versuch, sie als endgültige, abgeschlossene und unumstößliche Theorien darzustellen, verwandelt sie in ideologische Dogmen, die mit Wissenschaft nichts mehr zu tun haben.“[43]

Die historische Entwicklung hat viele seiner Prognosen widerlegt. J. Fetscher hat dies deutlich in seinem Aufsatz ›Der wissenschaftliche Anspruch des dialektischen Materialismus‹[44] gezeigt. Horkheimer schreibt in seinem Aufsatz ›Kritische Theorie gestern und heute‹[45], „daß Marx in vielen Punkten Unrecht hatte“ und weist auf die Rolle des Proletariats, der wirtschaftlichen Krisen und den Gegensatz zwischen Freiheit und Gerechtigkeit hin. Das Ziel einer „menschlichen“ Gesellschaft liegt heute dem Proletariat genauso nahe und fern wie dem aufgeklärten Bourgeois. Der Feind sowohl des Proletariers als auch des Bourgeois sitzt heute woanders.

Auch hat die geschichtliche Entwicklung an Marxens Theorie der immer weiter fortschreitenden Verelendung Zweifel aufkommen lassen, denn an Stelle der Verelendung gab es ein Ansteigen der Reallöhne.[46] „Geschichte ist anders gelaufen, als Marx sich dachte“, schreibt Horkheimer in dem Aufsatz ›Marx heute‹. „Anders als Marx dachte, gewinnen Proletarier der Industrieländer, zumindest in der Regel, respektablen Lohn und relative Sicherheit ... Wenn historisch ökonomischer Materialismus richtig ist, so muß Verwirklichung des Ideals mit Abschaffung der Klassen keineswegs identisch sein ... wie Marx, der materialistische Idealist, es verkündet hat.“[47]

Da die Geburt des „neuen Menschen“ noch auf sich warten lässt, da die verkündete und versprochene weltgeschichtliche Rolle des Proletariats als des Aufhebers aller Entfremdungsformen sich als trügerisch erweist, verstärkt sich der Verdacht, ja verdichtet sich sogar zur Gewissheit, dass die Geschichtsphilosophie von Marx eine grandiose Konstruktion ist, ohne dabei von der empirischen Geschichte unterstützt worden zu sein. Sie ist fast wie eine säkularisierte Theologie.

B. Russell verdeutlicht das Eschatologische in Marxens Denken durch das folgende Schema:

[43] Sik, O.: Der dritte Weg/Die marxistisch-leninistische Theorie und die moderne Industriegesellschaft, Hamburg 1972, S. 13 f.

[44] Vgl. Fetscher, J.: Christen oder Bolschewisten, Stuttgart 1957, S. 92 f.

[45] Vgl. Horkheimer, M.: Gesellschaft im Übergang, Frankfurt a. M. 1972, S. 165.

[46] Vgl. Sternberg, F.: Anmerkungen zu Marx heute, Frankfurt a. M. 1965.

[47] Horkheimer, M.: Gesellschaft im Übergang, S. 152 f.

Jahve	=	dialektischer Materialismus
Der Messias	=	Marx
Die Auserwählten	=	Das Proletariat
Die Kirche	=	Die kommunistische Partei
Die Wiederkunft	=	Die Revolution
Hölle	=	Strafe für Kapitalisten
Das Millenium	=	Der kommunistische Staatenbund[48]

Die Begriffe auf der linken Seite geben den emotionalen Gehalt wieder, mit denen ein christlich erzogener Mensch vertraut ist. Ein ähnliches Wörterbuch, so Russell, könne man für den Nationalsozialismus erstellen, aber die nationalsozialistische Denkweise ähnelt der des Alten Testaments, ist weniger christlich als die von Marx.

Wir erwähnten schon den Dualismus der Impulse des marxschen Denkens: ein wissenschaftlicher Forscher empirischer Prägung und ein eschatologischer Geschichtsphilosoph mit einer diesseitigen Heilserwartung.

„Er (Marx – Vf.) wollte Prophet sein, nicht der Messias – der Messias der Menschheit war nach seiner Vorstellung die Arbeiterklasse.“[49]

Der historisch-politische Prophetismus des Marxismus hat verständlicher-, aber ungerechtfertigterweise über seine humanistische Seite gesiegt. „Der wissenschaftliche Marxismus ist tot. Sein Gefühl für soziale Verantwortlichkeit und seine Liebe für die Freiheit müssen weiterleben.“[50]

Die treibende Kraft in der Aufhebung von Widersprüchen wohnt auch nach Marx im Bewußtsein. Freilich ist dieses Bewußtsein keine idealistisch-spekulative Kategorie, denn der Mensch ist geradezu (so die 6. These zu Feuerbach) ein „Ensemble der gesellschaftlichen Verhältnisse“.

Die sozial-politischen Ereignisse der jüngsten Vergangenheit lassen die folgenden Fragen für den Marxismus schicksalhaft erscheinen:

1. Warum wird die sozialistisch-kommunistische Revolution als notwendig behauptet?
2. Warum wird sie die endgültige Gesellschaftsformation herbeiführen?
3. Warum muß die Vorgeschichte der Menschheit damit zu Ende kommen?
4. Ist die Marxsche Theorie über Mensch und Geschichte nicht doch nur eine weitere Theorie?

[48] Vgl. Russell, B.: History of Western Philosophy, London 1967, S. 361.

[49] Löwenthal, R.: Der Prophet einer diesseitigen Religion, in: FAZ, 12. März 1983.

[50] Popper, K.: Falsche Propheten, II, S. 259.

Diese Fragen lassen die tragische Spannung zwischen Anthropologie und Geschichtsphilosophie im Denken von Marx deutlich werden.

Der Zerfall des Sozialismus in der jüngsten Vergangenheit mag unterschiedlich erklärt werden. Da jedoch die Anthropologie von Marx keine theologische ist, können die auf den Marxismus vertrauenden Menschen auf die Realisierung der Versprechen nicht ewig, d.h. bis nach dem Tode warten. Was die Stärke der theologischen Anthropologien ist, nämlich das Warten auf die Erfüllung nach dem Tode, gerät anscheinend für den Marxismus zur Falsifikation.

VIII.

Burckhardt oder die Anthropologie des „strebenden, handelnden und leidenden" Menschen und die Unmöglichkeit einer Geschichtsphilosophie

In einen Syllogismus gepresst sieht die anthropologische Grundkonzeption von Burckhardt so aus: Wer strebt, handelt, und wer handelt, leidet. Der Mensch strebt und handelt. Der Mensch leidet. Daraus folgt, dass jede vorurteilsfreie Geschichtsbetrachtung(-deutung) „gewissermaßen pathologisch sein wird".

Hieran liegt es auch, dass nach Burckhardt das historische Denken anthropologisch begründet werden muss. Die anthropologische Identität, gekennzeichnet durch menschliches Handeln und Leiden, garantiert die überlappende Kommunikation zwischen dem Vergangenen und Gegenwärtigen; die Weltpotenzen: Kultur, Religion, Staat sorgen für die Hoffnung, dass die Zukunft doch anders werden könnte.

Burckhardt ist in erster Linie ein Geistes-, Kultur- und Geschichtswissenschaftler, und als solcher kommt er in der Kontinuität der Entdeckung des Menschen in der Renaissance zu anthropologischen Aussagen. Diese Aussagen sind weniger die der Philosophie immanenten Aussagen; sie sind vielmehr gewonnen aus den Betrachtungen über die Menschen im weltgeschichtlichen Zusammenhang. Nicht vom abstrakten Sein her wird der Mensch gedacht, sondern von seinen Schicksalen her, wie diese ihm widerfahren in seiner Geschichte. Hierin unterscheidet sich Burckhardt methodisch von Hegel.

Burckhardt lehnt ein unwandelbares Subjekt der Geschichte ab. Das Geistige als das unveränderliche Wandelbare ist unser Gegenstand. Das Menschliche will Burckhardt in den verschiedenen Gebieten der geistigen Welt aufspüren und sich bescheiden in den getreuen Beschreibungen, die weitere Erkenntnisse ermöglichen. Es gilt, dem Geist der Empirie den Primat einzuräumen.

In Burckhardts Betrachtungen ist das Zentrum weder der absolute Geist Hegels noch der theologische Gesamtblick von Augustinus, auch nicht eine weltgeschichtliche Deutung, wie sie „die Sozialisten mit ihren Geschichten des Volkes" uns präsentieren. „Unser Ausgangspunkt", schreibt Burckhardt in der Einleitung zu seinem weltberühmten Buch ›Weltgeschichtliche Betrachtungen‹, „ist der vom einzigen bleibenden und für uns möglichen Zentrum, vom duldenden, strebenden und handelnden Menschen, wie er ist und immer war und … sein wird".[1]

Burckhardt nennt eine solche Betrachtungsweise „gewissermaßen pathologisch“. In diesen drei Adjektiva: duldend, strebend und handelnd fasst Burckhardt die Ergebnisse seines sich an der gewesenen Geschichte orientierenden Denkens zusammen. Von einem „Strom der Notwendigkeiten“ spricht Burckhardt im geschichtlichen Leben. „Unsere Kontemplation ist aber nicht nur ein Recht und eine Pflicht, sondern zugleich ein hohes Bedürfnis; sie ist unsere Freiheit mitten im Bewusstsein der enormen allgemeinen Gebundenheit.“[2] Daher sieht Burckhardt den Menschen nicht nur als ein leidendes, sondern auch als ein nach Erkenntnis strebendes Wesen an. Er spricht von dem Verhältnis der beiden Pole ‘Erkenntnis und Absichten’ und sieht die Grenze schon in einer, wie er sagt, „dichten Hecke von Absichten“ und meint, dass „wir uns von den Absichten unserer eigenen Zeit und Persönlichkeit nie ganz losmachen können und dies vielleicht der schlimmste Feind der Erkenntnis ist“. Das Ideal des erkennenden Menschen ist jenseits aller blinden Lobpreisungen und setzt eine ruhige Betrachtung voraus.

Der strebende Zug des menschlichen Wesens zielt auf Erkenntnisse, welche „auch die Eliminierung oder Beschränkung der Begriffe Glück und Unglück für die Weltgeschichte notwendig“ machen. Der handelnde Zug des Menschen hängt damit zusammen, dass er seinen strebenden Charakter zum Tragen bringen will.

In den knapp gefassten drei anthropologischen Merkmalen sieht man, dass Burckhardt keine geschichtsphilosophische bzw. geschichtstheologische Betrachtung vornehmen kann, denn eine solche würde einer jeden Grundlage entbehren.

In seinen weltgeschichtlichen Betrachtungen hat Burckhardt fast immer entweder Hegel oder Augustin im Visier. Auch wenn diese Auseinandersetzungen wenig direkt und namentlich geschehen, zielen sie doch immer auf die Kritik eines Anspruchs auf „weltgeschichtliche Ideen“. Also ist der total systematische Anspruch Burckhardt suspekt. Burckhardt ist einer der wenigen, die der Faszination der hegelschen welthistorischen Konstruktion widerstehen. Burckhardt orientiert sich mehr an Goethe und nennt Schopenhauer „unseren Philosophen“.

Bei Burckhardt kommen zwei Betrachtungsweisen zusammen: die kontemplative und die anschauliche und bringen so eine intuitive Sichtweise mit sich, die die Geschichte weder hochjubelt noch ganz verdammt, sondern mit einer ‘melancholischen Skepsis’ betrachtet.

„Gewiß hat“, schreibt Burckhardt, „der wahre Skeptizismus seine Stellung in einer Welt, wo Anfänge und Ende unbekannt sind und die Mitte in

[1] Burckhardt, J.: Weltgeschichtliche Betrachtungen, Stuttgart 1978, S. 5f.

[2] Ebenda, S. 11.

beständiger Bewegung ist ..." Wo der Geist der Empirie herrscht, gibt es auch eine gesunde Skepsis, die nicht Freiheit, sondern die Natur in ihren unterschiedlichen Seinsweisen erblickt. Den Gedanken von der Wiederkehr hat auch Burckhardt. Dies verbindet ihn mit Vico, Nietzsche und Goethe, ganz zu schweigen von den ähnlichen Ansätzen im asiatischen Denken.[3]

Burckhardts Betrachtungen der menschlichen Natur lassen eine ruhende Gesetzmäßigkeit erahnen, die die ständige Wiederholung eines anschaubaren Gleichen ist. Dies macht ihn gegen jede Konstruktion immun. Er hält nichts von den panlogistischen und panhistorischen Konstruktionen der idealistischen Philosophen.

So ist der Verzicht auf jedes theologische und metaphysische Ordnungsschema (wie z.B. Gottesplan bei Bossuet, Aufklärung bei Voltaire, Idee und Vorsehung bei Hegel und Augustin) der Ausgangspunkt für die weltgeschichtlichen Betrachtungen von Burckhardt. Auf Vorsehung und Fortschritt wird verzichtet. Was uns bleibt, ist eine ständige Erziehung des Menschengeschlechts aus didaktischen Gründen. Das Dunkel des Künftigen ist nie ganz zu erhellen, und daher ist, so Burckhardt, „eine vorausgewußte Zukunft ein Widersinn".[4]

Weder ist das Voraussehen des Künftigen wünschbar noch wahrscheinlich, und einem solchen Unternehmen stehen unsere Hoffnungen, Ängste und Vorurteile im Wege. Burckhardts philosophischer Verzicht auf Geschichtsphilosophie kommt konzentriert zum Ausdruck in seinen folgenden Worten: „Diese (Geschichtsphilosophie) ist ein Kentaur, eine *contradictio in adjecto*; denn Geschichte, d.h. das Koordinieren, ist Nichtphilosophie und Philosophie, d.h. das Subordinieren, ist Nichtgeschichte."[5] Entweder Geschichte oder Philosophie, aber nicht Philosophie der Geschichte!

Das Anliegen von Burckhardt ist, jenseits aller Geschichtskonstruktion, eine voraussetzungslose Philosophie, die mit eigenen Mitteln arbeitet und das aus geschichtlichen Betrachtungen gewonnene Wissen zur Weisheit ausbildet, um so dem Menschengeschlecht zu dienen. Die Geschichte stellt für Burckhardt keine Wissenschaft von neutralen Tatsachen, sondern den Bericht von Tatsachen dar; sie ist Wissenschaft vom Menschen als ganzem und seinen Äußerungsformen in Staat, Religion und Kultur. In den 'Wandlungen', die eigentlich das Wesen der Geschichte sind, findet sich in der Geschichte ein Drang zu periodischen Veränderungen. In der Geschichte herrscht auch eine Gleichzeitigkeit des Gleichen, denn „es kann sein, daß

[3] Ebenda, S.10.
[4] Ebenda, S.14.
[5] Ebenda, S. 4.

im Thukydides z.B. eine Tatsache ersten Ranges steht, die erst in hundert Jahren jemand bemerken wird".[6] Schon hier sehen wir, dass Burckhardt die hegelsche Stufentheorie der Geschichte, nach der die verschiedenen Kulturen und Geschichtsepochen notwendige, aber ebenso notwendig vergehende Stufen auf dem Wege der Realisierung eines Endzwecks der Geschichte darstellen, ablehnen muss. Es gibt keinen konkreten, absoluten Standpunkt außerhalb der Geschichte, von wo aus dann der Philosoph eine allumfassende Geschichtsschau vornehmen könnte. Eher geht Burckhardt von dem ästhetischen Pessimismus Schopenhauers aus und übt Askese der Zukunft gegenüber und beschäftigt sich mit dem unendlichen Reichtum der geschichtlichen Überlieferung.

Gleich zu Anfang seiner ›Weltgeschichtlichen Betrachtungen‹ erklärt Burckhardt, dass sie weder eine Philosophie der Geschichte sein können noch wollen. Ihre Aufgabe ist viel bescheidener und besteht, wie er sagt, im „Winke zum Studium des Geschichtlichen".[7] Auf Hegel bezugnehmend heißt es: „Wir sind aber nicht eingeweiht in die Zwecke der ewigen Weisheit und kennen sie nicht."[8] Er nennt den Versuch, in der Geschichte einen „Weltplan" zu erblicken, ein „keckes Antizipieren" voller Irrtümer wegen der falschen Prämissen, von denen eine solche Betrachtung als eine Theodizee ausgeht.

Auch wird von Burckhardt eine Theologie der Geschichte à la Augustin z.B. verworfen. Das große Werk Augustins ›De civitate dei‹, das an der Spitze aller Theodizeen steht, geht uns hier nichts an, sagt Burckhardt in der Eile seiner ›Weltgeschichtlichen Betrachtungen‹. Die religiöse Lösung des Rätsels der Geschichte bedarf eines besonderen Vermögens, nämlich des Glaubens, und Burckhardt gesteht frei, dass er dieses nicht besitze. So verweist Burckhardt auf Hegel und Augustin, die den großartigen spekulativ-konstruktiven bzw. gläubig-theologischen Versuch unternehmen, die Weltgeschichte von Gott oder von einem absoluten Geist her zu erklären. Nur ein Theologe oder ein Philosoph, der die geheime Botschaft der Geschichte kennt, kann die Bewegungs-, bzw. Entwicklungslinien feststellen. So weist Burckhardt den ganzen Problemkreis um Boden, Klima, Rasse in Bezug auf seine geschichtlichen Betrachtungen absichtlich zurück. Für uns sind diese nicht, meint er.

Die hegelsche Vernünftigkeit und Fortschrittlichkeit der Geschichte lehnt Burckhardt ab mit der Begründung, dass diese unserem Wissen unzugänglich ist, weil wir Menschen nicht eingeweiht sind in die Zwecke der ewigen Weisheit.

[6] Ebenda, S.22.
[7] Ebenda, S.4.
[8] Ebenda, S.5.

Sowohl Theologie als auch Philosophie wollen sich mit den ersten Anfängen und letzten Zwecken befassen, und der profane Historiker, der den geschichtlichen Tatsachen zur Treue verpflichtet ist, kann sich weder um Geschichtsphilosophie noch um Theologie kümmern. In dem Zentrum „Mensch“, auch als einem erkenntnistheoretisch begrenztem Wesen, liegt ein wahrer Skeptizismus beschlossen, welcher eher eine Bescheidenheitshaltung und nicht eine negative Haltung, alles in Frage stellen zu müssen, bedeutet.[9]

Dennoch findet Burckhardt eine Art Beständigkeit in der Geschichte, eine Kontinuität, die dann den roten Faden in seinen ›Weltgeschichtlichen Betrachtungen‹ darstellt. Dies ist der „dünne Faden“, sagt Löwith, „der seine (Burckhardts) Beobachtungen zusammenhält, nachdem er die systematische Auslegung durch Philosophie und Theologie ablehnt“.[10] Der Stellenwert der Kontinuität ist in der ruhigen Mitte zwischen einer bloßen Veränderung und einer fortschrittlichen Entwicklung zu finden. Sie ist nicht bloß ein Weitergehen, denn, soll die Geschichte uns in unserem Versuch, das schwere Rätsel des Lebens zu lösen, helfen, dann müssen wir uns von unseren Egoismen befreien „aus ruhiger Betrachtung aus größerer Ferne“. Eine solche ruhige Betrachtung könnte uns auf die wahre Sachlage der menschlichen Situation hinweisen.

Am Beispiel der Antike zeigt Burckhardt, „wo wir das Werden, Blühen und Vergehen nach Hauptvorgängen und geistigen, politischen und ökonomischen Zuständen jeder Richtung bis auf hohen Grad verfolgen können“.[11]

„Als Lehrer“, schreibt Burckhardt in einem Brief, „ und Dozent darf ich wohl sagen: ich habe die Geschichte nie um dessen willen gelehrt ..., sondern wesentlich als propädeutisches Fach ... Man könne und dürfe sich dasjenige Vergangene, welches jedem individuell zusagt, selbständig zu eigen machen, und es könne hierin etwas Beglückendes liegen.“[12] Auch liegt der Gedanke eines notwendigen Fortschritts ferne. Das Bemühen, aus der Tradition lernend sich von ihr zu befreien, stellt nach Burckhardt ein wesentliches Interesse unseres Menschseins dar. Weder Verfalls- noch Fortschrittsideologie! Hier wird Burckhardts Nähe zu Nietzsche deutlich.

Die radikale kritische Frage, ob diese Kontinuität auch ohne unser geschichtliches Bewusstsein besteht, kann in der Philosophie Burckhardts nicht beantwortet werden. In Bezug auf eine solche Kontinuität meint Löwith, dass wir sie weder behaupten noch vorstellen können. Burckhardt

[9] Vgl. ebenda, S. 17.

[10] Vgl. Löwith, K.: Weltgeschichte und Heilsgeschehen, S. 28.

[11] Burckhardt, J.: Weltgeschichtliche Betrachtungen, S. 12.

[12] Ebenda, S. 285.

ist freilich darum besorgt, dass das Kostbare der europäischen Tradition vielleicht verloren gehen könnte.

Es zeigt sich einem vorurteilslosen Beobachter der Geschichte, dass das Kontinuierliche eigentlich die immer gleich bleibende Struktur ist, die wie ein Schatten den Kreislauf von Entstehen und Vergehen begleitet.

Seit der Französischen Revolution betrachtet Burckhardt einen fortschreitenden Traditionsverfall, und als Bewahrer der europäischen Überlieferung von den Griechen an möchte er die unersetzbare Spitze der Kultur als das Höchste bewahrt wissen. So ist für Burckhardt Kontinuität auch die Verteidigung der Tradition gegen den revolutionären Willen für eine ständige Erneuerung. Burckhardt scheint hier, oberflächlich betrachtet, ein bloßer Traditionalist zu sein. Im Grunde genommen aber reagiert er ein wenig zu pointiert auf die revolutionäre Tendenz seines Zeitalters, die, wie Löwith mit Recht bemerkt, mit der „Französischen Revolution begann und in unseren Tagen bis zu den bolschewistischen, faschistischen und nationalsozialistischen Revolutionen fortschreiten sollte“.[13] Burckhardt ist eine radikal egalitäre Demokratie ein wenig suspekt, und er meint, dass sie anstatt größerer persönlicher Freiheit und Verantwortlichkeit eher eine prätentiöse Mittelmäßigkeit zeitigen werde. Er sieht sogar im ökonomischen Sozialismus die Gefahr einer unheilvollen Verbindung zwischen Demokratie und Diktatur, die das Individuum und damit die Kultur der Macht opfern wird. Die emanzipierte Arbeiterklasse von unten und die im Besitz der Staatsmaschinerie befindliche militärische Diktatur von oben werden das höchste Gut einer liberalen Kultur nicht gedeihen lassen. Dem Individuum als dem eigentlichen Kulturschöpfer gilt die Sympathie Burckhardts. Der Verfall des realen Sozialismus scheint Burckhardt recht zu geben.

Burckhardt sah in seinem Zeitalter der radikalen Veränderungen einen Zustand der Gesellschaft, der sich in Anarchie befand. Zwischen den beiden unvermeidbaren Polen eines Panaktivismus (Optimismus) und eines Pantragismus (Pessimismus) entschied sich Burckhardt, seiner gesunden skeptischen Haltung entsprechend, für eine Position in der Mitte, die eine Form der stoisch-epikuräischen Zurückgezogenheit beinhaltete. Er schreibt: „Ja, ich will ihnen allen entweichen, den Radikalen, Kommunisten, Industriellen, Hochgebildeten, Anspruchsvollen ..., den Philosophen, Sophisten, Staatsfanatikern und Idealisten ... Ihr alle wißt noch nicht ... welche Tyrannei über den Geist ausgeübt werden wird, unter dem Vorwand, daß die Bildung eine geheime Verbündete des Kapitals sei, das man vernichten müsse.“[14] Burckhardt sieht das Imperium der „terribles simpli-

[13] Löwith, K.: Weltgeschichte und Heilsgeschehen, S. 29.

[14] Burckhardt schreibt dies in einem Brief an Schauenburg 1846. Zit. in: Löwith, K.: Weltgeschichte und Heilsgeschehen, S. 30.

ficateurs“ kommen, und so schreibt er 1872 an einen Freund: „Ich habe eine Ahnung, die vorderhand noch wie Torheit lautet und die mich doch durchaus nicht loslassen will: der Militärstaat muß Großfabrikant werden ... Lange freiwillige Unterwerfung unter einzelne Führer und Usurpatoren steht in Aussicht. Die Leute glauben nicht mehr an Prinzipien, werden aber wahrscheinlich periodisch an Erlöser glauben ... Aus diesem Grund wird die Autorität wieder ihr Haupt erheben in dem erfreulichen zwanzigsten Jahrhundert, und ein schreckliches Haupt.“[15] Die Geschehnisse nach Burckhardts Zeit bestätigen im Ganzen seine düsteren Prognosen.

Die burckhardtschen weltgeschichtlichen Betrachtungen lehnen Konstruktionen und bloße auf Wünschbarkeit beruhende Voraussagen ab. Dennoch hält er die geschichtliche Kontinuität, die für ihn die Autorität der Tradition und der Kultur ist, für wünschenswert. Hier kommt Burckhardt fast einer teleologischen Deutung des Geschichtssinns nahe, freilich nicht im Geiste einer providentiellen Auslegung.

Die historische Kontinuität Europas nimmt ihren Anfang wesentlich bei der Hellenisierung des Ostens nach Alexander; ihr folgte dann die politische und kulturelle Einigung unter Rom. Die abendländische Kultur wurde dann in ihrem Bestand erhalten durch die christliche Kirche. Von hierher wurde dann die Möglichkeit einer Weltkultur durch die Verbreitung einer Weltreligion ins Auge gefasst. Die Vorstellung einer Weltkultur nach dem Bilde „der abendländischen Kultur“ zeigt, dass Burckhardt noch dem abendländischen Geist verhaftet bleibt, auch wenn er in dieser Ausbreitung einen der großen historischen Zwecke erkennt, „wenigstens für uns“, wie er einschränkend hervorhebt.[16]

Dass der abendländische Geist in Gestalt christlicher Religion und europäischer Kultur bzw. technologischer Formation mit Erfolg die Welt heute erobert hat und erobert, braucht nicht unbedingt auf seine Überlegenheit zu deuten. Erfolg ist der beste Ratgeber, sagt der Volksmund; aber Erfolg ist auch – so Nietzsche, der größte Lügner. Hinzu kommt, dass Burckhardt von einer eher geistigen Kultur ausgeht und weniger die technische, politische, religiöse, ökonomische und militärische Machbarkeit und Beherrschbarkeit meint.

„Die Frage“, so schreibt Löwith, „ob die unterlegenen Kräfte nicht vielleicht edler und besser waren, kann nicht durch den Hinweis auf die Tatsache abgetan werden, daß nichts so erfolgreich ist, wie der Erfolg“.[17] Bei Burckhardt findet man zwar keinen Eurozentrismus hegelscher Prägung, aber er hält die europäische Kultur für die unvergleichlich beste, die es je

[15] Zit. ebenda, S. 30.
[16] Vgl. ebenda, S. 31.
[17] Ebenda, S. 31.

gegeben hat. Und in diesem Sinne ist und bleibt Burckhardt ein europäischer Denker, trotz seiner geschichtlichen Betrachtungen, die er „weltgeschichtlich" nennt.

Burckhardt ist gegen das Urteil aus Ungeduld, denn sie führt zur Kurzatmigkeit in den weltgeschichtlichen Betrachtungen. „In unserem eigenen Leben sind wir gewöhnt", sagt er, „das uns gewordene teils als Glück, teils als Unglück aufzufassen, und tragen dies wie selbstverständlich auf die vergangenen Zeiten über".[18] Eine ruhige Betrachtung der Geschichte muss im Stande sein, sich temporär von den Absichten völlig wegwenden zu können zur Erkenntnis. „Man muß", und dies ist der methodische Weg bei allen Geschichtsbetrachtungen, „zumal Geschichtliches zu betrachten fähig sein, auch wenn es sich nicht direkt oder indirekt auf unser Wohl- oder Überergehen bezieht; auch, wenn es sich darauf bezieht, so soll man objektiv betrachten können".[19]

Man meint, hier eine geschichtstheoretische Anwendung des Husserlschen Prinzips der Reduktion sehen zu können. Ein vorurteilsloses Schauen des Geschichtlichen ist ja auch nur möglich unter Ausschaltung aller Interessen und Standpunktbedingtheiten. Einem redlichen Historiker ziemt es, auch dem klar ins Auge zu sehen, was dem eigenen Wohlergehen entgegengesetzt ist. Die Praxis der Epoché im Sinne einer Urteilsenthaltung ist mehr als eine bloße erkenntnistheoretische Leistung, sie ist eine geistige Technik, die auf eine innere Transformation und Attaraxia zielt.

Unser Nicht-Eingeweihtsein in die ewige Weisheit der Geschichte lässt keine vollständige Erhellung des Dunkels der Geschichte zu. Burckhardt spricht von einer Ökonomie der Weltgeschichte in diesem Zusammenhang und meint, in dem Entstehen und Vergehen der geschichtlichen Gestalten etwas Wesentliches zu erblicken. Auf die Frage nach dem Wozu des Geschichtsstudiums gibt uns Burckhardt weder eine naiv optimistische noch eine tief pessimistische Antwort. Nach ihm ist das Resultat eines solchen Studiums die immer wieder zu gewinnende nüchterne Erkenntnis unserer wirklichen Situation: Kampf und Leiden, Sieg und Niederlage, kurzer Ruhm und langes Elend, lang dauernde Kriege und dazwischen kürzere Perioden des Friedens.

Dass dies nicht sein darf, nicht sein soll, mag ein echtes menschliches Empfinden, ein echtes menschliches Bedürfnis darstellen; ein menschliches Vorurteil bleibt es dennoch. Schon der Anthropomorphismus hatte überhebliche Züge an sich; der Anthropozentrismus ist noch hässlicher, denn er lässt das kosmische Rad der Natur sich um des Menschen Willen

[18] Burckhardt, J.: Weltgeschichtliche Betrachtungen, S. 251.

[19] Ebenda, S. 19.

drehen. Die kopernikanische Wende greift zu kurz, wenn sie das menschlich Geschichtliche dem Kosmischen nicht subsumiert. Kosmozentrismus, nicht Anthropozentrismus, sollte unser Motto sein. Alles hat seine Bedeutung und Bedeutsamkeit; nichts darf als bloßes Mittel auf dem Weg anderer Zwecke gebraucht werden, denn nirgends finden wir den letzten Sinn.

Wir unterliegen der optischen Täuschung, wenn wir ungeduldig und egoistisch unsere eigene Perspektive als die weltgeschichtliche missdeuten. Wir brauchen die Welt mehr, als sie uns. Eine Wahrheit, welcher Art auch immer, welche der Gewalt bedarf, um sich verbreiten zu können, bleibt der geschichtlichen Erkenntnis gegenüber taub und blind.

Im Ganzen mit Schopenhauer und Nietzsche übereinstimmend möchte auch Burckhardt die Tröstung für das traurige Schauspiel nicht in der Erdichtung eines Weltplans finden. Im Gegensatz zu Hegel vertritt Burckhardt die Ansicht, dass die Größe einer Nation oder Kultur kein Alibi sein kann für die Vernichtung und Unterdrückung einer kleineren Nation oder Kultur oder auch eines Individuums. Burckhardts Eurozentrismus ist qualitativ anders als der Hegels, denn Burckhardt, obwohl er in seiner Diktion stellenweise Hegel sehr nahe kommt und vom Königsrecht der Kultur zur Eroberung und Knechtung der Barbarei spricht, will eine zivilere Form der Eroberung. Wimmer hat diesen ein wenig „kulturfundamentalistischen" Ansatz im Denken Burckhardts kritisch kommentiert.[20]

Die von uns Menschen nicht auslotbare Ökonomie der Weltgeschichte verteilt das Glück und Unglück ohne die Zuhilfenahme eines Weltplanes oder der Providenz. Alle unsere Versuche, hier eine klare buchhalterische Gewinn- und Verlustrechnung in der Geschichte zu erstellen, sind zum Scheitern verurteilt. Auch wenn Burckhardt es nirgends so deutlich sagt, ist er der Überzeugung, dass die geschichtlichen Ereignisse, auch wenn diese nicht mit Naturereignissen verwechselt werden dürfen, nach einem allem zugrunde liegenden Schema von Entstehen und Vergehen verlaufen. Dies ist aber nicht wiederum eine absolute Wahrheit der Geschichte, auch nicht eine Induktion auf Grund der empirisch-geschichtlichen Erfahrungen; vielmehr ist sie eine Einsicht, die in aller Ruhe einem widerfährt, ohne dass sie herbeigeführt werden oder verhindert werden könnte. Es ist eine Intuition, die einem unparteiischen Beobachter zuteil wird. Dass dem Menschen und seiner Geschichte eine privilegierte Stellung im kosmischen Haushalt zukommt, ist nicht in der Sache begründet.

In seiner Vorlesung über „Glück und Unglück in der Weltgeschichte" erklärt Burckhardt, dass wir Menschen unsere eigenen Begriffe von Glück und Unglück auf geschichtliche Ereignisse übertragen. Der Sieg der Grie-

[20] Vgl. Wimmer, F.: Interkulturelle Philosophie. Geschichte und Theorie, Bd. I, Wien 1990, S. 80 ff.

chen über die Perser war ein Glück, der Roms über Karthago auch. „Ein Unglück, daß Cäsar ermordet wurde, bevor er dem römischen Weltreich eine angemessene Form sichern konnte ... Ein Glück, daß Europa im 8. Jahrhundert sich im ganzen des Islams erwehrte. Ein Unglück, daß die deutschen Kaiser im Kampf mit den Päpsten unterlagen, und daß die Kirche eine so furchtbare Gewaltherrschaft entwickeln konnte."[21]

Burckhardt aber gibt letzten Endes zu, dass sich diese Urteile gegenseitig aufheben, denn „eine optische Täuschung", sagt er, „spiegelt uns das Glück in gewissen Zeiten, bei gewissen Völkern vor ..."[22]

Auf die Frage, was wohl Burckhardt über die Ereignisse im 20. Jahrhundert sagen würde, bemerkt Löwith: „Lebte er heute, so würde er als Europäer vermutlich sagen, daß die Niederlage des nationalsozialistischen Deutschlands ein Glück und wünschenswert, der Aufstieg Rußlands erschreckend und nicht wünschenswert war, wenngleich jenes Wünschenswerte eine Folge dieses Unerwünschten ist."[23]

Die Frage: Kann eine Geschichtsphilosophie auf dem Boden einer burckhardtschen Betrachtungsweise der Geschichte erarbeitet werden, muss im Ganzen negativ beantwortet werden. Denn weder können wir mit Sicherheit den Anfang, noch den Fortschritt, noch den sicheren Untergang und das absolute Ende voraussagen. Diese Unentschiedenheit seiner Position ist die Offenheit und das Freisein von einer doktrinär-dogmatischen Geschichtsauffassung, und „sie ist insofern modern, als Burckhardt sowohl die klassische wie die christliche Position versteht, ohne sich einer von ihnen zu verschreiben".[24] Eine ruhige Verbindung von Anschauung und Kontemplation in der Position von Burckhardt lässt ihn unentschieden sein, und er neigt eher mit einer Wehmut zum Geist des Altertums und zur Größe der Leidenschaft, sich im Ganzen der großen Natur eingebettet zu finden.

Neben dem machbaren, beherrschbaren Zug in dem Menschen und seiner Geschichte gilt es heute wieder einzusehen, dass ein vorurteilsloses, ästhetisches Wahrnehmen des Menschen und seiner Geschichte als eines Teilbereiches in der Demokratie der Dinge im Kosmos von einer Haltung der engagierten Distanz auszugehen hat.

Burckhardts Stellung zum Christentum ist sehr schillernd und viel zu differenziert, um in die grobe Schablone: für oder gegen das Christentum, gefasst zu werden. „Die Religionen sind der Ausdruck", schreibt Burckhardt, „des ewigen und unzerstörbaren, metaphysischen Bedürfnisses der

[21] Ebenda, S. 252.

[22] Ebenda.

[23] Löwith, K.: Weltgeschichte und Heilsgeschehen, S. 32.

[24] Ebenda, S. 32.

Menschennatur".[25] Nach ihm geht ein metaphysisches Bewusstsein – auch wenn dies uns nicht immer bewusst bleibt – der „Annahme eines ursprünglichen Gottesbewußtseins" voraus.

In einer Zeit der radikalen Veränderungen mit der Gefahr des Traditions- und Kulturverlustes denkt Burckhardt an die „Helden der Wüste", die beispielhaft die Integrität der Kirche aufrechtzuerhalten halfen. Nicht der Religion, die in einem „politischen Rapport" mit den Mächtigen ihr Dasein führt, gilt sein Lob, sondern einer Religion, die „asketische Menschen" erzeugt mit den Charakterzügen: Entsagung, Verzicht, Zurückhaltung.

Die fortschreitende Industrialisierung verbunden mit Vermassung und Gleichmacherei rief in ihm den Gedanken eines „Neuen, einer Größe, eines Befreienden" hervor. Und er schreibt fast hilflos an einen Freund: „Es (das Neue) wird seine Märtyrer haben müssen; seiner Natur nach muß es ein Etwas sein, das bei allen politischen, ökonomischen und anderen Katastrophen über dem Wasser schwimmt. Aber was? Da überfragen sie mich. Es könnte sein, daß wir es verkennten, wenn es in die Welt tritt ..."[26] Er erhoffte im Grunde genommen die Rettung von der Religion, die von einem „tranzendenten Drang" gespeist wird.

Im ursprünglichen Christentum sah er eine solche, nicht mit der irdischen Macht kooperierende Instanz. Das wahre Christentum ist für ihn wesentlich asketisch. Das moderne Christentum, das die weltliche Macht sehr hoch schätzt, stieß ihn ab. Als Sohn eines Pfarrers wollte er selbst nicht Pfarrer werden. In einem Brief an einen theologischen Freund bemerkt er: „Wie intensiv religiös waren die alten Häretiker, verglichen mit den modernen Christen."[27]

Religion soll nicht um der Masse willen verwässert werden, und Burckardt sah ein solches verwässertes Christentum auf dem Vormarsch, wo der Priester zuerst ein „Gebildeter", dann ein philosophierender Theologe und schließlich ein ängstlicher Mensch ist. Für den echten Glauben bleibt in diesem Rollenkomplex kaum mehr Raum. Selbst die moderne Philanthropie ist zum „Korrelat des Erwerbssinnes" geworden. Burckhardt sieht das Verhalten des modernen Industriemenschen, der im und mit dem Christentum lebt, ohne sich dabei des Widerspruchs des Sieges der Welt über die Religion bewusst zu werden.

Burckhardt wusste sehr genau, dass fast alle Religionen unter dem Schutze einer Weltmacht ihre Bekehrungen vornahmen und sich verbreiteten. „Ohne die Kaisergesetzgebung von Constantin", sagt er, „bis auf

[25] Burckhardt, J.: Weltgeschichtliche Betrachtungen, S. 39.
[26] Zit. in: Löwith, K.: Weltgeschichte und Heilsgeschehen, S. 33 f.
[27] Ebenda, S. 34.

Theodosius würde die römsch-griechische Religion noch bis heute leben."[28] Unsere Geschichte ist in erster Linie eine politische Geschichte, auch wenn wir nach dem Deutschen Idealismus gewöhnt sind, sie als Geistesgeschichte, Ideengeschichte u. dgl. aufzufassen. Denn Ideen machen Geschichte nicht von sich aus, sondern im Verbund mit der politischen Macht, die sie schützt, sie fördert, und sie gegen ihre Gegner verteidigt, oder auch ihre Gegner beseitigt. Die 'Ohnmacht des Geistes' (Scheler) bedarf einer Kraftquelle.

Im Gegensatz sowohl zu Augustin, der „für die blutige Verfolgung der Donatisten" war, als auch zu Hegel, der in der Weltgeschichte die Regierung Gottes erblickte, bot Burckhardt keine voreilige Lösung an. Im modernen Christentum erkannte er einen Widerspruch, „weil der böse Genius des modernen Lebens, sein „Erwerbssinn" und sein Machtsinn, dem freiwilligen Leiden und der Selbstverleugnung entgegengesetzt sind."[29]

Die Welt ist nach, durch und mit dem Christentum weltlicher geworden, als sie es für die Heiden jemals gewesen ist, und die ursprüngliche Verkündigung vom Reich Gottes zielte auf etwas ganz anderes. Das Christentum definierte sich auch als eine Religion des Sieges, freilich zum größten Teil im Verbund mit außerreligiösen Mächten.

Burckhardt will weder eine Religion noch einen geheimen Weltplan in Anspruch nehmen, um das tausendgestaltige komplexe Phänomen des geschichtlichen Lebens zu beschreiben; er lehrt uns, diesem Phänomen „beschauend" gegenüberzutreten, „dem", so Burckhardt, „wir als Menschen einer bestimmten Zeit unvermeidlich unseren passiven Tribut bezahlen".[30]

Die Anthropologie eines strebenden, leidenden und handelnden Wesens gestattet keine Geschichtsphilosophie, die den Anspruch erhebt, den „archimedischen Punkt" gefunden zu haben, von dem aus sie dann den Gang der Geschichte mit ihrem endgültigen „wozu" beschreiben kann. Gerade einen solchen Punkt des absoluten Geistes lehnt Burckhardt in der Philosophie Hegels ab und neigt zu einem „ästhetischen Pessimismus" unter dem Einfluss von Goethe und Schopenhauer.

Das kritische Studium der Geschichte, das Burckhardt in seinen ›Weltgeschichtlichen Betrachtungen‹ betrieb, machte ihn nicht blind gegenüber den empirischen Tatsachenerkenntnissen, und er blieb in seiner Geschichtsreflexion sich immer der Tatsache bewusst, dass der philosophische Wahrheitswille noch keine dogmatisch-metaphysische Totaldeutung erlaube.

Wir fassen zusammen: Ausdeutung der Geschichte geschieht nach dem

[28] Burckhardt, J.: Weltgeschichtliche Betrachtungen, S. 57.
[29] Löwith, K.: Weltgeschichte und Heilsgeschehen, S. 37.
[30] Burckhardt, J.: Weltgeschichtliche Betrachtungen, S. 9.

jeweiligen Standpunkt, den der Geschichtsdeuter einnimmt; Thema der Geschichte ist eine zweiseitige, aber in sich identische Grundrichtung: Wandlung und Unvergänglichkeit; höchstens „Querdurchschnitte", aber keine *eine*, d.h. keine Weltgeschichte im Singular ist möglich; Geschichte ist das sich wiederholende Konstante, Typische mit dem Menschen als dem duldenden, strebenden und handelnden Wesen. Wir finden kein erkennbares Ziel in der Geschichte, sondern einen „Strom der Notwendigkeit" mit dem „geistigen Kontinuum", aus der Geschichte lernend weise werden zu wollen. Auch alles Geistige hat eine Naturseite.

Die Geschichte ist nicht einfach die Natur mit ihrer Vollendung im Organismus, mit ihrer Gleichgültigkeit und ihrem Kampf ums Dasein; sie ist aber ebenso wenig frei von dieser Natur. In der Einleitung seiner ›Weltgeschichtlichen Betrachtungen‹ heißt es bei Burckhardt: „Die Geschichte dagegen ist der Bruch mit dieser Natur vermöge des erwachenden Bewußtseins; zugleich aber bleibt noch immer genug vom Ursprünglichen übrig, um den Menschen als reißendes Tier zu zeichnen."[31] Daher warnt Burckhardt vor dem eitlen Übermut, die Naturseite des Bewusstseins durch Konstruktionen ideologischer oder theologischer Gesetzmäßigkeiten überwinden zu wollen. Von den wohl bekannten drei Potenzen der Geschichte – Staat, Religion und Kultur – geht Burckhardt in seiner Geschichtsdeutung aus und erklärt durch ihre jeweiligen gegenseitigen Bedingtheiten: erstens die Bedingtheit des Staates durch Religion, zweitens die des Staates durch Kultur, drittens die der Religion durch den Staat, viertens die der Religion durch die Kultur, fünftens die der Kultur durch den Staat und sechstens die der Kultur durch die Religion.[32] Das rechte Studium dieser Bedingtheiten sollte uns 'weiser' und nicht so sehr 'schlauer' machen, denn nur Ersteres hilft uns, aus den Fehlern zu lernen und das menschliche Schicksal, so weit es uns möglich ist, weniger leidvoll zu gestalten.

[31] Ebenda, S. 25.
[32] Vgl. ebenda, S. 83 ff.

IX.

Nietzsches Lehre vom „Übermenschen" und die „Aporie zwischen der Lehre von der ewigen Wiederkunft" und der von dem „Willen zur Macht"

Nietzsche ist ein Erlösungsphilosoph, ein Verkünder einer absoluten Botschaft; er ist aber auch ein Zerstörer, ein zu Ende Denkender, ein Prophet des Nihilismus. Nietzsche ist Ende, Wende und Anfang. Die zentrale These, die hier vertreten und begründet werden soll, lautet: Nietzsches Lehre von der ewigen Wiederkunft kommt eine alles entscheidende Rolle zu, und die Lehre von dem „Willen zur Macht" ist eine kompensatorische Projektion und stellt eine ohnmächtige Revolte gegen die ewige Wiederkunft dar. Nietzsches Lehre von dem Übermenschen besteht m. E. in der Einsicht und freiwilligen Annahme des gleichberechtigten Eingebettetseins der menschlichen Gattung in den großen Haushalt der unparteiischen kosmischen Natur. Die Frage nach der Sonderstellung des Menschen ist allzumenschlich und stellt eher ein Vorurteil dar.

Die Verehrer Nietzsches sehen ihn als Halbgott, Märtyrer, Held u. dgl. Dieses Nietzschebild wird jedoch stark relativiert durch die Forschungsergebnisse des italienischen Germanisten und Philosophen, A. Verrecchia. In seinem 1986 erschienenen Buch ›Zarathustras Ende – Die Katastrophe Nietzsches in Turin‹ schreibt er: „Sieht man ... genauer zu, so fällt es einigermaßen schwer, ihn (Nietzsche) mit all diesen Ehrentiteln auszustatten. Außerdem ist er als Mensch nicht sehr sympathisch. In der Schule spielt er sich als Klassenprimus auf; an der Universität hofiert er seinen Professor ... Er gebärdet sich als Kulturterrorist, ist aber unfähig, seinen akademischen Talar abzulegen."[1]

Einer solchen Entmythologisierung Nietzsches begegnen manche Nietzsche-Liebhaber durch das nicht immer taugliche, aber auch nicht abwegige Mittel von der Trennung zwischen Person und Werk. Dabei können sie den Meister selbst in Anspruch nehmen, wie er in ›Ecce homo‹ zwischen dem, was er ist, und seinen Schriften unterscheidet. Oft wird auch auf Max Scheler hingewiesen, der meinte, dass der Wegweiser den Weg selbst nicht zu begehen brauche. Freilich ist dies sowohl rein formal-logisch als auch intellektuell möglich; die Frage ist jedoch, ob dann nicht der Legitimationsrahmen der Kritik darunter leidet.

[1] Verrechia, A.: Zarathustras Ende – Die Katastrophe Nietzsches in Turin. Aus dem Italienischen von P. Pawlowsky, Wien 1986, Vorwort.

Nietzsche begreift sich und seine Philosophie, am Ende der langen europäischen Geistesgeschichte (von der Antike bis zu seiner Gegenwart) als einen radikalen Neubeginn ohne jede Verankerung in den bisherigen Denkkategorien, es sei denn ausschließlich negativ. Hierin sieht daher Heidegger die 'Endstellung' der abendländischen Metaphysik.

Mit dem Schwinden des Deutschen Idealismus in der zweiten Hälfte des 19. Jahrhunderts wurde die Frage nach dem 'was der Mensch eigentlich sei' mit größerer Dringlichkeit neu gestellt. Und Nietzsche nimmt eine zentrale Stellung ein. Trotz der animalischen, psychischen, sozialen, moralischen, ästhetischen, religiösen und metaphysischen Seiten im Wesen des Menschen (oder vielleicht gerade deswegen!) bleibt der Mensch ein Studium ohne Ende. Die vierte Frage Kants: „Was ist der Mensch?" bedeutet für Nietzsche dreierlei: erstens, was ist der Mensch?, zweitens, was ist er geworden? und drittens, was kann und soll er sein? Nietzsche empfindet zwei fast entgegengesetzte Gefühle, wenn er an Menschen denkt: es sind Gefühle sowohl des Ekels und der Verachtung als auch des Mitleids und der Sorge. Zwischen dem Herdentierdasein und der „Führernatur" versucht der Mensch, sich und seine Stelle im Haushalt der großen Natur zu finden.

Die Wirklichkeit, welche nach Nietzsche niemals Gegenstand des bloßen Denkens sein kann, heißt nicht Gott, wie es in der christlichen Tradition der Fall ist, sondern Natur als Gegenbegriff zu Gott und jenseits aller Begriffsgegensätze. Der 'kleine Mensch' orientiert sich an Zeitvorstellungen, die zu eng und zu kurzatmig an die jeweilig geltenden Maßstäbe gebunden sind. Zarathustra empfindet „Überdruss" einem solchen Menschen gegenüber, und er selbst als „Lehrer der ewigen Wiederkehr" lässt alles, auch die Lehre von dem Übermenschen, dem ewigen Kreislauf untergeordnet sein. Überzeugend macht Ghasempour in seinem Aufsatz über Nietzsches Zarathustra-Rezeption deutlich, dass Nietzsches Verhältnis zum historischen Zarathustra nicht nur ein selektives, sondern auch ein ambivalentes ist. Für seine tragisch-tröstliche Philosophie bedurfte Nietzsche sowohl formal als auch inhaltlich einiger zentraler Lehren der zarathustrischen Philosophie.[2] Was ewig wiederkehrt, ist erstens die unbegriffliche Natur und zweitens, auf unser Denken bezogen, die unbefriedigende Unvermeidlichkeit unseres begrifflichen Denkens, das auf der Suche nach Identifizierungen nur noch seinem eigenen Schatten hinterherläuft. Das, was ist, ist nicht begrifflich zu identifizieren. Diese Ansicht der buddhistischen Philosophie mag Nietzsche indirekt und unbewusst von Schopen-

[2] Ghasempur, M.: Zarathustras Konzeption einer elementaren Ethik und Nietzsches Zarathustra-Rezeption, in: Ethik und Politik aus interkultureller Sicht, hrsg. von R. A. Mall und N. Schneider, Amsterdam 1996, S. 131 ff.

hauer übernommen haben. So ist die abendländische Philosophie an ihrem eigenen Anspruch, die eigentliche Wirklichkeit denkerisch zu bewältigen, krank geworden, denn die menschliche Endlichkeit, radikal zu Ende gedacht, macht die Ohnmacht des menschlichen Denkens deutlich. Alles, was dem menschlichen Denken noch gestattet ist, ist die dionysische Bejahung des Daseins. Alles, was dem Menschen aufgegeben ist, ist eben dieses Ja-Sagen zum Dasein.

Mit der alten sicheren Stellung des Menschen, die der Mensch im Christentum und im Deutschen Idealismus zu haben glaubte, ist es jetzt vorbei. Heimsoeth weist auf die vier Wurzeln der Anthropologie Nietzsches hin: Erstens, die Ablösung des geozentrischen Weltbildes durch das heliozentrische des Kopernikus, zweitens, den Evolutionsgedanken des Darwinismus, drittens, den Relativismus und Historismus, welche den Menschen keinen absoluten Standort zugestehen, und viertens den modernen, wissenschaftlichen Atheismus, welcher an Gott nicht nur nicht glaubt, sondern seinen Tod und sogar seine Unerwünschbarkeit proklamiert.[3] Scheler spricht von einem 'postulatorischen Atheismus' und scheint auf Kants postulatorischen Theismus anzuspielen. Freud spricht von drei Kränkungen des Menschen – durch Kopernikus, durch Darwin und durch seine eigene Lehre von dem Unbewussten.

Nietzsche bricht mit der Lehre, der Mensch sei ein Geschöpf Gottes. Die Zurückweisung eines solchen Gedankens ist in aller Härte und Klarheit ausgesprochen in dem Satz Nietzsches: Nicht Gott habe die Menschen geschaffen, sondern die Menschen haben Gott geschaffen.[4] So folgt Nietzsche Feuerbach und geht sogar weiter, indem er Gott zu einer Erfindung, ja sogar zu einem Fehler des Menschen macht. Die bekannte Suche nach Gott auf dem Marktplatz am helllichten Tage mit einer Laterne macht deutlich, dass 'Gott tot ist', dass wir ihn getötet haben, dass der christliche Gott unglaubwürdig geworden ist. Kann man einen erfundenen Gott töten? Auf diese Frage kann mit einem Ja geantwortet werden, denn was gegenstandslos wird, ist der Glaube und nicht der erfundene Gegenstand des Glaubens. Mit dem Gedanken vom Tode Gottes fängt Nietzsches Denken an, und es geht durch den Nihilismus hindurch, um ihn durch die Lehre von der ewigen Wiederkehr zu überwinden. Nietzsches Erklärung betrifft nur den Gott der Theologen mit den allzumenschlichen Vorstellungen und Ansprüchen, durch diesen Gott die in sich ruhende ewige Wiederkehr ersetzen zu wollen. Alles steht für Nietzsche unter der einen alles relativierenden, aber selbst nicht relativierbaren These von dem ewig rollen-

[3] Vgl. Heimsoeth, H.: Zur Anthropologie Friedrich Nietzsches, in: Blätter für deutsche Philosophie 17, 1 (1943), S. 205 ff.

[4] Vgl. Nietzsche, F.: Kröners Ausgabe, Bd. 83, S. 927.

den Rad des Seins. Dass die Seienden, allen voran die Menschen mit einem solchen Schicksal nicht zufrieden sind, mag an dem eigenen Vorurteil liegen, etwas ganz Besonderes sein zu wollen.

Mit dem Wegfall des Gottesglaubens nimmt der Mensch seine Stelle in der großen Weite der Seienden, in der allumfassenden kosmischen Natur ein. Er wird nicht mehr von Gott, auch nicht vom Geist abgeleitet; er wird, wie Nietzsche schreibt, „unter die Tiere zurückgestellt ... Er ist durchaus keine Krone der Schöpfung: jedes Wesen ist, neben ihm, auf einer gleichen Stufe der Vollkommenheit ...“[5] Der Mensch als das ‘eitelste Geschöpf’ wird zum ‘Spottgelächter’ aller übrigen Wesen, wenn er sich einbildet, eine unvergleichliche einmalige Sonderstellung zu besitzen und der letzte Zweck der ganzen Welt zu sein. Vielleicht bildet sich, meint Nietzsche, die Ameise im Walde ebenso stark ein, dass sie das Ziel der Existenz des Waldes ist. Nietzsche ist der Ansicht, dass es die große Natur vor den Menschen gegeben hat und dass es auch nicht unwahrscheinlich sei, dass es sie auch nach den Menschen geben wird. Daher sei es eine unangebrachte Anmaßung zu meinen, der Untergang der Menschheit bedeute zugleich den Untergang der ganzen Erde.

Nach Nietzsche kann der Mensch noch tierischer werden als jedes Tier. Von einer privilegierten Sonderstellung des Menschen ist bei Nietzsche nicht mehr die Rede, es sei denn, der Mensch bildete sie sich ein und verschaffte sich eine solche. Denn es gibt ja keine Instanz, welche den Menschen Gebote und Verbote erteilen könnte. Der Mensch scheint zu seiner fürchterlichen Verantwortlichkeit verdammt. Der Mensch ist jenseits von „Gut“ und „Böse“ wie die Natur auch. Seinen Erkenntnisvorsprung darf der Mensch nicht überschätzen und muss eher von der großen Unparteilichkeit der kosmischen Natur ausgehen.

Nietzsches Kritik der christlichen Anthropologie ist zugleich Kritik an der christlichen Moral und Kultur. Mit der christlichen Anthropologie kommt das Sündenbewusstsein des Menschen in die Welt. Der Christ sieht in dem Gefallensein die Ursache seines Leidens. So fühlt sich der Mensch auch schuldig. Die Heraufkunft des christlichen Gottes hat nach Nietzsche das Schuldgefühl auf Erden zur Erscheinung gebracht.[6] Nietzsche nimmt hier eine zweite Umkehrung vor, denn seine Umwertung des Christentums ist schon eine Umwertung, welche selbst eine Umwertung der heidnischen Welt gewesen ist. Der Schritt weg vom Christentum ist zugleich der Schritt ‘hin zur Antike’.

Der Mensch als das *„noch nicht festgestellte Tier“*[7] ist auch im Werden

[5] Nietzsche, F.: Der Antichrist, Werke in zwei Bänden, Bd. 2, München, S. 494.
[6] Vgl. ebenda, S. 233.
[7] Vgl. ebenda, S. 56.

begriffen. Dieses Werden ist aber nicht ein Prozess, der irgendwann einmal sein Ende finden wird. Das Wesen des Menschen scheint darin zu bestehen, dass er eben keins habe. Nichts ist gefeit gegen den großen Gang der Dinge, der die ewigen drei Schritte kennt: Entstehen, Bestehen, Vergehen. Der Mensch bildet hier keine Ausnahme.

Nietzsche begreift den Menschen auch als eine Möglichkeit. Das Verhältnis des Menschen zur Zukunft lässt den Menschen als ein 'versprechendes Tier' erscheinen. Der Mensch als ein zukünftiges Wesen verfügt über sich, denn er kann sich zu dem machen, was er will. Hier kommt der Gedanke von dem Willen zur Macht, von dem Übermenschen zum Vorschein. Der Wille zur Macht meint auch, dass der Mensch sowohl das 'Untier' als auch das 'Übertier' ist, und der höhere Mensch ist beides zugleich: Unmensch und Übermensch. Der Mensch als ein Weg, als eine Brücke zwischen Tier und Übermensch wird sich selbst überwinden in der Gestalt des Übermenschen, des eigentlich höheren Wesens. Daher ist nach Nietzsche der Sinn der Geschichte die Erzeugung der 'höchsten Exemplare' der Menschheit. Dies ist einer der Gedanken im Weltbild Nietzsches, der politisch schnell missverstanden werden kann und sogar missverstanden worden ist.

Der Überwindungsgedanke in Gestalt des Übermenschen spielt eine zentrale Rolle in der Philosophie Nietzsches. Der Tod Gottes ist ein Faktum für Nietzsche, und die Ankunft des Nihilismus sieht er mit Notwendigkeit kommen. Hegel nennt er einen bloßen Verzögerer eines aufrichtigen Atheismus. Im Pessimismus Schopenhauers sieht er den Atheismus schon vorgebildet. Im Deutschen Idealismus, im Protestantismus der deutschen Philosophie erblickt er den philosophischen Atheismus der protestantischen Theologie. „Unter den Deutschen“, sagt Nietzsche schonungslos, „versteht man sofort, wenn ich sage, daß die Philosophie durch Theologenblut verderbt ist. Der protestantische Pfarrer ist Großvater der deutschen Philosophie ... Man hat nur das Wort 'Tübinger Stift' ausgesprochen, um zu begreifen, *was* die deutsche Philosophie im Grunde ist – eine *hinterlistige* Theologie.“[8] Mit Nietzsche kann man daher sehr wohl fragen, ob die Rede von Gott in der Philosophie eine philosophische oder eher eine außerphilosophische Leistung ist. Die Bewegung vom Mythos zum Logos kann sich auch umdrehen.

In dem Zusammenbruch aller bisherigen Werte wird der Mensch haltlos, er wird ins 'Unerprobte', 'Unentdeckte' hinausgestoßen. Nietzsches Bild vom Menschen ist genau dem entgegengesetzt, was er als Herdenmenschen bezeichnet. So ist Nietzsche auch gegen die numerisch-demokratische und egalitär-humanitäre Idee vom Menschen. Rousseau

[8] Ebenda, S. 492.

nennt er eine „Mißgeburt an der Schwelle der neuen Zeit“, einen „Idealisten“ und eine „Canaille“ . Nietzsches Kritik des modernen Menschen ist die Kritik gegen die ‘Verkleinerung’ und ‘Vermittelmäßigung’ des Menschen, die er in dem Menschenbild eines verweltlichten Christentums vorfindet. Daher fordert er eine Annulierung der christlichen Humanität durch den Übermenschen. Eine theologisch legitimierte und anthropozentrische Humanität ist doch ein menschliches Vorurteil.

Warum muss der Mensch sich selbst überwinden? Der Auftritt des Übermenschen wird nach Nietzsche notwendig nach dem Tod des christlichen Gottes. Denn gerade dieser Tod eines uns leitenden und lenkenden Gottes verlangt von den Menschen, dass der Mensch sein altes Bild verwerfe. Denn alle alten Bestimmungen des Menschen – Sünde, Buße, Mitleid, Glück, Vernunft, Tugend, Gerechtigkeit, Bildung, – sind unverbindlich geworden. Daher ergibt sich auch die Notwendigkeit einer neuen Bestimmung des Menschen. Nietzsche scheint auch aus diesem Grunde seine Idee des Übermenschen als eine Notwendigkeit zu betrachten. In der Suche nach dem neuen Menschen ist Nietzsche sogar bereit, die alten Ideale der Humanität, Einheit, Gleichheit u. dgl. aufzugeben. Er geht sogar so weit, dass er die antike Einteilung zwischen Sklaven und Freien lobt und das indische Kastenwesen bewundert. Zugegeben, die christliche Humanität, die ihr Maß außerhalb ihrer selbst hat, nämlich in Gott, ist kein bloßes ‘Vorurteil’, dennoch bleibt die Kritik Nietzsches an dieser Humanität bestehen, denn sie hat den Menschen nicht nur Glück gebracht.

Es ist zu bedauern, dass Nietzsche in der Schärfe und Radikalität seiner Kritik der christlich geprägten modernen europäischen Humanität zuweit ging und das Kind mit dem Bade ausschüttete und in der Suche nach einer wirklich wahren Humanität des Menschen den Übermenschen ‘konstruierte’, den er auch noch dazu durch den „Willen zur Macht“ bestimmte. Doch die nationalsozialistische Inanspruchnahme Nietzsches besteht nicht zurecht. Löwith und Jaspers haben darauf schon hingewiesen.

Wir wollen hier kurz auf zwei Aphorismen Nietzsches hinweisen, um zusammenfassend seine anthropologische Grundkonzeption zu verdeutlichen. In ›Menschliches Allzumenschliches‹ (§ 304) schreibt Nietzsche unter der Überschrift „Mensch“: „Was ist die Eitelkeit des eitelsten Menschen gegen die Eitelkeit, welche der Bescheidenste besitzt, in Hinsicht darauf, daß er sich in der Natur und Welt als Mensch fühlt.“ In der ›Morgenröte‹ (§ 333) heißt es unter der Überschrift „Menschlichkeit“: „Ein Tier, welches reden konnte, sagte: Menschlichkeit ist ein Vorurteil, an dem wenigstens wir Tiere nicht leiden.“ Diese beiden Aphorismen machen deutlich, dass nach Nietzsche der Mensch und damit die menschliche Gattung sich abzufinden habe, dass sie gleichberechtigt in dem Haushalt der großen Natur eingebettet sei. Dies mag für die Menschen nicht zufriedenstellend sein, aber der Mensch als Philosophierender muss sich damit einverstanden erklären. Nietzsche hat lange mit dem Gedanken gerungen, eine neue Idee des Menschen bzw. von der menschlichen Natur und von der Menschlichkeit der alten Idee der Menschlichkeit entgegenzustellen.

Man mag Nietzsche Intoleranz, Tiefsinn, Unsinn, Wahnsinn u. dgl. vorwerfen, in einem scheint er jedoch recht zu behalten, nämlich dass die Idee der alten Menschlichkeit ein Fiasko ihrer selbst gewesen ist. In der „hündischen Angst“ leben wir in angstvoller Erwartung, dass es doch immer wieder Katastrophen ungeahnter Art und Intensität geben könnte. Von Erschütterungsahnungen spricht Nietzsche, wenn er in seiner ›Unzeitgemäßen Betrachtung‹ diese angstvolle Erwartung beschreibt und vom Braukessel einer Hexenküche spricht, der jeden Augenblick explodieren kann.

Nietzsches Anthropologie ist gegen den Versuch einer Abkoppelung des Menschen von der Natur gesichert. Die große kosmische Natur subsumiert Glück und Unglück unter den Begriff 'Ordnung'. Daher lobt Nietzsche Homer, bei dem es eine Humanität, eine menschliche Natur gibt, die das Leidenschaftliche, Wilde, Milde, Grausame, Gewaltige u. dgl. kennt. Nietzsche bringt diese Natur, die tötet und auch Leben spendet, die im Entstehen, Bestehen und Vergehen ihre Selbsterhaltung, Selbstbewahrung und Selbstauflösung zeigt und in diesem ewigen Kreisen uns bittet, unser Genüge und Ziel zu erblicken, auf die kurze Formel vom „Willen zur Macht“. In dieser kurzen Formel liegt aber auch die Kurzatmigkeit seines Vorhabens einer grundlegenden Erneuerung der Menschheit, die statt in dem ewigen Entstehen-Bestehen-Vergehen unser Genüge finden zu lassen, auf die Geburt des Übermenschen durch den Willen zur Macht pocht. Nietzsche scheint hin- und hergerissen zu sein in seiner Entscheidung, den ewigen Kreislauf der Natur zu wollen oder ihn zu überwinden. Von dieser Spannung ist Nietzsche nie richtig losgekommen. In seiner redlichen Suche nach einer illusionslosen Wahrheit findet er zwar den ewig sich bewegenden 'Ring des Seins', aber sein „Wille zur Macht“, ja zur Wahrheit möchte auch hier, an dieser äußersten Grenze, nicht schweigen. In diesem seinem ohnmächtigen Protest zeigt sich in Nietzsche sein Erbe: das Christliche und das Griechische.

In Nietzsches Person zeigen sich zwei in Spannung befindliche Tendenzen: zum einen will er die ewige Wahrheit von der Wiederkunft des Gleichen als Ergebnis seiner radikal philosophischen Besinnung ansehen, und zum anderen gibt es bei ihm den ethisch-moralischen Veränderungsdrang im Willen zur Macht bzw. zum Übermenschen. Auch als Antichrist ist und bleibt Nietzsche Christ, denn die Erlösungsidee behält er bei und möchte sie jenseits der ewigen Wiederkunft des Gleichen postieren. Nietzsche hat zwar durch Schopenhauer immer wieder geahnt, dass die buddhistische

Erlösungsidee in diesem Punkte eine derartige Spannung nicht kennt, weil sie wie z.B. bei dem buddhistischen Philosophen Nagarjuna Welt und Nirvana (Sansara und Erlösung) zwei Seiten derselben Medaille sein lässt. Er hat sich jedoch nie richtig mit dieser Idee auseinander gesetzt. Ihm fehlten u.a. auch die gründlichen Kenntisse der buddhistischen Philosophie und Erlösungslehre. Erlösung scheint ja eigentlich in einer Einstellung zu bestehen, die mehr den Betrachter als das Betrachtete verändert.

Der europäische Nihilismus, den Nietzsche in allen Einzelheiten beschreibt, ruft nach Überwindung. Die in ›Zarathustra‹ verkündete Lehre von der ewigen Wiederkunft stellt dann die Überwindung des Nihilismus dar, zumindest ist dies die Botschaft dieser Verkündigung. Wer jedoch in das ewige Werden und Vergehen einen Willen hineininterpretiert oder sogar hineinprojiziert, kann nicht vermeiden, nihilistisch zu werden, denn die große Natur in ihrer kosmischen Unparteilichkeit untersagt den Menschen, gegen das Entstehen – Bestehen – Vergehen zu protestieren. Die Frage bleibt offen, wie weit Nietzsche selbst von einem solchen Begehren frei gewesen ist.

Nietzsche ist und will ein Verkünder sein. In einem Brief aus Venedig vom Jahre 1884, nach der Vollendung seiner Schrift ›Zarathustra‹ schreibt Nietzsche: „Mein Werk hat Zeit –, und mit dem, was diese Gegenwart als *ihre* Aufgabe zu lösen hat, will ich durchaus nicht verwechselt sein. Fünfzig Jahre später werden vielleicht einigen … die Augen dafür aufgehen, *was durch mich getan ist.*“[9] Im Jahre 1934, also genau fünfzig Jahre später, bemerkt Löwith zu Recht, „war Nietzsche in der Tat ein Gegenstand der öffentlichen Diskussion und von weltgeschichtlicher Bedeutung geworden“.[10]

Die Nietzsche-Rezeption ist sehr unterschiedlich und stellenweise sogar widersprüchlich. Löwith fasst dies zusammen: „Sie begann mit der Anerkennung des Moralisten und Psychologen; sie gipfelte in der Zarathustra-Verehrung der jungen Generation des ersten Weltkrieges; sie überschlug sich in der Nietzsche-Karikatur des Dritten Reiches, das den ‘Willen zur Macht’ erprobte; sie endet mit der endgeschichtlichen These, daß sich in Nietzsche die gesamte Metaphysik des Abendlandes folgerichtig vollende …; am ‘Zarathustrawesen’ wird die Welt genesen, verkündete 1938 das gleichgeschaltete Nietzsche-Archiv …“[11] Diese knappe Zusammenfassung der Beurteilung und Einschätzung der Werke und der Person Nietz-

[9] Zit. in: Löwith, K.: Weltgeschichte und Heilsgeschehen, Stuttgart 1953, S.196.

[10] Ebenda, S.196. Vgl. auch Figgis, J. N.: The Will to Freedom or the Gospel of Nietzsche and the Gospel of Christ, New York 1917, S.309ff.

[11] Löwith, K.: Gesammelte Abhandlungen. Zur Kritik der geschichtlichen Existenz, Stuttgart 1960, S.127.

sches reflektiert fast all die bekannten und unbekannten Deutungen Nietzsches – allen voran Heideggers, Jaspers', Freuds, Thomas Manns, Schlechtas, um nur einige zu nennen. Dass hierbei die ursprüngliche Botschaft des Zarathustra sehr selektiv wahrgenommen wird, braucht nicht betont zu werden.[12]

Die Schlüsselfrage einer kritischen Betrachtung unserer geschichtlichen Existenz ist und bleibt, ob der Gang der Geschichte einen Fortschritt, Rückschritt oder bloß eine strukturelle Wiederholung darstellt. Wir sehen in der Lehre von der ewigen Wiederkunft den eigentlichen Schlüssel zur Lösung dieses Problems. Die Frage nach dem Sinn allen Geschehens stellt Nietzsche schon als 18-Jähriger, indem er Aufsätze über ›Fatum und Geschichte‹ und ›Willensfreiheit und Fatum‹ schreibt. Die Suche nach einem christlichen Sinn des Lebens und der Welt soll der Suche nach dem Sinn aus der Geschichte und Wissenschaft weichen.

Auf der einen Seite begegnet uns auf Schritt und Tritt die große Kontinuität in der Bewegung der Naturdinge, in der Idee der ewigen Wiederkehr, worin die Geschichte zu einem Zufälligen schrumpft; auf der anderen Seite aber können wir auch nicht den Willen leugnen, den der Mensch zweifelsohne besitzt und durch den er die Geschichte gestalten will und in der Tat gestaltet. Ob die tatsächliche Gestaltung den Gestaltungsintentionen entspricht, ist und bleibt fraglich. Dies wirft die Frage auf, ob unsere Geschichte nicht doch ein Teil der großen kosmischen Naturgeschichte ist. Will man in der Geschichte bleiben, so kann man das Übergeschichtliche nicht erblicken. In der Konzeption seines Übermenschen scheint Nietzsche den gesuchten Standort gefunden zu haben, von dem aus er alles überblicken kann. Nietzsche sucht einen unhistorischen, überhistorischen Standpunkt jenseits der drei von ihm herausgearbeiteten Arten der Historie – der monumentalischen, der antiquarischen und der kritischen. In seiner Schrift ›Unzeitgemässe Betrachtungen‹ stellt Nietzsche unter der Überschrift „Vom Nutzen und Nachteil der Historie für das Leben“ diese drei Betrachtungsweisen meisterhaft dar.

Nietzsche will die Historie von der Vorherrschaft der Geschichtsphilosophie à la Hegel befreien und sie weder bloß monumentalistisch noch antiquarisch erzählen. Nietzsche will die Historie dem Leben dienstbar machen. Daher ist nach ihm die Hauptaufgabe der Geschichtsschreibung auch und gerade eine Kritik im Dienste des Lebens. In seiner ›Genealogie der Moral‹ macht Nietzsche dies deutlich. Der Strom der Geschichte ist ein mächtiger, und Philosophen wie Kant, Hegel und Marx haben diesen

[12] Vgl. Ghasempour, M.: Zarathustras Konzeption einer elementaren Ethik und Nietzsches Zarathustra-Rezeption, in: Ethik und Politik aus interkultureller Sicht, Bd. 5, Amsterdam 1996, S. 131 ff.

Strom zu bändigen versucht, indem sie von einer geschichtsphilosophischen Botschaft das Leben zu deuten versuchen, auch wenn das Leben immer wieder dagegen protestiert. Nietzsche klagt eine solche Geschichtsphilosophie an, die das Leben ruiniert, indem sie es von einer übermächtigen Instanz her bestimmt. Ob das souveräne Individuum Nietzsches es wirklich schafft, den starken Strom der Geschichte zu bändigen, ist indes auch nicht sicher, denn selbst die Einsicht in das Ja-Sagen der ewigen Wiederkehr ist ein Geschichtsmodell, das zwar das Teleologische der alten Geschichtsphilosophie zurückweist, jedoch das Unverfügbare nicht domestiziert.[13]

Auch wenn Nietzsche die Menschen aufruft, Geschichte zu machen, das Chaos zu organisieren, übernimmt er sich doch, wenn er den Anthropos 'übermenschlich' erhöht. Nietzsches Kritik des Subjekts als Aberglauben zu Ende gedacht, muss die ewige Wiederkehr zum eigentlichen Täter machen. Dies um so mehr, wenn er davon spricht, dass wir Menschen des Menschen müde geworden sind. Nietzsche scheint in das Gattungswesen Mensch kein Vertrauen zu setzen, und es mag daher nicht ganz abwegig sein, in seiner Theorie des Übermenschen doch eine kompensatorische Projektion zu vermuten. Es ist richtig, dass Nietzsche von jedem geschichtsphilosophischen und theologischen Synergismus frei ist, doch die Spannung zwischen seinen drei Lehren: „vom Willen zur Macht", von dem Übermenschen und von der ewigen Wiederkehr behält eine Ambivalenz. In seinem dionysischen Bejahen des Lebens wird die Unverfügbarkeit der ewigen Wiederkehr deutlich.

Nietzsche sieht aber auch eine Antinomie zwischen Wille und Fatum. Durch seine so genannte Willensfreiheit koppelt sich der Mensch von der Bindung an das Ganze der Natur ab, aber das Fatum nötigt ihn wieder in die organische Verbindung mit der Gesamtentwicklung im Kosmos. Besäße der Mensch eine absolute Freiheit, so würde er Gott gleichen. Wäre er auf der anderen Seite nur dem Schicksal ergeben, so gliche er einem Automaten. Von Zarathustra lernt Nietzsche auch diese Spannung in dem Gestaltungswillen des Menschen. Der Mensch ist und bleibt ein Kampfplatz zwischen dem, wie die Dinge sein sollen und dem, wie sie immer wieder sind. Nietzsches Protest ist letzten Endes, so möchte man sagen, ein Protest gegen die Konstitution der menschlichen Natur. Kann man diesen Protest mit der Willensfreiheit in Verbindung bringen? Kann nicht der freie Wille doch nicht in der tiefen Einsicht bestehen, die höchste Potenz des Fatums sei eigentlich der freie Wille, und in einer nicht zwanghaften Annahme dieser Einsicht von der ewigen Wiederkunft bestehe die eigent-

[13] Vgl. Kittsteiner, H.-D.: Listen der Vernunft. Motive geschichtsphilosophischen Denkens, Frankfurt a. M. 1998, S. 132ff.

liche Demut und die Würde der Menschen? Denn was für eine Logik muss es sein, die uns einsichtig machen will, der Mensch verdiene eine unvergleichlich bessere Behandlung in und von der großen Natur, außer dass wir Menschen es so gerne hätten. Nietzsche bewegt sich anscheinend auf eine solche Lösung hin, auch wenn der Wille zur Macht den Übermenschen aus der ‘großen Uhr des Daseins’ herausnehmen möchte. Der Mensch fürchtet sich vor der Vereinnahmung durch die ewige Wiederkehr des Gleichen, doch sein Protest gegen diese allzumenschlich gedeutete Vereinnahmung endet in seiner fantastischen Kompensationswerkstatt.

In dem Entwurf seiner Autobiographie fragt Nietzsche nach dem eigentlichen Standort, da er seiner christlich-protestantischen Herkunft entwachsen sei. Nietzsche schreibt: „Und so entwächst der Mensch allem, was ihn einst umschlang; er braucht nicht die Fesseln zu sprengen, sondern unvermutet, wenn ein Gott es gebeut, fallen sie ab; und wo ist der Ring, der ihn endlich noch umfaßt? Ist es die Welt? Ist es Gott? –“[14] Mit anderen Worten: Nietzsche fragt hier: Sind wir im christlichen Gott verankert und beheimatet oder in dem großen Ring des Seins der Welt? Er spitzt dieses Dilemma noch weiter zu und erblickt ein Entweder-oder zwischen dem höchsten Sein der ewigen Wiederkehr und einem persönlichen Gott, der die Welt aus dem Nichts schafft. In der ›Fröhlichen Wissenschaft‹ kündigt Nietzsche eine Lösung dieses Problems unter dem Titel „Das größte Schwergewicht“ an. Er plädiert für die Erlösung nicht durch Gott am Kreuze, sondern durch die Zurücknahme des Selbst in die kosmische Ordnung einer notwendigen und unparteiischen Wiederkehr. Eine solche Erlösungsidee zeigt tief liegende Verwandtschaften mit dem asiatischen Denken, vor allem mit dem taoistischen, das auch die Unparteilichkeit des großen Himmels lobpreist und dem Menschen den Ratschlag gibt, sich ohne Groll mit der Idee eines gleichberechtigten Eingebettetseins in dem Haushalt der großen Natur zu befreunden.

Die ewige Wiederkehr beschreibt Nietzsche so: „Dieses Leben wie du jetzt lebst und gelebt hast, wirst du noch einmal und unzählige Male leben müssen: und es wird nichts Neues daran sein, sondern jeder Schmerz und jede Lust und jeder Gedanke und Seufzer und alles unsäglich Kleine und Große deines Lebens muß dir wiederkommen …“[15] Diese Zeilen deuten darauf hin, dass Nietzsche noch mit dem Ethischen beschäftigt ist. Noch, meint Löwith, entdeckt Nietzsche nicht die metaphysische Lehre von der ewigen Wiederkehr, sondern erst als ein „ethischer Imperativ“, so zu leben, als ob „die ewige Sanduhr des Daseins“ immer wieder umgedreht

[14] Nietzsche, F.: Werke in zwei Bänden, Bd. 2, S. 655.

[15] Zit. in: Löwith, K.: Weltgeschichte und Heilsgeschehen, S. 198.

würde, um jede unserer Handlungen mit dem Gewicht einer unentrinnbaren Verantwortung zu beschweren.[16]

Die Idee von der ewigen Wiederkehr, die in der Schrift ›Die fröhliche Wissenschaft‹ noch rein ethische Züge trägt, wird in der Schrift ›Also sprach Zarathustra. Ein Buch für Alle und Keinen› zu einer unumstößlichen metaphysischen Wahrheit, denn der Zarathustra Nietzsches offenbart erst in der ewigen Wiederkehr die „höchste Art alles Seienden". Zu einer neuen Art des Lebens ruft uns Zarathustra auf. Dieser Zarathustra ist erwacht aus seiner langen Krankheit und bewegt sich auf die neue „große Gesundheit" hin. Dies ist die entscheidende und auch befreiende Erfahrung, die in einer Verwandlung und Wiedergeburt besteht. Es gibt daher zwei „Wahrsager": erstens, den Wahrsager des neuzeitlichen Nihilismus und zweitens den eigentlichen Wahrsager der ewigen Wiederkunft. Bei der Wahrheit der ewigen Wiederkehr ist die Krankheit zum Tode eigentlich schon überwunden, denn es geht nun um das ewige Werden und Vergehen. In dem Anhang zu der Schrift ›Die fröhliche Wissenschaft‹ heißt es: „An Goethe:

Das Unvergängliche
Ist nur dein Gleichnis!
Gott, der Verfängliche,
Ist Dichter-Erschleichnis ..."[17]

Die nihilistische Verkündigung von dem ersten Wahrsager führte zur Verzweiflung und Traurigkeit, dass alles um sonst sei, dass alles sinnlos sei. Aber durch den zweiten Wahrsager erlebt Zarathustra die Befreiung, weil er sich jetzt von den allzumenschlichen Absichten befreit. Er hat nun begriffen, dass es eine zweckfreie Wiederkunft des Gleichen gibt. Die Frage nach dem Warum ist eine allzumenschliche Frage und geht auf das Konto des selbstverschuldeten Anthropozentrismus. In dieser Lösung sieht Nietzsche den 'Ausweg aus einer zweitausendjährigen Lüge', der das alte christliche Zeitalter beendet und ein antichristliches neues Zeitalter einläutet. Auf einmal begreift Nietzsche, dass der ganze Unfug von Fortschritt, Humanität, Schöpfung, Sündenfall, Erlösung, Anfang, Ende usw. ein Ende hat. Ja, die Frage nach dem Sinn der Geschichte ist jetzt fast gegenstandslos geworden, denn neben Mensch und Geschichte erscheint nun eine dritte Macht, die mächtiger und bestimmender als diese beiden ist, die Macht von der ewigen Wiederkehr des Gleichen. Zarathustra verkündet daher die ewige Wiederkunft am Ende der modernen Illusion. Diese Wiederkunft hat ein Doppelgesicht: Schöpfung und Zerstörung, Freude und Leiden. Während seiner Genesung von der Krankheit zum

[16] Vgl. ebenda, S. 198.

[17] Nietzsche, F.: Kritische Studienausgabe, Bd. III, Berlin 1988, S. 639.

Tode lässt Nietzsche die Tiere sagen: „Alles geht, alles kommt zurück: ewig rollt das Rad des Seins. Alles stirbt, alles blüht wieder auf; ewig läuft das Jahr des Seins. Alles bricht, alles wird neu gefügt; ewig baut sich das gleiche Haus des Seins. Alles scheidet, alles grüßt sich wieder; ewig bleibt sich treu der Ring des Seins. In jedem Nu beginnt das Sein; um jedes hier rollt sich die Kugel dort. Die Mitte ist überall. Krumm ist der Pfad der Ewigkeit."[18] Zarathustra kostet es viel Mühe, bis er einsieht, dass die eigentliche erlösende Lehre die von der ewigen Wiederkunft ist, die alle Wesen in der großen Demokratie aller Dinge gleich behandelt. Auch wenn Nietzsche den Gedanken vom „Willen zur Macht" nie ganz aufgibt, kommt er der erlösenden Einsicht sehr nahe, dass Übermensch-Werden bzw. Übermensch-Sein eigentlich eine freiwillige Akzeptanz der Lehre von der ewigen Wiederkunft ist.

Diese Lehre von der ewigen Wiederkunft überwindet sowohl die Zeitlichkeit als auch Geschichtlichkeit, und sie lässt die Frage nach dem Sinn der Geschichte als eine allzumenschliche Frage erscheinen. Mit Nietzsche nimmt der Mensch sowohl von einer theozentrischen als auch von einer anthropozentrischen Anthropologie und Geschichtsphilosophie Abschied und nähert sich sozusagen einer kosmozentrischen reflexiv-meditativen Besinnung. Es ist in diesem Zusammenhang interessant zu beobachten, dass Zarathustra, der immer noch nicht mit dem ewig rollenden, aber krummen Pfad des immer wiederkehrenden Seins seinen Frieden schließen will, gerade von seinen Tieren überredet wird, dies zu tun. Aber in einer Weise, die jenseits allen Protests das bedingungslose Ja zum Sein bedeutet und willig zu wollen hat, was von Natur aus ist und daher auch sein darf und muss. Wenn durch die Umwertung aller Werte das radikale Nein zu allem, was es bis jetzt in der europäischen geistesgeschichtlichen Tradition gegeben hat, gesagt worden ist, gilt es, dieses 'Nein-Tun' als eine positive Ja-Stellung zur ewigen Wiederkunft anzunehmen. Dass der Mensch trotz seiner Vernunft oder vielleicht gerade wegen seiner Vernunft keinen richtigen bejahenden Zugang zur Weisheit der ewigen Wiederkehr findet und es die Tiere sind, die Zarathustra dies nahe legen, deutet auch auf eine gleichberechtigte Stellung des Menschen im Kosmos hin. Es geht um die Eitelkeit der menschlichen Sonderstellung, die aufgegeben werden muss.

Zarathustra lebt nun im 'Mittag' der Vollendung als des geglückten Augenblicks. In einem solchen Augenblick der Vollendung leben heißt, dass Zarathustra nun ein 'segnender und Ja-Sager' ist. Die Weisheit dieses Mittags ist die eigentliche tiefe Ewigkeit, die Nietzsche besingt. In dieser

[18] Zit. in: Löwith, K.: Weltgeschichte und Heilsgeschehen, S. 200.

willigen Bejahung der ewigen Notwendigkeit scheint der Widerspruch zwischen Fatum und Freiheit gelöst zu sein. Im „Zarathustra“ schreibt Nietzsche:

> „Schild der Notwendigkeit!
> Höchstes Gestirn des Seins!
> – das kein Wunsch erreicht,
> das kein Nein befleckt,
> ewiges Ja des Seins,
> ewig bin ich dein Ja: denn ich liebe dich, o Ewigkeit.“[19]

Dieses Ja zum Sein, zur ewigen Wiederkehr darf nicht verwechselt werden mit einem plumpen Naturalismus, der an Stelle der menschlichen Natur die kosmische Natur bevorzugt. Wenn es hier um einen Naturalismus geht, dann ist damit nur gemeint, dass es im großen Haushalt der großen Natur unterschiedliche Gattungen mit unterschiedlichen Eigenschaften gibt und dass alle diese insofern nebeneinander gleichberechtigt existieren, als sie alle in ihrer je spezifischen Weise den Gang der Dinge zu gehen haben. Entgegen Hegels Vorsehungsplan geht es hier auch nicht um eine gottgewollte Notwendigkeit. Nach dem Tod Gottes bejaht Nietzsche den Stirb-und Werde-Prozess in der ewigen Wiederkehr. Dieses Werdesein ist die Botschaft des Dionysos, dessen Seele mit der Zarathustras sehr eng verwandt ist. Beide, Dionysos und Zarathustra sind gegen Christus (der Antichrist ist das erste Buch des ›Willens zur Macht‹), denn die Frage der Bejahung einer entgöttlichten Welt des Werdens hängt mit dem Thema zusammen: Dionysos – der Gekreuzigte. So bekommt die Wiederkunft des Gekreuzigten einen anderen Sinn, welcher aus der Lehre von der ewigen Wiederkunft her zu verstehen ist. Auch die Feier, die beim Fest des Esels von den Freunden Zarathustras veranstaltet wird, deutet auf eine antichristliche Tendenz hin, denn die Anbetung eines Esels war ein beliebter Vorwurf gegen die frühen Christen. Der Esel wird in diesem Zusammenhang charakterisiert durch sein ewiges, einfältiges „I-A“-Sagen.

Nietzsche vertritt fast leidenschaftlich die Ewigkeit des sich wiederholenden Kreislaufs. In einem Brief an Burckhardt, den Nietzsche hoch schätzte, schreibt er nach dem Ausbruch seiner Krankheit, dass er seine Baseler Professur geopfert habe, um sich selbst zu retten als „Narr der neuen Ewigkeiten“.[20] Zu diesen neuen Ewigkeiten gehört wesentlich die Entdeckung der antiken und auch der asiatischen Lehre von dem Kreislauf der kosmischen Natur. Es ist wie eine Ironie, dass Nietzsche gerade die heidnische Ideengeschichte nach fast zweitausend Jahren erneuert, welche von Augustin und auch von Hegel zurückgewiesen worden ist im

[19] Nietzsche, F.: Kritische Studienausgabe, Bd. VI, S. 405.
[20] Zit. in: Löwith, K.: Weltgeschichte und Heilsgeschehen, S. 201.

Geiste einer stufentheoretischen Erklärung der Religionen und Philosophien. Für Augustin wandeln die Heiden gottlos im Kreise. Nietzsches Liebe, Bewunderung und Verehrung für die antike Welt (und auch für die asiatische) nimmt jedoch in dem Maße kontinuierlich zu, wie er vom Tod des christlichen Gottes immer mehr und tiefer überzeugt wird. Jenseits der christlichen Moral erkennt Nietzsche zum ersten Mal in der Lehre der ewigen Wiederkunft die eigentliche neue Quelle des echten Philosophierens. In der Schrift ›Jenseits von Gut und Böse‹ wird diese ausführlich dargestellt.

Nietzsche ist ein durch das Christentum hindurchgegangener Heide. Nicht nur die Lehre von der ewigen Wiederkunft, die von Justinus, Origenes und Augustin polemisch erörtert wird, sondern auch alle Hauptargumente der christlichen Apologeten gegen die heidnischen Philosophen tauchen vom entgegengesetzten Standpunkt her bei Nietzsche wieder auf. Für Nietzsche ist der christliche Glaube zu roh und kleinlich, denn er revoltiert gegen die große Ordnung der kosmischen Natur und möchte sie durch einen göttlichen Eingriff ersetzen.

Die neue Entdeckung der alten Lehre von der ewigen Wiederkehr durch Nietzsche taucht aber nicht in ihrer ursprünglichen, unreflektierten, aber intuitiv sicheren Einfachheit auf. Fast 2000 Jahre des Christentums liegen dazwischen. Auf dem Boden der christlichen Erfahrung, der christlichen Botschaft und auf Grund der Enttäuschung von ihr ‘verkündet’ Nietzsches ›Zarathustra‹ seine Lehre. Nietzsches Verkündigung ist auch eine Art Evangelium, ein Evangelium aber, das die Unschuld, die Allmacht und die Unparteilichkeit der ewigen Wiederkunft predigt. ›Zarathustra‹ ist ein antichristliches Evangelium. Weit davon entfernt jedoch, echt heidnisch zu sein, ist Nietzsches neues Heidentum dem Christentum nachgeahmt, denn auch hier geht es um eine fast allein selig machende Verkündigung, mit dem Unterschied freilich, dass diese eine antichristliche Verkündigung ist. „Nietzsches neues Heidentum“ ist nach Löwith, „dem Wesen nach christlich, weil es antichristlich ist“.[21] Diese scheinbar paradox klingenden Worte Löwiths bedürfen einer Erklärung. Nietzsche – und hierin liegt eigentlich die tiefste Aporie seines Seelenlebens – entdeckt freilich das alte Heidentum, verwandelt es – so Löwith – verhängnisvoll, weil er in seinem unbändigen Drang nach einer vom Willen zu schaffenden Zukunft vom christlichen Geist beseelt ist. Nietzsche sucht immer noch ein ‘Jenseits’ von Gut und Böse. In der Lehre von der ewigen Wiederkunft, die er auch bejaht und leidenschaftlich vertritt, findet er jedoch keinen Ort für das gesuchte Jenseits. Nietzsche schwankt zwischen einer willigen Hinnahme der Lehre von der ewigen Wiederkehr und dem Willen, doch noch etwas Großes jenseits aller Geschichte hervorbringen zu

[21] Ebenda, S. 203.

können, was dem ewigen Kreislauf entrinnen könnte. Mensch und Natur befinden sich noch in einem Streit in der Seele Nietzsches. Wo Nietzsche die ewige Wiederkehr als einen schrecklichen Gedanken, als das größte Schwergewicht bezeichnet, macht er deutlich, dass er seiner Lehre vom „Willen zur Macht" unterliegt und, an Stelle eines Gleichmuts im Geiste der ewigen Wiederkehr, zu einem Panaktivismus neigt.

Nietzsches Zarathustra überwindet Gott und auch das Nichts, d.h. die Leere, welche Gottes Tod hinterlässt; er präsentiert sich auch als der 'erlösende Mensch der Zukunft'. Nietzsches subjektiver Wille scheint nicht willig schweigen zu wollen und denkt immer noch an eine Macht, die sich, wenn nicht gegen, so doch neben die Allmacht der ewigen Wiederkehr stellen möchte. Was für ein tragischer Dualismus geboren aus dem Geist des Willens zur Macht! Mit Recht weist Löwith hier auch auf das Ungriechische in Nietzsche hin. Er schreibt: „Nietzsches ganze Philosophie ist ein ›Vorspiel zu einer Philosophie der Zukunft‹. Kein Grieche gab sich mit der entfernten Zukunft ab … Ebenso ungriechisch ist Nietzsches Zusammenfassung seines philosophischen Systems im Begriff des *Willens zur Macht*, der als ein Wille zu etwas auf die Zukunft gerichtet ist, obwohl der ewige Kreislauf des Kosmos jenseits von Wille und Vorsatz ist."[22]

Nietzsche, der über Schopenhauer einen Zugang zum asiatischen, buddhistischen Denken suchte, fand nicht die gesuchte Ruhe nach seinem Ja zur ewigen Wiederkunft. Der Gedanke des „Übermenschen" in unheiliger Allianz zum „Willen zur Macht" verhinderte dies. Nietzsche scheint geahnt zu haben, dass Übermenschsein sich in die ewige Wiederkehr einfügen bedeutet. Das Vorgehen eines Zen-Meisters hätte Nietzsche hier weiter helfen können. „Bevor man Zen studiert hat, sind Berge Berge und Flüsse Flüsse; während man ihn studiert, sind Berge nicht mehr Berge und Flüsse nicht mehr Flüsse; sobald man aber eine Erleuchtung gehabt hat, sind Berge wieder Berge und Flüsse Flüsse."[23]

Nietzsche möchte eine absolute Verantwortlichkeit lehren und sieht in der Theorie der ewigen Wiederkehr eine willkommene Hilfe. Diese Lehre benützt Nietzsche als einen 'Hammer'. Es nützt jedoch wenig, nachdem Nietzsche den Tod Gottes verkündet und die Herrlichkeit der ewigen Wiederkunft besungen hat. Und schließlich ist die Frage nach einer Verantwortung im Rahmen der Lehre von der ewigen Wiederkehr nicht so recht am Platz. Nietzsche möchte, die Zeit, die Geschichte mögen sowohl kreisförmig als auch linear verlaufen.

[22] Ebenda, S. 203.

[23] Suzuki, D. T.: Zen Buddhism: Selected Writings of Suzuki, hrsg. von W. Barrett, New York 1956, S. XVI–XVII. Zit. in: Fann, K. T.: Die Philosophie Ludwig Wittgensteins, München 1971, S. 99.

Die Aporie in der Gesamtlehre Nietzsches besteht eigentlich in seinem Willen zur Macht, zur Gestaltung, Veränderung und Zerstörung, wobei dieser Wille sich nicht im Kreis bewegen will und vielleicht auch nicht kann. Daher entsteht für den Zarathustra Nietzsches das Problem der Erlösung, ein Problem, das nach dem Tod Gottes der Wille allein lösen muss, denn die Stelle eines erlösenden Gottes ist nun leer geworden. Die Tragik einer solchen 'Willensmetaphysik' besteht darin, dass der Willensakt sich nicht unter die ewige Wiederkehr unterordnen will. Dass eine willentliche Unterordnung unter die ewige Wiederkehr einer erlösenden Einsicht nahe kommt, ist dem Willen zur Macht nur schwer akzeptabel.[24] Die Frage nach der Erlösung bleibt jedoch bestehen, und Nietzsche möchte, dass der Wille sich selbst erlöse, indem er das Ungewollte wollen und akzeptieren lerne. Wenn aber in diesem Lernen der Wille die größten Anstrengungen, die teils seiner Natur zuwiderlaufen, auf sich nehmen muss und nur notgedrungen ein Ja zur ewigen Wiederkehr sagt, dann ist die einfache und alles bestimmende Botschaft aus der Lehre von der ewigen Wiederkunft doch nicht vernommen worden. Der Antichrist Nietzsche ist noch Christ genug, um die Idee eines schöpferischen Willens nicht ganz aufgeben zu können. Löwith meint, dass das Schaffen-Wollen Nietzsches „aus der jüdisch-christlichen Tradition, aus dem Glauben, daß Welt und Mensch durch Gottes Willen geschaffen sind“, stammt.[25]

Das biblische und theozentrische 'Du sollst' ist eher verständlich und durchführbar, wenn man den Glauben an Gott besitzt und seine Gebote befolgt. Der ewigen Wiederkehr gegenüber macht aber das voluntaristische 'Ich will' keinen rechten Sinn. Ein solches 'Ich will' kann sich tödlich steigern in einem über-menschlichen Willen, der sich übernimmt und übermütig wird und in einer selbstverschuldeten Verblendung das wahre Wesen des „Übermenschen“ durch den „Willen zur Macht“ definiert. Es ist fraglich, ob Nietzsche von einem solchen Begehren freizusprechen ist. Mit Recht weist Löwith darauf hin, dass Nietzsches Lehre in entscheidenden Momenten „in zwei unvereinbare Bruchstücke auseinander bricht: in eine Darstellung der ewigen Wiederkunft als einer im Wesen der natürlichen begründeten Wahrheit, die er mathematisch und physikalisch zu erweisen suchte, und in eine davon gänzlich verschiedene Darstellung derselben Lehre als eines moralischen Postulats, das sich durch seine praktischen Konsequenzen bewähren soll“.[26]

[24] Vgl. Löwith, K.: Nietzsches Philosophie der ewigen Wiederkehr des Gleichen, Stuttgart 1956.

[25] Löwith, K.: Weltgeschichte und Heilsgeschehen, S. 204.

[26] Löwith, K.: Gesammelte Abhandlungen, Stuttgart 1960, S. 139.

Dass Nietzsche nicht nur und nicht immer der 'letzte Schüler des Dionysos' war, sondern auch als „Antichrist" noch „Christ" blieb, bezeugen seine Worte, die der Unterredung Zarathustras mit dem sich nicht im Amt befindlichen Papst (nach dem Tod Gottes freilich) entnommen sind. Am Ende des Gesprächs scheinen der Papst und Zarathustra sich gut zu verstehen, und der Papst sagt zu Zarathustra: „Du bist frömmer als du glaubst, mit einem solchen Unglauben! Irgendein Gott in dir bekehrte dich zu deiner Gottlosigkeit ... In deiner Nähe, ob du der gottloseste sein willst, wittere ich einen heimlichen Weih- und Wohlgeruch von langen Segnungen: mir wird wohl und wehe dabei. Laß mich dein Gast sein ... für eine einzige Nacht! Nirgends auf Erden wird es mir jetzt wohler als bei dir! Amen. So soll es sein! sprach Zarathustra mit großer Verwunderung ..."[27]

Eine der zentralen Fragen bei der Beurteilung der Philosophie Nietzsches, die immer wieder gestellt worden ist und immer noch gestellt wird, ist die folgende: Ist Nietzsche doch dann ein Priester des „Willens zur Macht", der durch den Mund Zarathustras die Botschaft vom Übermenschen bringt? Mit anderen Worten: Braucht die Lehre von der ewigen Wiederkunft überhaupt einen Verkünder? Solange solche Verkündigungen sich noch im Rahmen der philosophischen Diskussion halten, sind sie erfrischend und eher harmlos; werden sie aber religiös und/oder politisch, dann können sie gefährlich werden, denn die Fehler, so meint David Hume, der Philosophen sind höchstens lächerlich, aber die der Theologen, und auch Politiker sind gefährlich. Kann man den vergleichsweise geringeren Einfluss Nietzsches in den angelsächsischen Ländern von einer solchen Warnung her, verbunden mit dem Commonsense und einer gesunden Portion Skepsis, erklären?

Das folgende Trilemma macht m.E. die in Spannung befindlichen Momente in der Philosophie Nietzsches deutlich: Erstens, ist die Tatsache der ewigen Wiederkehr uns Menschen übergeordnet, dann ist die Rede von der Erlösung fast sinnlos. Zweitens, hat die Rede von der Erlösung doch einen Sinn, dann hat die Rede von der ewigen Wiederkehr keinen Sinn. Und drittens, soll aber sowohl die Rede von der ewigen Wiederkehr als auch die von der Erlösung der Menschen und der Welt doch sinnvoll sein, dann ist die Frage: Woher stammen die Spannung und die Unvereinbarkeit? Unsere Lesart neigt zu der folgenden Auslegung: Die einseitige Überbetonung der Lehre vom Willen zur Macht in konstitutiver Verbindung mit der Lehre von dem Übermenschen macht die Lehre von der ewigen Wiederkehr des Gleichen fast bedeutungslos. Deutet man den Willen

[27] Nietzsche, F.: Kritische Studienausgabe, Bd. IV, S. 325.

zur Macht als den Willen zur Erkenntnis, einen Willen, den der Übermensch besitzt, dann besteht die Erlösung in der willigen Annahme der Lehre von der ewigen Wiederkunft. An dem Wissenswillen Nietzsches ist kein Zweifel; seine Redlichkeit steht über allem, denn er wollte sogar – um die wissenschaftliche Wahrheit seiner Lehre zu erweisen – fünf bis zehn Jahre an einer Universität Naturwissenschaften studieren. Ein solches Studium, so möchte man aus der heutigen Sicht meinen, hätte ihn noch mehr von der Wahrheit der ewigen Wiederkehr überzeugt.

Nietzsche war anscheinend unentschieden, ob seine Lehre an sich wahr ist oder ob an sie geglaubt werden soll und muss. Man fragt sich, ob das religiöse Motiv, dass der Glaube Berge versetzt, sich hier philosophisch verkleidet. In einem Brief an Overbeck vom 10. März 1884 schreibt Nietzsche: „Ich weiß nicht, wie ich gerade dazu komme – aber es ist möglich, daß mir zum ersten Mal der Gedanke gekommen ist, der die Geschichte der Menschheit in zwei Hälften spaltet. Dieser Zarathustra ist nichts als eine Vorrede, Vorhalle – ... Denn ich bin noch weit davon entfernt ihn aussprechen und darstellen zu können. Ist er wahr oder vielmehr: wird er als wahr geglaubt –, so ändert und dreht sich alles, und alle bisherigen Werte sind entwertet.“[28]

In einem Kreislauf des ewigen Entstehens-Bestehens-Vergehens sind Mensch und Geschichte, sind Anthropologie und Geschichtsphilosophie zwar wichtig, aber nicht alles bestimmend. Nietzsches Philosophie der ewigen Wiederkehr will sagen, dass der Ort der Überwindung des Menschen der Übermensch ist und dass dieser willig die Macht der ewigen Wiederkehr bejaht und den menschlichen Willen zur Macht dieser ewigen Wiederkunft unterordnet. Dass so etwas nicht ohne Protest, ohne Groll und allzumenschliche Entwürfe vonstatten gehen kann, weist auf eine Anthropozentrik hin, deren Überwindung Nietzsches Lehre von der ewigen Wiederkunft zum Ziel hat.

Nietzsches Vision der ewigen Wiederkehr des Gleichen, soll sie nicht nur eine Erkenntnis, sondern auch eine Weisheit darstellen, welche Ruhe und Einklang mit dem bedeutet, was der großen kosmischen Natur zu Grunde liegt, ist mehr mit den asiatischen Weisheitslehren von dem gleichrangigen Eingebettetsein der menschlichen Gattung in den Haushalt der großen Natur verwandt als mit den Lehren, die von einer qualitativen Sonderstellung des Menschen im Kosmos ausgehen. Das Gedicht Sils-Maria legt eine solche Deutung der Lehre von der ewigen Wiederkehr des Gleichen nahe. Es heißt dort:

[28] Zit. in: Löwith, K.: Gesammelte Abhandlungen. Zur Kritik der geschichtlichen Existenz, S. 140.

„Hier saß ich, wartend, wartend – doch auf nichts,/
Jenseits von Gut und Böse, bald des Lichts/
Genießend, bald des Schattens, ganz nur Spiel,/
Ganz See, ganz Mittag, ganz Zeit ohne Ziel./
Da, plötzlich Freundin! Wurde Eins zu Zwei –/–
Und Zarathustra ging an mir vorbei …“[29]

[29] Nietzsche, F.: Werke in zwei Bänden, Bd. 1, S. 542.

X.

Scheler oder die Metaphysik einer werdenden Anthropologie, Theologie und Geschichtsteleologie

„Was vom Geiste kommt, kommt nicht automatisch, kommt nicht von selbst. Es muß in die Hand genommen werden! ... Der Mensch ist ein Wesen, dessen Seinsart selbst die noch offene Entscheidung ist, was es sein und werden will." (Max Scheler)

Ein Wort zuvor

In seinem Aufsatz ›Philosophische Anthropologie‹[1] teilt Gehlen die vorhandenen Entwürfe einer philosophischen Anthropologie in zwei große Gruppen ein, „nämlich in solche mit metaphysischen Einschüssen, seien diese in letzter Hinsicht theologischer Herkunft, oder seien sie durch Überanstrengung besonderer Begriffe entstanden; und in andere Entwürfe, die wenigstens der erklärten Absicht nach sich allein im empirischen Bereich bewegen sollen".[2]

Bei den modernen Autoren, die über die Menschen viel nachgedacht haben wie z.B. Heidegger, Jaspers, Scheler, Sartre, Plessner liegt nach Gehlen die erste Art des Entwurfs vor; dagegen schreibt er Alsberg, Mead, Bolk, Portmann, K. Lorenz den zweiten Entwurf zu. „Der philosophische Gehalt einer philosophischen Anthropologie, die empirisch verfährt", schreibt Gehlen fast programmatisch, „würde also einmal in der Synthese zahlreicher einzelwissenschaftlicher Resultate bestehen und andererseits in der Aufstellung spezifisch menschlicher Kategorien (Grundbegriffe) ..."[3] Handlung, Sprache, Kompensationen, Institutionen, Ethik, Moral u.a. sind solche Kategorien. Schelers Anthropologie vernachlässigt zwar das empirische Fundament nicht, transzendiert dieses jedoch.

Sind die Griechen von ihrer kosmologischen Orientierung her einer Anthropologie und Geschichtsphilosophie gegenüber recht zurückhaltend und lassen sowohl den Menschen als auch die Geschichte im Werden des ewigen Kreislaufs der Natur eingebettet sein, so zeigen Augustin und Hegel von ihren theologischen bzw. pseudo-theologischen und metaphysisch-spekulativ-konstruktiven Ansätzen her ein geradezu übertriebenes Interesse in erster Linie an der Geschichtsphilosophie und demzufolge an der Anthropologie.

[1] Vgl. Meyers Enzyklopädisches Lexikon, 1971, Bd. 2, S. 312–317.

[2] Ebenda, S. 312.

[3] Ebenda.

Der Gott Augustins und der absolute Geist Hegels bestimmten jeweils das eigentliche Wesen des Menschen und den Gang der Geschichte. Dass der Gang der Geschichte vom „Ende her“, d.h. von dem Woraufhin, im Voraus gewusst und interpretiert wird, gilt für Hegel als unumstößliche Wahrheit, die er in Anlehnung an das Christentum pseudo-theologisch und/oder idealistisch, spekulativ-philosophisch vermittelt.

Eine radikale, umwälzende, neue Orientierung findet in der Philosophie am Ende des 19. und am Anfang des 20. Jh. statt nach den bekannten drei „Kränkungen“ des menschlichen Selbstverständnisses und der Geschichtsdeutung. Erstens wurde das geozentrische Weltbild durch das heliozentrische (Kopernikus) ersetzt; zweitens wurde im Rahmen der naturwissenschaftlichen Forschung die biologische Verfasstheit des Menschen ins Zentrum gerückt, und der Mensch erhielt seine Stelle in der großen Kette der biologischen Evolution und wurde ein Naturwesen mit nur noch graduellen Differenzen zu anderen Tierarten (Darwin). Drittens machte die Entdeckung des Unbewussten durch Freud die innere Einschätzung des Menschen brüchig. Der Mensch musste seine Sonderstellung in einer solchen veränderten Lage anders bestimmen.

Dies alles führte erneut zur Vorrangstellung der anthropologischen Frage, und die philosophische Anthropologie bemüht sich heute um ein „offen-einheitliches“ Bild vom Menschen unter Berücksichtigung der verschiedenen speziellen Wissenschaften vom Menschen und dies jenseits aller rein religiösen und spekulativ-metaphysischen Annahmen. Ebenso verhält es sich mit der Geschichtsauffassung, die heute nach vielen Katastrophen großer Geschichtsentwürfe im alten Stil nicht mehr möglich ist. Nietzsche, Burckhardt, Scheler, Gehlen, Plessner, Jaspers, Löwith u.a. bemühen sich um eine philosophische Anthropologie und Geschichtsdeutung in diesem Rahmen.

Max Scheler, der neben Plessner und Gehlen zu den Vätern der modernen philosophischen Anthropologie gerechnet wird, stellt in seiner kleinen, 1928 erschienenen, grundlegenden Schrift ›Die Stellung des Menschen im Kosmos‹ die Frage nach der Sonderstellung des Menschen im großen Bereich aller Lebewesen. Nach Schelers Grundüberzeugung ist der Mensch primär weder ein erkennendes noch ein wollendes, sondern ein intentionales Wesen mit der ursprünglichen und spontanen Gerichtetheit auf die Realisierung höherer Werte. Scheler ist hier ein Phänomenologe und Metaphysiker zugleich. Es liegt nicht im menschlichen Belieben, eine Metaphysik zu haben oder auch nicht. „Er (der Mensch) hat nur die Wahl, sich eine gute und vernünftige oder eine schlechte und vernunftwidrige Idee vom Absoluten zu bilden.“[4]

[4] Scheler, M.: Philosophische Weltanschauung, Bern 1968, S. 6.

Trotz der Widerstände seitens der Realfaktoren mit ihrer Quelle im irrationalen Drang tendiert Scheler zu einer idealistisch motivierten wertphilosophischen Auffassung sowohl vom Menschen als auch von der Geschichte, die nach ihm dann in der allmählichen Vergeistigung des Dranges besteht. In diesem teleologischen Werden liegt der werthierarchische Wandel des Menschen und der Geschichte. Das Teleologische ist hier in erster Linie anthropologisch verankert und nicht geschichtsphilosophisch oder gar theologisch, so wie es bei Augustinus und noch bei Hegel der Fall war.

Der frühe Scheler versucht, in seinem bewegten Leben vom Gottesverständnis her (vgl. das Ewige im Menschen u.a.) ein Menschenverständnis zu entwickeln. Auf die Frage nach der „Idee des Menschen"[5] gibt der frühe Scheler noch die Antwort der Transzendenzbezogenheit, d.h. von der Gottessuche des Menschen her. An Nietzsche anknüpfend bezeichnet er die Menschen als einen Übergang, als eine Brücke. Der Mensch ist für Scheler hier ein theomorphes Wesen. Der nach Gott suchende Mensch steht unendlich höher als der nicht nach Gott suchende. Den Gedanken eines „homo naturalis" lehnt Scheler noch ab. Fast im Geiste einer evolutionären Lehre von Agape (Peirce) möchte Scheler keinen Gegensatz zwischen Liebe und Hass erblicken; denn Hass ist bloß die Abwesenheit von Liebe, und es ist die Liebe, die die allumfassende Kategorie darstellt. Der Bezug zur Transzendenz bleibt anthropologisch konstitutiv.

„Heidegger, Haecker und Scheler", bemerkt Löwith, „sind sich darin einig, daß der Mensch nicht aus seinem fragwürdigen Zusammenhang mit den ihm nächstverwandten Lebewesen bestimmt werden könne, weil er im Unterschied zu allen 'transzendiere': zum Sein, zu Gott ... Was in Haeckers theologischer, in Schelers theologisierender und in Heideggers ontologischer Perspektive als eine Unterbestimmung des Menschen erscheint, ist unter dem Gesichtspunkt der Natur des Menschen christlicher Platonismus."[6]

Einen neuen und sehr differenzierten Versuch unternimmt der späte Scheler in den Schriften ›Die Stellung des Menschen im Kosmos‹ und ›Philosophische Weltanschauung‹. Darin behandelt er die Themen: Mensch und Geschichte (1926), „Der Mensch im Weltalter des Ausgleichs" (1927) u.a. Zu dem Bewusstseinszustand eines „gebildeten Europäers" formuliert Scheler die berühmte These: Auf die Frage, was der Mensch sei, habe jeder gebildete europäische Mensch drei gänzlich verschiedene und miteinander letztlich unvereinbare Ideen vom Menschen und von der Stellung des Menschen im Kosmos. Es ist erstens die Anthropologie der jü-

[5] Vgl. Scheler, M.: Gesammelte Werke, Bern 1971, Bd. 1, S. 354 ff., S. 363 ff.

[6] Löwith, K.: Gesammelte Abhandlungen. Zur Kritik der geschichtlichen Existenz, Stuttgart 1960, S. 182.

disch-christlichen Tradition. Zweitens ist da die griechische Anthropologie mit der Vernunft als dem besonderen Merkmal des Menschen. Drittens handelt es sich um das naturwissenschaftliche Bild vom Menschen. Es gilt nach Scheler, diese Mehrdeutigkeit des Menschenbildes zu beseitigen; denn in der ungefähr zehntausendjährigen Geschichte ist unser Zeitalter das einzige, in dem der Mensch völlig und restlos problematisch geworden ist, indem er nicht nur nicht weiß, was er ist, sondern auch zum ersten Mal weiß, dass er dies nicht weiß.

Scheler schlägt vor, alle überlieferten Antworten zum Wesen des Menschen zur „Tabula rasa zu machen". „Das einzige, was man tun kann", schreibt er, „um sie langsam abzuschütteln, ist, diese Kategorien in ihrem geistesgeschichtlichen Ursprung genau kennenzulernen und durch diese Bewußtmachung hindurch zu überwinden".[7] Die Frage bleibt jedoch bestehen, ob Scheler dadurch die grundsätzliche Relativität überwindet.

Die Steigerung des menschlichen Selbstbewusstseins und die fünf anthropologischen Grundmodelle

Von den Anfängen des abendländischen Denkens im Griechentum und im Christentum bis zu dem neuzeitlichen Denken stellt Scheler sprunghafte „Steigerungen des menschlichen Selbstbewußtseins" fest. In Form einer Antithese fragt er: Bedeuten sie einen Prozess, in dem der Mensch immer tiefer und wahrer seine objektive Stellung und Lage im Ganzen des Einen erfasst? „Oder bedeuten sie Zunahme und Steigerung eines gefährlichen Wahnes – Symptome einer zunehmenden Erkrankung?"[8] Ist die Geschichte der Anthropologie und die der Geschichtsphilosophie ein Fortschritts- oder Verfallsprozess? Scheler bleibt hier immer noch einem linearen Zeitbild treu.

Fünf Grundtypen der Selbstauffassung des Menschen erarbeitet er in der großen Spannweite der abendländischen Geistesgeschichte. Er warnt jedoch die Leser davor anzunehmen, „daß der Verfasser dieser oder jener der fünf Ideen 'näher'stünde, geschweige sie für die wahre halte".[9] Bevor wir den schelerschen Ansatz zu seiner eigenen Anthropologie darstellen, sollen diese fünf idealtypischen Grundauffassungen des Menschen kurz erwähnt und kritisch beleuchtet werden.

Scheler sieht einen notwendigen Zusammenhang von Anthropologie und Historik und meint, dass der Grund für die so ganz verschiedenen Geschichtsauffassungen und Soziologien in den verschiedenen Ideen vom Wesen, Aufbau und Ursprung des Menschen liege. „Denn jede Ge-

[7] Scheler, M.: Philosophische Weltanschauung, Bern 1968, S. 62.

[8] Ebenda, S. 65.

[9] Ebenda.

schichtslehre", so Scheler, „hat in einer bestimmten Art von Anthropologie ihren Grund, gleichgültig, ob sie dem Historiker, Soziologen oder Geschichtsphilosophen bewußt oder bekannt ist oder nicht".[10] Die Auffassung vom Menschen und die Geschichtsauffassung bedingen sich gegenseitig.

Als die erste Idee vom Menschen bezeichnet Scheler die jüdisch-christliche Anthropologie, welche kein Produkt der Philosophie und der Wissenschaft, sondern ein Resultat des religiösen Glaubens ist. Von dem bekannten Mythos der Schöpfung des Menschen, von dem paradiesischen Zustand, vom Sündenfall bis zur Erlösung durch den Gottmenschen – all dies gehört zu dieser Anthropologie.

Es sind Geschichtsdarstellungen, die dieser Anthropologie entsprechen wie die des Gottesstaates von Augustin und die von Bossuet. Auch Hegels pseudo-theologische Geschichtsdeutung gehört hierher.

Auch wenn diese Anthropologie mit ihrer entsprechenden Geschichtsphilosophie für eine autonome Philosophie und Wissenschaft bedeutungslos ist, so ist ihr Einfluss auf die Menschen größer, als man gemeinhin ahnt. Die Angst, geboren aus dem Sündenfall, der Erbschuld, der Gebrochenheit und Hilflosigkeit des Menschen, lastet nach Scheler heute noch auf der ganzen abendländischen Menschheit. In dieser spezifisch jüdisch-christlichen Ideenwelt ist der Mensch in dem Paradox gefangen, dass er auf der einen Seite die Ebenbildlichkeit Gottes aufweist und auf der anderen Seite dennoch Schuld auf sich geladen hat. Daher ist nicht er der Herr der Geschichte, sondern nur Gott. Es geht hier also um eine Heilsgeschichte. Von einer Säkularisierung, wie dies später der Fall ist, kann hier nicht die Rede sein. Noch sind Mensch und Geschichte nur in Gott verankert. Anthropologie und Geschichtsphilosophie haben sich noch nicht von der Theologie emanzipiert.

Die *homo-sapiens*-Anthropologie ist nach Scheler eine Erfindung der Griechen. Der Mensch als vernunftbegabtes Wesen unterscheidet sich von den Tieren qualitativ; er besitzt eine Fähigkeit, über die Welt und über sich selbst nachzudenken. Diese Vernunft des Menschen ist eine Teilfunktion des Weltlogos, der diese Welt und ihre Ordnung immer neu hervorbringt, nicht nur im Sinne einer einmaligen Schöpfung und Erlösung, sondern im Sinne eines ewigen Bewegens, das Entstehen, Bestehen und Vergehen umfasst. Ganz gleich, ob die Vernunft ein Abbild der göttlichen Vernunft ist oder nicht, der Mensch als Vernunftwesen beherrscht die abendländische philosophische Szene von Aristoteles, Augustin, Thomas von Aquin, Descartes, Spinoza, Leibniz, Kant bis Hegel u. a., obwohl es in den Philosophien dieser Philosophen erhebliche Unterschiede gibt.

[10] Ebenda.

Im Zeitalter der Aufklärung mit dem Mut zur selbständigen Weltgestaltung feiert diese *homo-sapiens*-Anthropologie ihren größten Triumph. So kann Hegel in der Einleitung zur Philosophie der Geschichte sagen, der einzige Gedanke, den die Philosophie an die Weltgeschichte heranbringt, ist der der Vernunft. Nach ihm ist die Weltgeschichte vernünftig.

Scheler sieht in Hegels Philosophie eine Art „Panlogismus"; denn die Lehre von der Allmacht der Vernunft steigert sich so weit, dass es fast zu einer Identität zwischen der göttlichen und der menschlichen Vernunft kommt. Hegel sieht die Triebe und Leidenschaften nur als Diener des Logos. Er meint, die „List der Vernunft" lasse die Leidenschaften für sich wirken und im Werden der Weltgeschichte sei die Geschichte des Selbstbewusstwerdens des absoluten Geistes zu erblicken. Mit dem biologischen Wandel der menschlichen Natur hat die Geistesanthropologie nichts zu tun. Daher sagt Scheler, dass Hegels Geschichtslehre im Rahmen der *homo-sapiens*-Anthropologie die ausgeprägteste sei.

Nietzsche und Dilthey haben kritisch die Selbstverständlichkeit – ja die Gefährlichkeit – dieser Idee entlarvt. Heute ist diese großartige religiös-metaphysische Idee nicht mehr selbstverständlich, und das Vermögen der Vernunft wird, Dilthey zufolge, zur Hypothese oder zum Postulat.[11]

Die *homo-faber*-Anthropologie, die dem naturalistischen, positivistischen, ja pragmatistischen Denken zugrundeliegt, stellt die dritte Idee vom Menschen dar. Der grundlegendste Unterschied zwischen dieser und der oben beschriebenen Theorie des Menschen als *homo sapiens* besteht darin, dass diese Theorie im Gegensatz zu jener keinen grundsätzlichen Wesensunterschied zwischen dem Menschen und dem Tier annimmt. Es sind prinzipiell im Menschen dieselben Elemente, Kräfte und Gesetze am Werke, nur mit größerer Komplexität. Der Mensch ist ein Triebwesen, und das, was er stolz seinen Geist, seine Vernunft nennt, ist keine autonome metaphysische Größe, sondern eben eine Weiterentwicklung der Kräfte, die sich auch in der Tierwelt befinden. Der Mensch ist hier primär ein Werkzeugtier, das auch mit seiner Sprache und deren Begriffen die Welt gestaltet.

Unterstützung fand diese Idee vom Menschen nach Scheler auch durch die triebpsychologischen Lehren von Hobbes, Machiavelli, Feuerbach, Schopenhauer, Nietzsche, Freud u.a. All die verschiedenen Triebrichtungen lassen sich nach Scheler auf die folgenden „drei Urtriebmächte" mit ihren jeweiligen, d.h. ihnen entsprechenden, Geschichtsauffassungen zurückführen: 1. die Fortpflanzungstriebe und deren Derivate (Geschlechtstrieb, Libido, Brutpflegetrieb), 2. die Wachstums- und Machttriebe und 3. die Triebe, die der Ernährung im weitesten Sinne dienen. Nach Scheler

[11] Vgl. Dilthey, W.: Gesammelte Schriften, V, Leipzig 1924, S. 88.

kommt dem Fortpflanzungstrieb eine primäre, dem Machtrieb eine sekundäre und schließlich dem Ernährungstrieb eine tertiäre Rolle zu.

Scheler weist auf die drei parallelen Geschichtsauffassungen hin: Dem Nahrungstrieb im weitesten Sinne entspricht die ökonomische (marxistische) Geschichtsauffassung mit dem, wie er ein wenig dahinsagt, „Kampf um den Futterplatz". Die Geschichtsauffassung, die die Vorgänge der Blutmischung und -entmischung betont und in der Fortpflanzung und Zeugung einer bestimmten Rasse oder einer bestimmten Art von Individuen die geschichtsgestaltende Kraft sieht, entspricht dem Urtrieb der Fortpflanzung. Scheler nennt hier die Namen Gobineau, Ratzenhofer, Gumplowicz u.a. Diese im Grunde genommen eugenische Auffassung kann unter Umständen politisch missbraucht werden. Die Geschichte belegt dies.

Dem Urtrieb „Macht" entspricht nach Scheler die letzte Abart naturalistischer Geschichtsauffassung, nämlich die machtpolitische. Es geht hier nicht in erster Linie um eine ökonomische, sondern um eine politische Macht, die als Urmotor selbst die ökonomischen, kulturellen und auch die religiösen Faktoren beeinflusst. Beide Mächte können in einer und derselben Person bzw. Gruppe vereinigt sein.

Allen diesen Auffassungen liegt ein mächtiger Glaube zu Grunde, dass es ein „Wertwachstum der menschlichen Dinge, ja des Menschen selbst" gibt. An diesem Glauben wird oft wider Willen und häufiger noch wider besseres Wissen festgehalten.

Die vierte Anthropologie, nach Scheler die Anthropologie der „notwendigen Dekadenz", bringt in das großartige Unisono der abendländischen Anthropologie und Geschichtslehre einen Missklang. Bisher ist diese Idee weder in ihrer allumfassenden Einheit noch in ihrer Bedeutung von der allgemeinen Bildungswelt begriffen worden. Scheler bezeichnet diese Idee dennoch als „eine doch lange historisch verbreitete". Diese Idee von der „notwendigen Dekadenz des Menschen" mag für die Menschen sehr beängstigend sein, aber sie „könnte ja trotzdem wahr sein", und es ziemt dem Philosophen, so Scheler, auch unangenehme Ideen zu thematisieren.

Das Neue dieser vierten Idee vom Menschen besteht darin, dass sie die Dekadenz bereits in das Wesen und den Ursprung des Menschen verlegt. Der Mensch ist nach dieser Anthropologie ein „Deserteur des Lebens", ein bloßes Surrogat.

Der Mensch ist nicht einfach das Ende einer bestimmten Entwicklungslinie; nein, er ist die Sackgasse des Lebens überhaupt. Er ist eine krankhafte Grundrichtung des universalen Lebens. Nicht der einzelne Mensch, sondern der Mensch als solcher ist krank. Das Denken gereicht ihm daher nicht zum Ruhm, sondern kennzeichnet ihn eher als Lückenbüßer. Der Mensch ist bloß notgedrungen ein Vernunftwesen. Scheler schreibt ein wenig plakativ: „'Cogito ergo sum' sagt stolz und souverän Descartes. Aber, Descartes – warum denkst du; warum willst du? Du denkst, da dir weder Instinkt noch triebhaft bestimmte technische Intelligenz ..., auf unmittelbare Weise zugeflüstert, was du zu tun und zu lassen hast! Und du denkst nicht – wie du meinst – um dich zu erheben über das Tier in neue Seins- oder Wertzonen, sondern um 'tierischer als jedes Tier zu sein'! Und was nennst du 'frei Wählen'? Du nennst so die Tatsache, daß du oft schwankst, d.h. nicht weißt, wohin und wozu ... Was ist das alles als Ganzes gesehen? ... Ich will es dir sagen ... ! Menschlein, all das, und noch viel mehr, hast du gemacht aus nichts anderem als aus deiner biologischen Schwäche und Ohnmacht heraus und aus deiner fatalen biologischen Entwicklungslosigkeit."[12] In dieser von Scheler schlagwortartig beschriebenen Lehre wird der Geist zum zerstörenden Prinzip; er nimmt die Stelle eines Dämons ein, erscheint als ein metaphysischer Parasit.

Diese Anthropologie einer notwendigen Dekadenz deutet auf eine Geschichtslehre, die im Geschichtsprozess einen fortschreitenden Zerstörungsprozess sieht. Weltgeschichte und Menschengeschichte sind demnach „Absterbeprozeß einer", wie Scheler sich ausdrückt, „von vornherein todwunden Art ..., die ein faux pas des Lebens" ist. Diese Anthropologie führt zu einem Geschichtspessimismus, zu dem „dionysischen Pessimismus" Nietzsches. Im Geiste einer solchen Anthropologie bezeichnet der französische Biologe J. Monod die Menschen als Zigeuner am Rande des Kosmos, der für deren Musik taub ist. Jenseits der Alternative einer fortschrittlichen und immer wiederkehrenden Geschichtsdeutung vertritt diese Anthropologie eine Verfallstheorie der Geschichte.

Die letzte und die fünfte Anthropologie erhöht das Selbstbewusstsein des Menschen im Gegensatz zu der Demütigung, die er durch die vierte Anthropologie der notwendigen Dekadenz erfahren hat. Es geht dabei um eine Vergötterung des Menschen, um die „Übermenschenidee" Nietzsches, die neu belebt und rational untermauert wird. Scheler nennt diese Anthropologie eine des „postulatorischen Atheismus der Verantwortung" und sieht in D.H. Kerler und N. Hartmann ihre richtigen Vertreter.[13]

Im Gegensatz zu dem postulatorischen Theismus Kants und auch im Gegensatz zu dem Postulat einer Erwünschbarkeit Gottes, das alle bisherigen Atheismusarten kennzeichnet, besagt der postulatorische Atheismus der Verantwortung die Unerwünschbarkeit Gottes. Der alte Atheismus mag bedauert haben, dass die Existenz Gottes aus vielerlei Gründen wie z.B. dem des Bösen in der Welt, wegen des unfriedlichen Weltlaufs, wegen

[12] Scheler, M.: Philosophische Weltanschauung, S.80.

[13] Vgl. Kerler, D. H.: Weltwille und Wertwille, Leipzig 1921; Hartmann, N.: Ethik, Berlin 1926.

der Unerfassbarkeit Gottes u.a. nicht bewiesen werden kann; dieser neue Atheismus dagegen vertritt die These, dass ein Gott weder sein darf noch existieren soll, und dies um des Sinnes vom Dasein des Menschen willen.

Scheler zitiert in diesem Zusammenhang das viel diskutierte tiefsinnige Wort Nietzsches: „Wenn es Götter gäbe, wie hielte ich es aus, kein Gott zu sein; also gibt es keine Götter." Anthropologie möchte der Theologie vorausgehen. Solange sie dies will, aber es sich nicht leisten kann, muss sie die Spannung, die zwischen Anthropos und Theos immer bestanden hat, tragen, und wenn nötig, ertragen.

Nach N. Hartmann ist der Mensch als sittliches Wesen, als Person nicht mehr vorstellbar, wenn es eine Gottheit gibt, die letzten Endes alles zu Geschehende festgelegt hat. „Man hat zu wählen: entweder Theologie der Natur oder des Seienden überhaupt, oder Teleologie des Menschen."[14] Gottesexistenz entrechtet die Menschen in ihrer Stellung im Kosmos.

Heinrich Kerler radikalisiert die Position N. Hartmanns, was er in einem Brief an M. Scheler sehr provokativ ausdrückt: „Was schiert mich der Weltgrund, wenn ich als sittliches Wesen klar und einsichtig weiß, was gut ist und was ich soll? Gibt es einen Weltgrund und sollte er zusammenstimmen mit dem, was ich als gut einsehe, so sei er als mein Freund geachtet; stimmt er nicht damit zusammen, so werde ich auf ihn spucken, auch wenn er mich und meine Zwecke als daseiendes Wesen zermalmt."[15]

Die Leugnung Gottes, die mit dieser Anthropologie einhergeht, bewirkt keineswegs eine Verantwortungsentlastung, sondern eher „die denkbar äußerste Steigerung der Verantwortung und Souveränität". Nietzsches Empfindung vom Tod Gottes wird hier so vertieft, dass diese Anthropologie fast zu einer Rechtfertigung für den toten Gott wird. Auf nichts kann der Mensch sich hier verlassen; und er muss im Geiste dieser Anthropologie seine Verlassenheit nicht bedauern oder beweinen, sondern als eine Chance begreifen, um Ideenordnungen zu setzen.

Der späte Scheler, der sich mit dem asiatischen religiösen und philosophischen Gedankengut befasste, merkte, dass der Buddhismus gerade eine solche Anthropologie im Sinne hat. Unter der Überschrift ›Zum Sinn meiner Metaphysik‹ finden sich einige Blätter im unveröffentlichten Nachlass. Dort heißt es: „Ich sah, daß in Asien die Metaphysik der Religion vorhergegangen war; daß Religionen aus Metaphysik entspringen können. Ich sah auch den Grund, daß im Abendland die Religion der Metaphysik vorherging."[16]

Das Geschichtsverständnis auf dem Boden einer solchen Anthropologie

[14] Hartmann, N.: Ethik, Berlin 1926, S.185.

[15] Zit. in: Scheler, M.: Philosophische Weltanschauung, Bern 1968, S.86.

[16] Scheler, M.: Nachlaß, Ana 315 CCV, 29, S.132.

möchte mit Nietzsche in der 'Erzeugung der höchsten Exemplare der Menschheit' den Sinn der Geschichte erblicken. Freilich bleibt auch hier die eigentliche Frage der Verantwortung des Menschen und seiner Geschichte offen; denn etwas Ahistorisches, Übergeschichtliches, etwas wie die ewige Wiederkehr des Gleichen in der kosmischen Ordnung muss es geben, soll der Mensch in der Suche nach seiner Verantwortung im ganzen Erfolg haben.

Die Stufen des Lebendigen

Scheler leugnet eine eigenmächtige Selbstverankerung des Menschen und der Geschichte; er will auch nicht sein Menschenbild im rein Biologisch-Physischen aufgehen lassen. Im Weltgrund findet er die gesuchte Verankerung. Daher ist das Urteil Gehlens über Schelers Anthropologie, sie sei metaphysischen Zuschnitts, zutreffend.

Scheler versucht einen neuen Anfang jenseits der von ihm ein wenig plakativ beschriebenen fünf idealtypischen Anthropologien bzw. Geschichtsauffassungen in der gesamten abendländischen Geistesgeschichte. Dabei geht er methodisch so vor: Will man die Sonderstellung des Menschen im Kosmos genau bestimmen, so kann man dies nicht, indem man die Ergebnisse anderer Menschenwissenschaften außer acht lässt, sondern nur indem man auf dem Boden des Eingebettetseins des Menschen im Ganzen der Planzen-, Tier- und Menschenwelt seine Sonderstellung erarbeitet.

Das Lebendige kennt viele Stufen. In der Pflanzenwelt beobachten wir, dass die Pflanzen von selbst zum Licht drängen. Sie besitzen demnach ein dumpfes Gefühlsleben mit dem unbewussten Drang, sich weg von etwas und hin zu etwas zu bewegen. Keinen Unterschied können wir auf dieser Stufe machen zwischen Gefühl und Trieb. Scheler nennt diese Lebensstufe „Gefühlsdrang". Es existiert auf dieser Stufe keine Empfindung, kein Bewusstsein, keine Vorstellung usw. In den Vorgängen der Fortpflanzung und des Wachstums beobachten wir den Gefühlsdrang. Diese Basis des pflanzlichen Lebens bildet zugleich die Grundlage alles Lebendigen, den Menschen eingeschlossen.

Der „Instinkt" gehört zur zweiten Stufe des Lebendigen. Darunter versteht Scheler das angeborene und erbliche Verhalten, was sinnvoll der Arterhaltung dient. Das instinktive Verhalten ist auch durch einen rhythmischen Ablauf gekennzeichnet. Die instinktiven Verhaltensmuster verlieren ihre strikte Artgebundenheit, je mehr das Instinktleben eines Lebewesens aus der Artgebundenheit heraustritt. So entsteht die dritte Stufe des Lebendigen, die Scheler mit dem Ausdruck „das assoziative Gedächtnis" bezeichnet. Diesem Gedächtnis verdankt das Lebewesen, wenn es Gewohnheiten entwickelt, die das Leben erleichtern. Es zeigt sich auf dieser Stufe auch die Fähigkeit, das Verhalten auf Grund von Beobachtung, Probieren u. dgl. zu ändern. Das Lebewesen wird dressurfähig. Das bekannte Prinzip von „Erfolg und Irrtum“ gehört hierher.

Wo wir aber ein plötzliches Auftreten von Verhaltensänderung beobachten, dort tritt nach Scheler eine neue Stufe auf, die er „praktische Intelligenz“ nennt. Hier geht es um eine sinnvolle Reaktion auf eine Situation. Auch bei den Tieren finden wir die praktische Intelligenz. Dazu verweist Scheler auf die Ergebnisse der Köhlerschen Untersuchungen an Schimpansen.

Im Menschen finden wir in verschiedenen Graden all die bis jetzt beschriebenen Stufen wieder. Legt man nur das bisher Beschriebene zu Grunde, um die Frage nach der Sonderstellung des Menschen zu beantworten, so löst sich diese Frage von selbst. Denn dann gibt es keinen Wesensunterschied zwischen dem Menschen und dem Tier. So scheint der Mensch bloß ein höher entwickeltes Tier zu sein. Scheler ist kein bloßer Anhänger der alten *homo-sapiens*-Anthropologie. Da er den Menschen aus dem Pflanzen- und Tierreich allein nicht hinreichend begreifen kann und er von der Sonderstellung des Menschen überzeugt ist, fragt er nach dem Prinzip, das dem Menschen seine Sonderstellung verleiht.[17]

Der Weltgrund als Ort der anthropologischen Verankerung

Die Sonderstellung des Menschen sieht Scheler in dessen metaphysischem Verhältnis zum Weltgrund, zur Transzendenz. „Das neue Prinzip steht außerhalb alles dessen, was wir 'Leben' im weitesten Sinne nennen können.“[18]

Scheler vertritt dennoch die These der homo-sapiens-Anthropologie, dass der Mensch durch den Besitz des Geistes sich wesentlich von den Tieren unterscheidet. „Das Wesen des Menschen und das, was man seine *Sonderstellung* nennen kann, steht hoch über dem, was man Intelligenz und Wahlfähigkeit nennt, und würde auch nicht erreicht, wenn man sich diese Intelligenz und Wahlfähigkeit quantitativ beliebig, ja bis ins Unendliche gesteigert vorstellte.“[19]

Das neue Prinzip, das in der Lage ist, das menschliche Leben adäquat zu erklären, heißt bei Scheler „Geist“, und es lässt sich auf keine Formen des Lebens zurückführen. Das Prinzip „Geist“, welches allem Leben entgegengesetzt ist, ermöglicht es den Menschen, sich prinzipiell von den vielfältigen organgebundenen Abhängigkeiten abzulösen. Dieses Sich-befreien-Können von dem Druck des Lebens lässt uns auch begreifen, dass der

[17] Vgl. Scheler, M.: Die Stellung des Menschen im Kosmos, München 1982, S. 36 f.

[18] Ebenda, S. 37.

[19] Ebenda.

Geist niemals ein Produkt der natürlich-biologischen Evolution sein kann. Schon hier legt Scheler den Grundstein zu seinem Dualismus, nämlich Leben und Nicht-Leben, Natur und Geist, den er auch mit seiner Theorie des einen Weltgrundes nicht überzeugend überwinden kann. Scheler ist von einem Monismus überzeugt. Ebenso jedoch will er dem Instinkthaften, dem Dranghaften gerecht werden. Diese Spannung begleitet nicht nur seine Biographie, sondern auch seine Philosophie.

Einem Wesen mit Geist kommt nach Scheler „Weltoffenheit“ zu. Der Mensch kann sich loslösen von der Bindung des organischen Lebens. Daher ist er „umweltfrei“. Demgegenüber zeigen die Tiere „Umweltgebundenheit“. Scheler teilt „das Drama des tierischen Verhaltens“ in drei Akte ein, wie er es ausdrückt. Beim Tier ist erstens von einer bestimmten Zuständigkeit des Nervensystems auszugehen, und es gibt bestimmte Instinkte, Triebimpulse und Wahrnehmungsmöglichkeiten, die dieser Zuständigkeit entsprechen. In den ‘sicheren Zäunen und Grenzen seiner Umweltstruktur’ lebt das Tier weiter. Es wird zweitens eine Reaktion zeigen, welche dem leitenden Triebziel angemessen ist. Dies geschieht instinktiv, ohne jede Überlegung. Dieser Reaktion des Tieres folgt freilich eine Veränderung der Welt. Schließlich verändert sich drittens der physiologische und psychische Zustand des Tieres. Es stellt sich eine neue Situation her, die entweder eine Befriedigung oder aber eine weitere Spannung bedeuten kann.

Auch wenn der Mensch nicht ganz frei ist von einem Zustand, der durch physiologische und psychische Faktoren bestimmt ist, so nimmt sein Verhalten doch wohl einen anderen Weg. Scheler spricht von dem „neuen Drama“, wenn er das menschliche Verhalten analysiert und beschreibt. Der erste Akt dieses Dramas besteht darin, dass der Mensch durch die Vorstellung eines Gegenstandes, durch das „pure Sosein“ von etwas motiviert werden kann. So durchbricht der Mensch den geschlossenen Kreis des tierischen Verhaltens, indem er sich frei macht von Triebimpulsen und von einer nur sinnlich erfassten Umwelt. Der Mensch erlebt und reagiert; er erlebt einen Gegenstand, den er sich selbständig vorstellt. So entdeckt der Mensch in sich selbst ein freies Zentrum der freien Reaktion, und Scheler nennt es das „Personzentrum“. Die Aufgabe eines solchen Zentrums kann entweder in der Hemmung eines Triebimpulses oder auch in der Enthemmung bestehen. Drittens erlebt dann die Person eine Veränderung der Gegenständlichkeit einer Sache, und dies ist auf die eigene Zuständigkeit des Menschen bezogen. Diese Veränderung wird als eine selbstwertige und endgültige erlebt, was wiederum auf das Nichteingeschlossensein des Menschen in einer Umwelt hinweist. Scheler nennt die Form eines solchen Verhaltens die „Weltoffenheit“, die die Unabhängigkeit von dem Umweltbann darstellt.

Nicht das Tier, aber der Mensch, der freilich nicht in dem geschlossenen Kreis von Wahrnehmung und Reaktion auf die Umwelt lebt, erlebt von vornherein diese Umwelt als „Welt". Mit anderen Worten: Diese von ihm so erlebte Welt geht niemals ganz in den lebensweltlich-organischen Zuständigkeiten auf. Der Mensch hat Gegenstände, zu denen er sich verhält.[20]

Die typische Art des menschlichen Bewusstseins besteht so in der Weltoffenheit, in der Vergegenständlichung, im Erfassen von Dingen in ihrem „Sosein". Der Mensch kann der organischen Welt gegenüber eine Haltung einnehmen, die im Sinne einer rein naturalistischen Betrachtungsweise dem Leben schädlich sein kann. Der Mensch kann auch seine eigenen Zustände als Gegenstände erleben. So besitzt er ein Bewusstsein des eigenen Aktzentrums, oder wie Scheler es bezeichnet: „Selbstbewusstsein". Das Tier nimmt freilich auch wahr, aber es weiß nicht, dass es wahrnimmt. So sagt Scheler ein wenig übertreibend, „das Tier ist kein möglicher Psychologe und Physiologe".[21]

Die höchste Stufe des Bewusstseins ist die des Selbstbewusstseins. Und der Mensch besitzt es als das erkennende Ich in seinem Bewusstsein seines Aktzentrums. Dieses erkennende Ich aber, dieser Geist mit dem Selbstbewusstsein ist nicht ein Gegenstand in der Welt. Diese Unobjektivierbarkeit des Aktzentrums ist jedoch durch keine Vergegenständlichung überholbar.

Geist, Person und Ideierung

Scheler sieht den Geist als das, was sich in seinen Aktvollzügen zeigt; er ist „reine Aktualität". Daher ist das Personsein – auch eines anderen – grundsätzlich ungegenständlich. In der Liebe, d.h. in unserem Vermögen, die geistigen Akte zu vollziehen, können wir unseres Personseins gewahrwerden.

In dem Akt der Ideierung zeigt sich die Eigenart des Geistes am deutlichsten. Scheler unterscheidet eigentlich zwei Weisen, wie der Mensch auf eine Wahrnehmung, Empfindung reagieren kann. Er kann, wie es oft geschieht, nach der Ursache fragen; er kann eine Empfindung mit ähnlichen anderen Empfindungen vergleichen, er kann Überlegungen anstellen, Auswege finden usw. All dies deutet auf die Tätigkeit seiner praktischen Intelligenz hin in einer Welt voller Reize. Als ein Wesen, das den Geist besitzt, kann der Mensch aber auch Fragen stellen, die mit den organisch bedingten Empfindungen und Zuständigkeiten fast nichts zu tun haben. Just um am Leben zu bleiben, brauchten wir Menschen keine tiefsinnigen me-

[20] Vgl. ebenda, S. 41.

[21] Ebenda, S. 42.

taphysischen Fragen zu stellen. Wir Menschen stellen jedoch immer solche Fragen. So fragt der Mensch nach dem Sinn dessen, was er sieht, erlebt, erleidet, oder aber nach dem Sinn des Ganzen, was wir Welt mit den Menschen in ihr nennen. Diese Fragen haben keine praktische Motivation; sie entstammen eher einem inneren Streben des Menschen, um eine 'Einsicht' zu gewinnen in die verwickelte Beschaffenheit der Welt schlechthin. Der Mensch kann, ohne sich von einer empirischen Induktion leiten zu lassen, Einsichten allgemein gültiger Art gewinnen, die nach Scheler nicht nur die Grundlagen der Wissenschaften, sondern auch die der Metaphysik sind. Dass der Mensch ein sterbliches Wesen ist, ist anscheinend eine solche Einsicht, die uns gewiss ist, aber nicht bloß hypothetisch-induktiv gewonnen wurde. Man sollte diesen Schritt eine *eidetische Induktion* nennen.

Den Akt, in dem solche Einsichten gewonnen werden können, nennt Scheler „Ideierung". Dass der Mensch dazu fähig ist, beruht darauf, dass er prinzipiell in der Lage ist, den weltlichen Einwirkungen gegenüber eine 'asketische', eine 'nein-sagen-könnende' Haltung einzunehmen. So ist der Mensch nach Scheler der „Neinsagenkönner", der „Asket des Lebens" oder, wie Scheler auch sagt, „der ewige Protestant gegen alle bloße Wirklichkeit".[22] Die metaphysische Frage: Warum Sein und nicht vielmehr Nichts? mag von diesem Protest gespeist sein.

Man könnte nach dieser Beschreibung des sehr eigenmächtig und majestätisch erscheinenden Geistes den Eindruck gewinnen, dass er in der Tat in der Lage ist, das Weltgeschehen zu bestimmen. Dass dem nicht so ist, zeigen die weiteren Durchführungen Schelers in seiner Schrift ›Die Stellung des Menschen im Kosmos‹. Scheler selbst stellt die entscheidende Frage: „Entspringt durch diese Askese, Verdrängung, Sublimierung erst der Geist, oder erhält er durch sie nur seine Energie?"[23] Seine Antwort: Das „Nein" zur Wirklichkeit selbst ist „keineswegs das Sein des Geistes, sondern nur gleichsam seine Belieferung mit Energie".[24] Für Scheler ist der Geist eigentlich das Attribut des Seienden selbst, und es drückt sich aus in der Sammlung der 'Person'. Von diesem Geist als einer reinen Form sagt Scheler, dass er ursprünglich schlechthin ohne alle Macht, Kraft und Tätigkeit ist.[25] Nicht der Geist, sondern nur die Person handelt. Durch den Akt der Askese, des ewigen Protestierens gewinnt der Geist Kraft. Der Geist ist autonom, auch wenn er ursprünglich machtlos ist. Von den beiden folgenden Theorien: Der Geist ist ursprünglich nicht nur autonom, sondern besitzt Kraft, Energie und Eigentätigkeit (griechische Theorie), und

[22] Ebenda, S. 55.
[23] Ebenda, S. 56.
[24] Ebenda, S. 56 f.
[25] Vgl. ebenda, S. 57.

der Geist ist bloß das Resultat einer Triebsublimierung, seines Neins zur Wirklichkeit (die negative Theorie des Menschen), hält Scheler keine für richtig. Er schreibt: „Ich behaupte, dass der Geist zwar eigenes Wesen und Gesetzlichkeit hat, aber keinerlei ursprüngliche Eigenenergie; dass zwar durch jenen negativen Akt des (selbst schon geistigen) triebhemmenden Wollens die Energisierung des von Hause aus ohnmächtigen, nur in einer Gruppe von reinen 'Intentionen' bestehenden Geistes erfolge – nicht aber hierdurch der Geist allererst ‚entspringe'."[26] Man wird an die methodische Beschreibung der negativen Theologie oder an die neti,neti … – (nicht dies, nicht dies …)-Methode der Vedânta-Lehre erinnert.[27]

In diesen Deutungen liegt die viel diskutierte Schelersche Metaphysik des Geistes, eines Geistes, der sich zwar metaphysik- und ontologiefrei geben möchte und im Konkretwerden der Intentionen das Wesen seiner selbst erblickt, aber doch große Schwierigkeiten hat, den Verdacht des Dualismus loszuwerden. Könnte nicht Schelers Geist als Stimme des Protests selbst eine Beschreibung eines Zustands sein, der darin besteht, dass wir Menschen ein Unbehagen empfinden an den Dingen, wie sie sind, und stets fragen, warum so und nicht anders? Gesetzt den Fall, die Dinge wären anders. Wer garantiert uns, dass wir doch nicht die Frage nach dem Gegenteil dessen stellen, was wir wahrnehmen.

Dem Schelerschen Denken liegt eine bestimmte ontologische Konstitution des Menschen, eine bestimmte Metaphysik des Geistes zu Grunde. Je reiner der Geist ist, desto ohnmächtiger ist er. Fast melancholisch stellt Scheler fest: „Kurz und selten ist das Schöne in seiner Zartheit und Verletzlichkeit."[28] Der Romantiker Scheler spricht hier durch den Philosophen Scheler. Sein Weltbild, in dem der Mensch eine Sonderstellung besitzt, ist eine Welt, in der das Niedrige ursprünglich mächtig und das Höchste ohnmächtig ist. Unter diesem Gesichtspunkt einer stufenmäßigen Verteilung der Kräfte stellt das Werden des Menschen „den bislang letzten Sublimierungsvorgang der Natur"[29] dar.

Für Scheler blieb die Idee der Sonderstellung des Menschen heilig. Das asiatische Denken, hauptsächlich das chinesische, geht von einer Gleichrangigkeit aller Wesen im kosmischen Haushalt aus. Von einer ähnlichen Aufhebung ist auch in der Schrift von Rombach die Rede.[30] Die Konzeption einer werdenden Anthropologie erhält daher eine größere Aktualität

[26] Ebenda, S. 57 f.
[27] Vgl. ebenda, S. 58.
[28] Ebenda. S. 66.
[29] Ebenda, S. 68.
[30] Vgl. Rombach, H.: Strukturanthropologie. Der menschliche Mensch, Freiburg i. Br./München ²1993.

im Kontext der Begegnung mit dem außereuropäischen Selbstverständnis. Eine ein wenig zu optimistische Deutung könnte dazu verleiten, von einer Menschheitskultur und -philosophie zu sprechen. Eine solche Rede mag als gestelzt erscheinen, ganz fehl am Platze ist sie nicht. Dennoch gilt es, von einer realistischen Vorstellung einer Anthropologie auszugehen, die jenseits totaler Identitäten und völliger Differenzen angesiedelt ist und sich als eine „überlappende Anthropologie" begreift mit der Aufgabe, die vorhandenen Überlappungen zu stabilisieren und zu erweitern.

Die menschliche Geschichte, d.h. das ganze Weltgeschehen, könnte ein Vorgang der 'Auseinandersetzung von Geist und Leben' sein, wobei der Prozess der Sublimierung als der der Indienststellung der niedrigeren Sphären für höhere Zwecke des Seins und Werdens anzusehen ist. Scheler ist weit davon entfernt, die so genannten Realfaktoren wie die Interessen z.B. in ihrem Wirken auf das Weltgeschehen zu ignorieren. Daher heißt es, eher gegen Hegel und Marx gewendet, dass die weltgeschichtlichen Ideen nicht „auf einer Explikation bloßer Ideen beruhen, dass sie sich zu blamieren pflegen, wenn sie keine Interessen und Leidenschaften hinter sich haben".[31] Leidenschaften können nur mit noch größeren Leidenschaften bekämpft werden.

Die Aufgabe, die dem Geist im Weltgeschehen zukommt, besteht in der Funktion der „Leitung" und „Lenkung". Nach Scheler kann die Geschichte als eine zunehmende „Ermächtigung der Vernunft" und damit als eine immer größere Vergeistigung des Dranges begriffen werden. Es bleibt aber dabei, dass die guten Intentionen (und nicht nur sie) immer wieder der Energie aus der Triebquelle bedürfen, um sich tatsächlich realisieren zu können. Denn niemals herrscht Mangel an guten Ideen und Intentionen bei den Menschen.

Scheler, der gegen den Dualismus bei Descartes zu Felde zieht, meint, durch seinen die Einheit stiftenden Gedanken einer Vergeistigung des Dranges den Dualismus überwinden zu können. Im Gegensatz zu Descartes akzeptiert Scheler voll und ganz das Triebsystem im Menschen und im Tier. Ein Gegensatz von Geist und Leben lässt sich jedoch auch in der Anthropologie Schelers nicht ganz leugnen; denn der Geist als das Neinsagen-Können stellt einen „Einbruch" dar in der Welt der Fakten. Freilich möchte Scheler keinen Gegensatz im Sinne einer Feindschaft zwischen Geist und Leben sehen. Dass Leben und Geist wie der Blinde und der Lahme aufeinander angewiesen sind, belegen die folgenden Worte Schelers: „Der Geist ideiert das Leben –, den Geist aber ... in Tätigkeit zu setzen und zu verwirklichen, vermag das Leben allein."[32]

[31] Scheler, M.: Die Stellung des Menschen im Kosmos, S.68.

[32] Ebenda, S.81.

Der Geist ist, wie Scheler wiederholt sagt, kein Gegenstand in der Welt. Daher stellt er die metaphysische Frage nach dem Standort des Geistes. Weltbewusstsein und Selbstbewusstsein gehören zusammen; ebenso aber gehört das Bewusstsein eines Weltgrundes dazu. Scheler sagt: „Welt-, Selbst- und Gottesbewusstsein bilden eine unzerreißbare Struktureinheit.“[33]

Nur der Mensch, da er den Geist besitzt, vermag die Scheidung von „ist“ und „soll“ und „kann sein“ vorzunehmen. Kraft dieser Scheidung und auch Unterscheidung wird er zum Beherrscher der Natur im „Herrschaftswissen“; erweitert sich seine Innerlichkeit bis ins Ganze in seinem „Bildungswissen“, und schließlich im „Erlösungswissen“ sieht er sich frei – frei von der Natur, von der Welt, von allen anderen Zuständigkeiten, eigenes Werden zu realisieren.

Man hat vielfach den Weltgrund Schelers „Gott“ genannt, aber Scheler selbst warnt uns vor einer theologischen Vereinnahmung. „Für uns liegt das Grundverhältnis des Menschen zum Weltgrund darin, daß dieser Grund sich im Menschen ... selbst unmittelbar erfaßt und verwirklicht.“ Scheler leugnet die theistische Voraussetzung, einen geistigen, im Sinne seiner Geistigkeit allmächtigen persönlichen Gott.[34]

Ave-Lallemant bringt die Schelersche Gottesidee auf den Begriff, indem er von einem „Realwerden Gottes“[35] spricht und mit Recht auf eine Ambivalenz hinweist, die zwischen der Lebenspraxis und der Metaphysik besteht. Sowohl der Weltgrund als auch der Geist sind im Werden begriffen und stellen eine Art „Werde-Sein“ dar. Sie treffen sich in einem reziproken künftigen Gewordensein.

Die Geist-Drang-Spannung
und Schelers geschichtsphilosophisches Konzept

Die geschichtsphilosophische Konzeption in der philosophischen Anthropologie Schelers spiegelt das grundsätzlich spannungsvolle Verhältnis vom Geist zum Drang; denn der Einbruch des Geistes erhellt das Leben und zeigt den Menschen vielfältige Möglichkeiten, aber dieser Geist ist ohne jede Macht und kann sich nicht ohne weiteres gegen die vitalen Kräfte des Trieblebens durchsetzen. Der Geist will auch nicht eine parasitische Rolle spielen, will nicht ein Schattendasein führen. Geist und Drang sind die konstitutiven Merkmale der Schelerschen Anthropologie, und der dynamische Widerstreit beider wirft auch seinen Schatten auf die Mensch-

[33] Ebenda, S. 89.

[34] Ebenda, S. 91.

[35] Vgl. Ave-Lallemant, E.: Religion und Metaphysik im Weltalter des Ausgleichs, in: Uit Tijdschrift voor Filosofie, 42^{e}. Jaargang, Nr. 2, Juni 1980, S. 281.

heitsgeschichte. Eine geschichtsteleologische Konzeption liegt in der schelerschen Deutung der Geschichte als einer wachsenden Versöhnung der beiden Prinzipien von Drang und Geist. Martin Buber erblickt in dieser Tendenz der schelerschen Geist-Drang-Vermittlung gnostische Züge.[36] Unterstreicht man dagegen die schelersche These von der Ohnmacht des Geistes, so erkennt man die Brüchigkeit seines geschichtsteleologischen Entwurfs.[37] Selbst die Autonomie des Geistes trägt die Spuren der Ohnmacht und sieht sich als Reservoir der Idealfaktoren dem Drang als Reservoir der Realfaktoren gegenüber. Eine prinzipielle Offenheit, verbunden mit einer ebenso prinzipiellen Unentschiedenheit, kennzeichnet diese Gegenüberstellung. Schelers Philosophie kommt in dieser Hinsicht eine philosophische Würde zu, die jedoch nicht ohne Tragik ist.[38]

Keiner der drei Bewusstseinsweisen – Weltbewusstsein, Gottesbewusstsein und Selbstbewusstsein – schreibt Scheler das Heil in der Geschichte zu. Da der Mensch weder der reine Geist wie Gott ist noch die bloße Natur wie das Tier, sondern aus Trieb und Geist besteht, ist jede Bewegung in der Geschichte nur in Gestalt eines Kompromisses zwischen Geist und Drang denkbar.

In seinem programmatischen Vortrag „Der Mensch im Weltalter des Ausgleichs“ spricht Scheler von der Quintessenz seiner Philosophie, indem er von einem Werden sowohl Gottes als auch des Menschen und der Geschichte in einem spricht. Um dieses neuen Ansatzes willen bricht Scheler mit alten Anthropologien und Geschichtsphilosophien, die sowohl den Menschen als auch die Geschichte festschreiben; denn der Mensch (samt der Geschichte), so Scheler, „ist kein Ding – er ist eine Richtung der Bewegung des Universums selbst“.[39]

Das Mensch-Gott-Verhältnis gleicht dem der Flüsse zum Ozean. „Und von ihrem Ursprung an fühlen die Flüsse schon das Meer voraus, dahin sie fließen.“[40] So gewiss die Existenz Gottes für Scheler auch erscheint, so lässt dennoch seine Rede vom Werden Gottes Zweifel aufkommen an dessen ontologischer Statur. Freilich ist Scheler weit entfernt von Feuerbachs Anthropologisierung der Theologie; dennoch spricht er vom Werden Gottes „in mir“ und „durch mich“, was Gott beinahe zu einem noematischen Korrelat der intentionalen noetischen Akte werden lässt, und die Realisa-

[36] Vgl. Buber, M.: Gesammelte philosophische und pädagogische Schriften, Zürich 1947, S. 429.

[37] Vgl. Lenk, K.: Von der Ohnmacht des Geistes. Darstellung der Spätphilosophie Max Schelers, Tübingen 1959. Frings, M. S.: Max Scheler: Drang und Geist, in: Grundprobleme der großen Philosophen, hrsg. von J. Speck, Göttingen 1973.

[38] Vgl. ebenda, S. 52.

[39] Scheler, M.: Gesammelte Werke, Bd. 9, Bern 1976, S. 151.

[40] Ebenda, Bd. 3, Bern 1955, S. 186.

tion Gottes bleibt der zukünftigen Erfüllung überlassen. Der Gang der schelerschen Spätphilosophie wird bestimmt durch das Bemühen, Anthropologie und Metaphysik, Metaphysik und Leben in Einklang zu bringen.

Der werdende Gott oder die Theorie des Meliorismus

Im Werden des Menschen wird nicht nur das Werden der Welt erblickt, sondern auch das Gottwerden. Damit macht Scheler, sehr zum Ärgernis der abendländisch-christlichen Theologie, den Menschen zum Mikrotheos und spricht von Gottwerdung des Menschen. So gelangt er zu seinem Begriff eines „werdenden Gottes", der nur am Ende der Geschichte sein kann, wenn er überhaupt sein kann. W. James verwendet den Begriff Meliorismus und meint damit die pragmatische Theorie der Religion, wonach die Erlösung weder als notwendig (so wie die Optimisten meinen) noch als unmöglich (wie die Pessimisten), sondern vielmehr als eine Möglichkeit betrachtet wird.[41] Wendet man diese Auffassung auf das Werden Gottes an in dem und durch den Menschen und in der Geschichte, so erhalten wir eine melioristische Theorie Gottes in der Religionsphilosophie Schelers.

Schelers Anthropologie nimmt in ihrer Spätphase die Theologie in sich hinein und sieht zwischen dem personalen Gott und dem personalen Menschen keine wesentliche Trennung. Nicht um sonst war daher die katholische Kirche von diesem späten Scheler enttäuscht. Der Terminus „der werdende Gott" bereitete schon den konservativen Kreisen Kopfzerbrechen. Scheler wollte jedoch in der *creatio continua* das gemeinsame Werden von Gott und Mensch in der Geschichte verankern. Dass dies zur Ablösung von der Kirche führte, ist konsequent, aber nicht beabsichtigt gewesen; denn gerade er als viel versprechende Hoffnung war angetreten, Wissen und Glauben miteinander zu versöhnen.

Die Idee eines werdenden Gottes in der Philosophie Schelers darf nicht dazu führen, dass der Mensch sich anmaßt, Gottesallmacht zu besitzen. Der schelersche Gott ist nicht durch eine Schöpferkraft ausgezeichnet, sondern in der Hauptsache durch seinen ethischen Kern. Gott kann nur durch den menschlichen Geist in der Geschichte realisiert werden. „Wir lehnen die Lehre von dem absolut allmächtigen guten und weisen Gott als Grund der Welt ab. Der Grund der Dinge ist Werdesein, und mit der Welt als Geschichte gegenseitig solidarisch. Es kann auch in Gott nicht „vollkommener Friede" sein, sofern er nicht in der Welt ist ... Wir sind weder „Knechte", „Diener", noch „Kinder Gottes", sondern Freunde und Mitkämpfer um den solidarischen Frieden in Gott und Welt. Die Selbstreali-

[41] Vgl. James, W.: Pragmatism and the Meaning of Truth, London 1978, S. 137 f.

sierung Gottes vollzieht sich nicht ohne die Weltgeschichte, die Geschichte des Menschen … Eine „dingliche Vergottung" eines Schöpfers und damit den Begriff „übernatürliche Offenbarung" weisen wir zurück."[42]

In scharfem Gegensatz zu Augustin und auch zu Hegel betont Scheler mehr die kosmisch-göttliche Verbundenheit als die Abhängigkeit. Der Metaphysiker Scheler ist kein Ontologe in der Theologie. Das kosmische Eingebettetsein des Menschen ist ein Gedanke, der die Spätphilosophie Schelers in die Nähe des chinesischen „Universismus" rückt, wonach es ein Kontinuum zwischen dem Menschen und der Natur gibt. Das Prinzip, das dem Universismus im Gegensatz zu dem noch anthropozentrisch orientierten Universalismus zugrundeliegt, ist folgendes: Das, was die kosmische Geschichte trägt, trägt auch die Menschheitsgeschichte, aber nicht umgekehrt. Scheler spricht von einer großen unsichtbaren Solidarität aller Lebewesen untereinander im Alleben. Und es gilt, diese Solidarität heute neu zu entdecken und zu üben.

Unter dem Terminus „Ausgleich" versteht der späte Scheler die tragfähige Mitte zwischen den Rassen, Geschlechtern Religionen, Kulturen und Philosophien. Dem Ausgleich kommt ein Verzichtcharakter zu. Dem Ausgleich zwischen Europa und Asien räumt Scheler eine Vorrangstellung ein; aber der Ausgleich hat nichts mit einer blinden Übernahme einer anderen Tradition, Kultur oder Religion zu tun. Ein Gelingen des Ausgleichs wird sowohl unser Selbstverständnis als auch das Geschichtsverständnis modifizieren, erweitern oder gar verändern. Das ist die Mächtigkeit der Hermeneutik hinsichtlich der Anthropologie und Geschichte.

Weltgeschichtlicher Ausgleich und die Elite

Die eine Menschheit hat weder eine bestimmte Rasse noch eine bestimmte Religion als Ausgangspunkt; diese sind auch nicht ihr Ziel. Die eine Menschheit stellt die Zielrichtung dar. Die Weltgeschichte besteht nach Scheler weder in einem rhythmischen Ablauf (Spengler/Toynbee) noch in einer kontinuierlichen Bewegung auf ein bestimmtes Ziel hin. Beide Auffassungen sind „europäisch eingeengte Geschichtsauffassungen".[43] Der späte Scheler hat längst seinen früheren Eurozentrismus hinter sich gelassen.

Die Struktur der Weltgeschichte „gleicht vielmehr einem Flußsystem, in dem eine große Anzahl von Flüssen Jahrhunderte ihren besonderen Lauf verfolgen, die sich aber, von unzähligen Nebenflüssen gespeist, schließlich in steigendem Neigungswinkel zueinander zu einem großen Strom zu ver-

[42] Scheler, M.: Die Idee des Friedens und der Pazifismus, München 1974, S. 21 f.

[43] Scheler, M.: Philosophische Weltanschauung, S. 99. Vgl. Frings, M. S.: Gott und das Nichts, in: Phänomenologische Forschungen, Bd. 6/7, 1978, S. 118–140.

einen streben."[44] Obwohl die Geistesmetaphysik Schelers keine Beweise für eine teleologische Geschichtsauffassung liefert, neigt Scheler zu der Ansicht, dass die Bewegung der Weltgeschichte auf eine Allmenschheit hin angelegt ist und dass dies durch die beiden Funktionen des Geistes – Leistung und Lenkung des Dranges – erreicht werden könnte. Diese eher intentionale Auffassung von der Geschichte ist ihrer Erfüllung weder von vornherein sicher noch völlig pessimistisch. Auf der Weltbühne sollen die entgegengesetzten, aber auf Ausgleich, auf Kompromiss angewiesenen Kräfte des Lebens und des Geistes miteinander kooperieren, um so die Weltharmonie der einen Menschheit (das eigentliche Wesensmerkmal des Weltgrundes) zu realisieren. Scheler plädiert für Einheit ohne Einheitlichkeit.

Man vermag jedoch nicht vorauszusagen, ob dieses Spiel auf der Weltbühne eine Fortentwicklung zum Besseren ist. Von einer agnostisch-skeptischen Geschichtsmetaphysik her lässt sich die tiefe Sorge Schelers um den Ausgang des Experiments „Ausgleich" begreifen; denn auch hier ist alles offen, und Scheler zitiert mahnend, aber vorausahnend die Worte des Franzosen Gratry: „Nicht nur der Einzelne, auch die Menschheit kann als Heiliger oder als Schuft enden, je nach dem sie will."[45]

Scheler meint in partieller Anlehnung an Nietzsche, dass nur eine neue, jenseits aller Rassen-, Ideologien- und Religionsschranken angesiedelte Elite die große welthistorische Ausgleichsaufgabe lösen kann. „Meine Überzeugung", schreibt Scheler, „geht dahin, daß die Elite als Gruppe, die den kommenden Ausgleich in die rechten Wege leiten muß, sich als solche *keiner* positiven Kirche wird verschreiben dürfen".[46] Oft wird vergessen, dass Scheler unter Ausgleich im Wesentlichen „den inhaltlichen Ausgleich metaphysischer Ideen selbst über Gott, Welt und Mensch"[47] meint und von einer tiefen, die Verschiedenheit der Wege verbindenden Sinnidentität ausgeht. Sowohl die materialistischen als auch die rein idealistischen Geschichtsauffassungen lehnt Scheler mit der Begründung ab, dass diese nicht in den Dingen selbst begründet sind. Der ewigen Wiederkehr will Scheler aber auch nicht alles anheim stellen. Als Phänomenologe geht er anscheinend von dem phänomenologischen Schema Intention und Erfüllung aus und sucht eine von der Intentionalität des Geistes motivierte Verankerung der Geschichte. Eine solche Phänomenologie der Geschichte, welche in dem transzendentalen Vorgang sowohl die Geschichte als auch ihren Sinn konstituiert, kann nicht den Hiatus zwischen der intentionalen

[44] Scheler, M.: Philosophische Weltanschauung, S. 99.
[45] Scheler, M.: Gesammelte Werke, Bd. 9, Bern 1976, S. 150.
[46] Ebenda, S. 117.
[47] Ebenda, S. 118.

Geschichtskonstitution und dem geschichtlichen Realwerden in der Lebenswirklichkeit verdecken.

Zur Aufgabe der Philosophie

Nur als eine allgemeine Methodologie wollte Scheler das Geschäft der Philosophie nicht verstanden wissen. Denn nur die Messer zu wetzen, ohne zu essen, ist wenig sinnvoll, meint Scheler und hat Husserl im Visier. Die phänomenologische Reduktion begreift er nicht nur als eine Ausschaltung der natürlichen Weltanschauung, sondern zugleich und noch wesentlicher als eine Einschaltung von etwas, was in der natürlichen Weltanschauung nicht offen zum Ausdruck kommt.[48] Für Scheler ist die Realität nicht so sehr durch das bloße Denken, sondern in der Hauptsache durch das Erleben des Widerstandes gegeben. Reduktion als eine geistige Technik soll uns befähigen, „unsere Begierdebezogenheit zur Welt" zu zerschneiden und aufzuheben.[49] Ein solches Verständnis der eine Transformation der Person bewirkenden Reduktionspraxis weist einige erhellende Ähnlichkeiten und Differenzen mit der asiatischen Jogatechnik auf. Scheler spricht auch von dem Menschen als Asketen des Lebens. Schopenhauer stand hier Pate.

Keine Phänomenologie kann das Wirken der Realfaktoren in der Geschichte vorwegnehmen; sie will es auch nicht. Geschichte als ein intentionales Erlebnis (als ein noetischer Akt) und Geschichte als das noematische Korrelat – beide sind diesseits der eigentlichen lebensweltlichen Bühne angesiedelt. Die Realfaktoren und Triebmächte der geschichtlichen Welt (wie Macht, Interessen usw.) unterliegen nicht ganz den geistigen Intentionen, sind aber ihnen auch nicht ganz fremd. Eine bloße Phänomenologie der Geschichte ist jedoch zu transzendental.

Einer solchen von uns hier kurz angedeuteten Phänomenologie der Geschichte stellt Scheler fast unphänomenologisch die Metaphysik einer Selbst-, Welt- und Gottesanschauung entgegen, „welche den Menschen sowohl als Geistwesen wie als Triebwesen in dem göttlichen Urgrund verwurzelt" sieht.[50] Daher kann Scheler, ausgehend von seiner Idee des Weltgrundes als der der Vereinigung von Leben und Geist, den Weltgrund als das bezeichnen, was „als Substanz über beide Gegensätze erhaben" ist und „in dem aber erst im Laufe der Weltgeschichte, und nicht unabhängig von menschlicher Tat, die Einigung von Geist und Leben, von Idee und Macht erfolgt".[51]

[48] Vgl. Scheler, M.: Gesammelte Werke, Bd. 8, Bern 1960, S. 78.
[49] Vgl. Scheler, M.: Gesammelte Werke, Bd. 9, S. 100.
[50] Scheler, M.: Philosophische Weltanschauung, S. 115.
[51] Ebenda.

Von einer höchst personalistisch-metaphysischen Stellung des Menschen im Kosmos entwirft Scheler ein ebenso personalistisch-metaphysisches Bild vom Weltgrund, auf dem und in dem er die große Versöhnung idealiter ebenso metaphysisch vorwegnimmt. Er ist ein Antimetaphysiker insofern, als er das Ende der Geschichte offen sein lässt; er ist aber doch ein Metaphysiker in seiner Überzeugung von der Solidarität zwischen Selbst-, Welt- und Gottesbewusstsein. Er ist und bleibt unentschieden, ob er in seiner Anthropologie bzw. Geschichtsauffassung griechisch, heidnisch-asiatisch oder europäisch-christlich denken soll.

Scheler konzipiert eine Anthropologie, die schöpferisch genug sein soll, um die Menschen zu verändern. Seine werdende Anthropologie ist jedoch mit der Hypothek seiner Wesensmetaphysik belastet. Die Einlösung der Hypothek bleibt offen. Der Mensch ist und bleibt der Ort der Verschränkung von Drang und Geist, wobei das Werden sich nicht nur auf die Anthropologie und Geschichtsteleologie, sondern auch auf die Theologie bezieht. Dass der Mensch einen unfertigen Gott nicht ertragen kann, hat man Scheler vorgeworfen. Am Ende seiner Schrift ›Die Stellung des Menschen im Kosmos‹ schreibt er hierauf Bezug nehmend: „Meine Antwort darauf ist, daß Metaphysik keine Versicherungsanstalt ist für schwache, stützungsbedürftige Menschen.“[52] Diese romantischen und ein wenig hochmütigen Worte vermochte Scheler auszusprechen, denn „noch nicht konfrontiert mit einer zerbrochenen Welt hat er … nie die Kraft gefunden, die nachromantische Tradition zu durchbrechen“.[53]

Schelers Philosophie enthält, ihrer Intention nach, eine ontologiefreie teleologische Deutung des Menschen und seiner Geschichte in einem offenen chancen-, aber auch risikoreichen Raum; denn es gibt keine Garantie für ein glückliches Ende der menschlichen Geschichte. Ebenso wenig ist sie von vornherein zum Scheitern verurteilt.

Schelers Leben, seine Wissenschaft vom Menschen und seine Geschichtsauffassung machen deutlich, wie spannungsreich und unentschieden der Kampf zwischen Drang und Geist ist. Weder der eine noch der andere Kontrahent trägt ganz den Sieg davon; aber zur harmonischen Zusammenarbeit finden sie auch nicht immer. Ist diese Unentschiedenheit für die Anthropologie und Geschichtsphilosophie Schelers doch konstitutiv?

Scheler gleicht Platon und Aristoteles in Raffaels „Schule von Athen“, mit der einen Hand in die platonische Höhe des Geistes und mit der anderen in die aristotelische Ebene des realen Lebens zeigend. In der Philosophie Schelers spielen seine beiden Thesen von der Ohnmacht und Selbst-

[52] Scheler, M.: Die Stellung des Menschen im Kosmos, S. 92.

[53] Plessner, H.: Philosophie und Gesellschaft, Bern 1953, S. 123.

deificatio die beiden Stimmungen von Moll und Dur, und Mensch, Gott und Geschichte sind in ihrem Werde-Schicksal wesentlich miteinander verbunden.

In dem nur scheinbar unwichtigen und unauffälligen Ausdruck „Werden“ konzentrieren sich die ungeheure Sprengkraft und die ganze Wucht der schelerschen Philosophie. Ob wir dabei von „Seinwerden“ oder „Werdesein“ sprechen, macht keinen wesentlichen Unterschied. Dem Vorwurf, seine werdende Anthropologie mit ihrer melioristischen Hoffnung der Vergeistigung des Dranges in der menschlichen Gesellschaft und Geschichte sei zu idealistisch, mag Scheler mit seiner Überzeugung begegnen: „Das Gute soll sein, auch wenn es niemals geschähe.“[54]

[54] Scheler, M.: Die Idee des Friedens und der Pazifismus, S. 10.

XI.

Gehlen oder die Anthropologie des „Mängelwesens" und die Moral der Geschichte

Kant, Herder und Hume sind die Ahnherren der Anthropologie Gehlens. Im Zentrum der gehlenschen Anthropologie steht der Begriff „Handlung", ein Begriff, der psychophysisch neutral ist und eine Wissenschaft vom Menschen begründet. Der vierte Band der Gehlen-Gesamtausgabe besteht aus Aufsätzen zum Thema Handlungslehre, d.h. zur philosophischen Anthropologie. Die biologischen Defizite des Menschen gegenüber dem Tier sind die naturhaften Ursachen für sein Kulturleben. An die Stelle der Instinkte treten dann Institutionen, so die Lehre der Schrift ›Urmensch und Spätkultur‹ (1956). Trotz der Notwendigkeit der Institutionen als Führung des Lebens stellen sie doch auch eine Art „stabilisierte Spannung" dar, wenn sie überdeterminiert sind.

Gehlen ist bestrebt, in seiner Anthropologie eine wissenschaftlich begründete Gesamtschau des Menschen zu geben. Scheler nicht ganz ablehnend, weist Gehlen jedoch die Geist-These Schelers zurück und versucht, die Menschen von deren biologischer Verfasstheit her zu verstehen.[1] Dies hilft ihm, den schelerschen Dualismus zu vermeiden.

Gehlen kritisiert den schelerschen Dualismus von Geist und Leben und meint, dass er (Scheler) trotz seiner berechtigten Kritik an der cartesianischen Anthropologie selbst eine solche veranstaltet. Auch übt Gehlen eine besondere Kritik an dem Stufenschema Schelers – von Gefühlsdrang bis zur praktischen Intelligenz. Nach Gehlen muss ein solches Schema in eine Aporie führen: entweder gibt es einen bloß graduellen Unterschied zwischen Mensch und Tier, oder aber man nimmt einen Wesensunterschied an. Das schelersche Festhalten an einem Wesensunterschied zwischen Mensch und Tier deutet nach Gehlen auf eine Metaphysik hin, die den Geist als etwas ganz außerhalb des Lebens Stehendes betrachtet.

Gehlen erkennt die Bemühungen einer theologischen Anthropologie, ein integrales Bild vom Menschen zu entwickeln, an, aber er kritisiert die unwissenschaftliche Methode dieser Anthropologie, denn die religiöse Anthropologie setzt den Glauben voraus. Hier stimmt Gehlen mit Scheler überein.

[1] Vgl. Gehlen, A.: Rückblick auf die Anthropologie Max Schelers, in: P. Gord (Hrsg.): Max Scheler im Gegenwartsgeschehen der Philosophie, Bern, München, 1975, S. 979ff.

Auch die reduktive Tendenz einer bloß biologischen Anthropologie weist Gehlen zurück, denn der Mensch kann nicht nur aus dem Vergleich: Mensch – Tier begriffen werden. Die für eine Gesamtschau des Menschen wichtigen Fragen nach der Sprache, Phanatasie, Kultur, den Institutionen usw. müssen mit berücksichtigt werden. Der Mensch als das Handlungswesen gehört zum Kern der philosophischen Grundposition Gehlens.

Der eigentliche Gegenstand der Anthropologie ist der Mensch, und von einer Anthropologie, die diesen Namen verdient, verlangt Gehlen, dass sie alle ihre Begriffe, Aussagen, Kategorien an dem spezifischen Gegenstand „Mensch" verdeutlicht.

So ist die erste und wichtigste Aufgabe die Entwicklung eines tragfähigen Gesichtspunktes, der sowohl die biologische Verfasstheit als auch die Kulturgebundenheit des Menschen in Betracht zieht. Daher beschäftigt sich der „anthropo-biologische" Ansatz Gehlens mit der „Frage nach den Existenzbedingungen des Menschen".[2] Gehlen fragt: „Vor welchen Aufgaben steht ein solches Wesen (gemeint ist ein Wesen mit seiner morphologischen Hilflosigkeit, Instinktarmut, Unspezialisiertheit, Weltoffenheit usw.), wenn es einfach sein Leben erhalten, sein Dasein fristen, wenn es seine bare Existenz durchhalten will?"[3]

Deshalb versucht Gehlen in seinem methodischen Ansatz, den Menschen als „handelndes Wesen" zu begreifen, und verwirft theologische und spekulativ-metaphysische Ansätze. Als eine „empirische Philosophie" (so kennzeichnet übrigens Gehlen seine Anthroplogie) enthält sich seine Anthropologie der Metaphysik, räumt dem Menschen aber dennoch eine Sonderstellung in der Natur ein. Der Mensch ist sowohl ein Natur- als auch ein Kulturwesen, jedoch von seiner Natur zur Kultur gezwungen. Weil der Mensch ein organisches Mängelwesen und in jeder natürlichen Umwelt lebensunfähig ist, muss er sehen, dass er sich eine zweite Natur, eine „Ersatzwelt", die „Kultursphäre" schafft. In dieser Sphäre ist er entlastet. Ist der Mensch ein „homo compensator", so nicht aus freien Stücken, sondern aus praktisch-pragmatischen Zwecken. Nicht die Kompensation an sich ist schlecht; es kommt auf die Art derselben an.

Der Mensch als Mängelwesen

Diese These Gehlens, formuliert im Anschluss an Herder und unter Zuhilfenahme der modernen naturwissenschaftlichen Forschungsergebnisse, sieht im Menschen ein organisches Mängelwesen. Denn ein Vergleich Tier–Mensch zeigt deutlich, dass der Mensch von Natur aus schlechter

[2] Gehlen, A.: Der Mensch, seine Natur und seine Stellung in der Welt, Frankfurt a. M. 1971, S. 16.

[3] Ebenda, S. 16.

ausgerüstet ist. Es heißt, er besitze keinen natürlichen Schutz gegen Wärme, Kälte und keinen Schutz gegen andere Gefahren in der Natur. Seine Instinktarmut mache ihn zwar „weltoffen" (Scheler), aber biologisch gesehen sei diese Weltoffenheit eher eine Unterlegenheit und keine Überlegenheit den Tieren gegenüber. Der Mensch sei auch der „Reizüberflutung"[4] ausgesetzt. Dies führt zu Selektionsproblemen, die der Mensch nicht einfach von seiner mangelhaft ausgestatteten Naturlage her bewältigen kann.

Der Mensch kommt so für Gehlen als „handelndes Wesen" in den Blick, denn die Frage ist: Wie kommt es, dass der in der Natur als Naturwesen nicht lebensfähige Mensch sich überall verbreitet hat? Mit anderen Worten: Der Mensch überschreitet die ihm von der Natur her gesetzten Grenzen. Dies kann er nur tun, indem er die äußeren Umstände, die lebensfeindlich sind, verändert. So zeigt der Mensch, dass er fähig ist, vorauszuplanen. Dass der Mensch aus seiner Unterlegenheit eine Überlegenheit macht, verdankt er seiner „zweiten Natur", d.h. seiner Kultur. Scheler bezeichnet diese zweite Natur als „Kultursphäre". Der Mensch als Kulturwesen bringt seine Existenzbedingungen planend, vorausschauend und in die Natur eingreifend selbst hervor. So scheint es, dass die Natur die Menschen als Mängelwesen entlassen habe mit der Absicht, dass sie sich in der offenen Sphäre der Welt durch Kultur behaupten. Der Mensch lebt in einer menschlichen Welt, die die von dem Menschen zweckdienlich veränderte Naturwelt ist.

Der Mensch ist also von Natur aus auf Kultur angelegt, und seine Handlungen sind notwendig, um ihn von den Belastungen, Benachteiligungen der Natur zu befreien. Statt festgelegter Reaktionsschemata besitzt der Mensch ein Reservoir von Antriebskräften (Antriebsüberschuss), und er lenkt, hemmt und bedient sich gerade dieser Kräfte.

Unter der Kategorie „Handlung" werden all die kulturellen Verhaltensweisen zusammengefasst, deren der Mensch bedarf, um leben zu können. Eine besonders wichtige Rolle spielt dabei die „Sprache". Mit Hilfe der Sprache distanziert sich der Mensch von seiner Umwelt, von den Dingen in seiner Umwelt. Er kann dadurch eine theoretische Haltung den Dingen gegenüber einnehmen. Die Sprache wird so zu einer „Zwischenwelt", die zwischen seinem Verhalten und den Dingen symbolisch vermittelt. Sprache wird auf diese Weise zu einem wichtigen Handlungsschema.

Der Mensch kann wegen dieser sprachlichen Entlastung für sich einen Raum schaffen, in dem er seine Phantasien, Entwürfe etc. entwickelt. Die notgedrungene „Weltoffenheit" ermöglicht dem Menschen, dass er sein Verhalten von den vorausgedachten und entworfenen Situationen her leiten und hemmen lässt.

[4] Gehlen, A.: Anthropologische Forschung, Hamburg 1961, S. 50.

Nach Gehlen ist der Mensch auch ein „gefährdetes, riskiertes" Wesen, denn er kann seine Triebüberschüsse sowohl positiv in seinen Kulturschöpfungen als auch negativ in den Zerstörungen der Kultursphäre einsetzen. Daher soll der Mensch seine Antriebskräfte zügeln (der Mensch als Zuchtwesen), und er bedarf daher „der Zuchtformen ... der Herrschafts- und Führungsordnung".[5] Der Institutionen bedarf der Mensch, um seine Kultur aufrechtzuerhalten. Zu Institutionen gehört fast alles, was der Mensch als Kulturwesen hervorbringt: Familie, Staat, Parteien, Kirche, Moralsysteme, Rechtsordnungen, ja sogar seine Geschichte, sofern er von seiner anthropologischen Beschaffenheit her die Weltgeschichte positiv oder negativ beeinflusst. Denn auch sein geschichtliches Sein hängt von den Entlastungen ab, die er in der Natur als Naturwesen nicht mehr hat. Freilich bleibt für Gehlen das biologische Fundament seiner Anthropologie mit der notwendigen Konsequenz für den Menschen, ein Kulturwesen zu sein, maßgebend, und er kann nicht eine Geschichtsphilosophie à la Augustin oder Hegel entwerfen, und insofern kann seinem Denkmodell ein Ahistorismus zugesprochen werden. Aber Gehlen thematisiert die Menschen nicht nur im Rahmen der Naturgeschichte, sondern auch als Wesen, die ein Ergebnis ihrer sozial-politischen, kulturellen und religiösmetaphysischen Geschichte sind.[6]

Man hat Gehlen einen Konservativismus vorgeworfen, weil er in der Aufrechterhaltung der Institutionen eine unverzichtbare Bedingung für die Erhaltung der Persönlichkeit und der liberalistisch-individuellen Werte sieht.[7]

Gehlens Analyse von der Bedeutung der Institutionen steht im Gegensatz zur gesellschaftstheoretischen Position von Rousseau, der eine Gesellschaft, die die ursprünglich gute Natur des Menschen verformt, kritisiert und die Wende „zurück zur Natur" fordert. Gehlen möchte gerade ein „Zurück zur Kultur" befürworten wegen der „fürchterlichen, unerträglichen Natürlichkeit". In der bloßen Natürlichkeit herrscht ein Chaos. Was Gehlen auch von Konrad Lorenz trennt, ist seine Überzeugung, dass das menschliche Instinktleben instabil sei und der Institutionen bedarf, um Verhaltenssicherheit zu schaffen. Gehlen stimmt in seinem Konzept von der Natur des Menschen vor aller Kultur im ganzen Hobbes zu. Während der junge Marx eine Parallelität zwischen der Veränderung der Gesellschaft und der der Natur sieht und von einer „vollendeten Wesenseinheit des Menschen mit der Natur" spricht und eine Gleichung konstruiert zwischen Naturalismus = Humanismus = Kommunismus, ergibt sich für Geh-

[5] Gehlen, A.: Anthropologische Forschung, S. 54.
[6] Vgl. Jonas, F.: Die Institutionenlehre Arnold Gehlens, Tübingen 1966.
[7] Vgl. Gehlen, A.: Anthropologische Forschung, S. 72.

len aus seiner Konzeption einer plastischen, nicht festgelegten, offenen Natur des Menschen die Notwendigkeit der Institutionen hier und jetzt. Wo ursprünglich allseitig verbindliche natürliche Maßstäbe fehlen, müssen sie notgedrungen „künstlich“ gesetzt werden. Eine solche Setzung kann aber keine metaphysische, auch keine religiöse, sondern nur eine praktisch-pragmatische Legitimation aufweisen. Hierin erweist die Institutionenlehre Gehlens ihre Ideologiefreiheit. „Wer nicht innerhalb“, so Gehlen, „seiner Umstände, sondern unter allen Umständen Persönlichkeit sein will, kann nur scheitern.“[8]

Für Gehlen gibt es einen notwendigen Zusammenhang von Anthropologie und Gesellschaftskritik, und zwar in der Weise, dass die Konstante der menschlichen Natur als das „Mangelhafte“ die Menschen zur Kultur und zur Einrichtung von Institutionen, zur Erhaltung und Verteidigung der Kultur zwingt. Die Schwäche einer solchen These besteht darin, dass nicht geklärt ist, warum verschiedene Menschen trotz der so genannten biologischen Konstanten das menschliche und gesellschaftlich-politische Verhalten anders gestalten. Die Frage erhebt sich daher: Kennen wir mit Sicherheit die Konstanten der menschlichen Natur? Und auch wenn wir sie kennten, können wir daraus ein Handlungsmuster allgemein gültiger Natur ableiten? Ist doch nicht das Geistige das von der Natur Unabhängige, aber auch das Ohnmächtige?

Beim späteren Gehlen wird die Bindung von Anthropologie und Ethik noch enger als es je gewesen ist, denn es geht hier nicht nur um Institutionen, die der anthropologischen Bestimmung des Menschen entsprechen, sondern um eine Ethik, die der Institutionentheorie entnommen werden kann. Dies ist die Geburt der Ethik aus dem Geist der Handlungsnotwendigkeit, die wiederum dem Menschen aus seinem von Natur aus mangelhaften Wesen auferlegt ist.

In seinem Buch ›Moral und Hypermoral‹, das Gehlen als eine „pluralistische Ethik“ (Bonn 1969) bezeichnet, geht es um eine Kritik an der intellektuellen Szene in der Bundesrepublik, die nach Gehlen zu einer „intellektuellen Überlastung“ zu werden drohte. Zu viel Intellektualität, d.h. zu viel und zu einseitige Kritik der Institutionen, kann den Bestand der schutzbietenden Tradition in Gefahr bringen. Den Intellektuellen warf Gehlen vor, eine solche unnötige Schwächung der Kultur zu betreiben.

Gehlen entwirft in seiner Schrift ›Moral und Hypermoral. Eine pluralistische Ethik‹ die Konzeption einer anthropologisch begründeten Verteidigung der Moral in Form seiner Institutionenlehre und eine Ethik gegen die spekulativ-konstruktive Hypermoral einer Geschichtsphilosophie, die der Mensch nicht an Menschen und seiner Kultur misst, sondern die ihre

[8] Ebenda, S. 72.

Maßstäbe sonstwoher hat. Die „Moral“ der Geschichte kann heute nicht mehr legitimiert werden durch das Aufrechterhalten der idealistischen Geschichtsphilosophie des Fortschritts; sie kann aber auch nicht in der immer noch idealistisch motivierten Setzung einer „idealen Kommunikationsgesellschaft“ gefunden werden. Die idealistische These vom Subjekt der Geschichte kann heute nicht mehr unkritisiert bleiben, denn ein solches Subjekt ist selbst ein Produkt der bürgerlichen Moral gewesen.

In dem gehlenschen Konzept des Menschen als „Zuchtwesen“ liegt eine Ethik beschlossen, nur die Formierungsrichtungen (d.h. Sittlichkeiten) der Selbst- und Fremdzucht sind so uneinheitlich, ja sogar gegensätzlich, dass es Gehlen nicht gelingt, eine allgemein akzeptable Verknüpfung zwischen den biologischen Konstanten und dem konkreten Verhalten herzustellen. Die Frage ist und bleibt ungelöst, ob das Ethische der Natur abgeschaut werden kann. Ist das Ethische dann doch nicht vielleicht der dünne Rahmen aus der Einsicht bestehend, dass der Mensch als ein biologisch determiniertes Wesen ein schutzbedürftiges ist? Gehlen spricht von „instinktnahen Sozialregulationen“ wie Gerechtigkeit, wechselseitige Verpflichtungen usw. Dabei erwähnt er „den Instinkt der Gegenseitigkeit, der anscheinend sprachnahe dem Austausch von Rede und Gegenrede parallel geht.“[9] 1956 hat Gehlen vorgeschlagen, die „rational nicht ableitbaren Institutionen“ aus der „Plastizität des Menschen“ zu erklären und zu begründen. Er spricht in diesem Zusammenhang von „einer quasi-automatischen Selbstverständlichkeit des gegenseitigen Verhaltens“.[10] Wer die wechselseitigen Verpflichtungen, Versprechungen und anderen gesellschaftlichen Verhaltensweisen partout in Frage stellen will, kann nicht überzeugt werden. Es führt kein direkter Weg vom Sein zum Sollen.

Dass Gehlen ein ethisches Programm auf der Grundlage eines rein biologischen Determinismus allein nicht aufbauen und verbindlich machen kann, deutet darauf hin, dass die große kosmische Natur im Menschen die unüberwindbare, aber nicht in allen Einzelheiten festgelegte Grenze ist. Der Mensch als Kulturwesen – ja, aber die besonderen Ansatzformen der Kultur, die den notwendigen Naturrahmen überspringen wollen – nein! Es gibt kein Heil weder nur innerhalb der Natur noch nur außerhalb derselben, sondern nur mit der Natur.

Der späte Gehlen neigt zu einer verhaltenspsychologischen Auffassung von der menschlichen Natur. Er begreift den Menschen als triebgesteuertes Wesen und sieht in der Aggressivität eine empirisch nachweisbare „biologische Vereigenschaftung“ (Moral, Hypermoral). Diese Tendenz

[9] Vgl. Gehlen, A.: Philosophische Anthropologie, in: Meyers Enzyklopädisches Lexikon, Bd. 2, S. 312–17.

[10] Ebenda, S. 316.

wird noch verstärkt, indem Gehlen beinahe das Ethische in dem Physiologischen angesiedelt sieht. Er spricht von den „physiologischen Tugenden“.

Nur eine nicht rein biologische Konzeption des Ethischen kann die Vielfalt der kulturellen Kompensationen erklären. In diesem Sinne bemerkt Plessner kritisch, der gehlensche Versuch lasse die Ethik der Biologie folgen. „Seltsam ist nur die Inkonsequenz des Konzepts. Einmal ist der Mensch als nicht von Instinkten behütetes Wesen auf kompensatorische Ausbildung künstlicher Schutzhüllen angewiesen, die ihm zu Institutionen gerinnen. Zum anderen aber sollen die ihm verkümmerten Instinktresiduen doch die Kraft haben, das ethisch-politische Verhalten zu bestimmen.“[11]

Gehlen war davon überzeugt, die Menschheit werde von Problemen belästigt, die sie wissenschaftlich nicht mehr werde lösen können, sondern nur noch moralisch. Mit Scheler übereinstimmend sah er daher, dass es auf Eliten bzw. „Schöpferische Minderheiten“ ankommen werde. Die neue „Moral“ wird keine „Hypermoral“ sein, sondern eine Neubelebung einer uns allen altvertrauten Lebenslehre: zu viel Individualität und zu großer Hang zum Wohlleben müssen asketisch überwunden werden. Es ist eine Illusion zu glauben, der Mensch könne die Welt, die äußere Natur retten, ohne gleichzeitig seine innere Natur disziplinieren zu müssen. Scheler spricht von „der Selbstbeherrschung“, die der einseitig entwickelten Naturbeherrschung im Abendland zur Seite stehen müsse, solle es einen Ausgleich zwischen dem Ideal der „aktiven Helden“ (Abendland) und dem der „Duldenden Weisen“ (Asien) geben.[12]

Im Zeitalter des Konsumerismus lehrte Gehlen, dass die christliche Tugend der Askese heute ebenso notwendig wie schwierig ist. Vieles aus dem Bereich der Religionen hat sich säkularisiert. Die Tugend der Askese wartet immer noch auf ihre Säkularisierung. Verzichtleistung wird heute nicht groß geschrieben. Im Zeitalter der technologischen Formation scheint der Mensch genötigt zu sein, Askese zu üben, weil die lebensbedrohende Verschwendung und Naturzerstörung weiter zunehmen. Gehlen, dem man einen Konservativismus vorgeworfen hat, scheint hier eher ein Ahnherr der Alternativen und Grünen zu sein. Eine der tiefsten Einsichten Gehlens besteht darin, dass er die Lösung der heutigen Probleme nicht so sehr von der Wissenschaft und der Technik erwartet, als vielmehr von einer neuen Moral. Diese neue Moral besteht in der Disziplinierung der inneren Natur des Menschen. Diese Ansicht Gehlens hat sowohl den Kapitalismus als auch den Kommunismus zum Gegner, denn beide wollen Zuwachs.

Im Geiste seiner empirisch-pragmatischen Anthropologie spricht Geh-

[11] Plessner, H.: Die Frage nach der Conditio humana, Frankfurt a. M. 1976, S. 161.
[12] Vgl. Scheler, M.: Philosophische Weltanschauung, Bern 1968, S. 106.

len von „einer Reihe von noch ungelösten, offenen Fragen". „Es handelt sich", so Gehlen, „einmal um das Verständnis von Geltungen, d.h. Folgebereitschaften, die vielleicht keine gemeinsame Wurzel haben".[13]

Die Abkopplung von der Instinktbestimmtheit des Tierreiches brachte mit sich, dass der Mensch der Verbindlichkeit in seinem Verhaltenskodex verlustig ging. Der Mensch ist nicht geschichtsmächtig, denn Geschichte widerfährt ihm immer wieder, trotz des Schutzes durch die Institutionen. Dass er diese Widerfahrnisse beweint und sein notwendigerweise kompensatorisches Dasein nicht ohne Groll bejaht, mag wohl auch an seiner Eitelkeit liegen, jenseits des großen Kreislaufs der Natur eine Sonderstellung beanspruchen zu wollen.

Kompensation an sich braucht nicht etwas Schlechtes zu sein; nur das menschliche Bewusstsein des Bedauerns, der skeptische Zynismus stört uns.

Marquard, in seinen Formulierungskünsten meisterhaft, schreibt:

„Denn der wirkliche Mensch ist nicht das triumphierende, sondern das kompensierende Lebewesen: das macht – gegen die revolutionäre Geschichtsphilosophie und gegen die evolutionäre Biologie – die philosophische Anthropologie geltend ... Sie betont jene Sonderstellung, die er behält, wo er nicht mehr die 'Krone der Schöpfung', sondern die, wie St. Jercy Lee sagt, 'die Dornenkrone der Schöpfung' ist: daß der Mensch nicht die Spezies der finalen Triumphe, sondern die Spezies der prolongierten Niederlagen ist mit dem Pensum, sie zu ertragen. Denn evolutionär gelang es dem Menschen weder, rechtzeitig auszusterben, noch frühzeitig jene Verfassung zu finden, bei der er dann bleiben konnte. So muß der Mensch ... evolutionär nachsitzen; er ist nicht – sozusagen als Träger des gelben Trikots bei der Tour d'évolution – der Spitzenreiter, sondern der Sitzenbleiber der Entwicklung, das retardierte Lebewesen ..."[14]

Auch hier erahnt man: die Quelle der Unzufriedenheit liegt wohl in dem stufentheoretischen Fortschrittsdenken, das sich durch den Gang der Geschichte nicht bestätigt findet. Es ist wohl denkbar, dass es zur Sonderstellung des notgedrungenen Kulturwesens Mensch gehört, die Fragen als sein konstitutives Merkmal bis zum Ende seiner Tage zu stellen. Die Asymmetrie zwischen den Fragen und Antworten scheint auch die Stellung des Menschen zu definieren.

[13] Gehlen, A.: Philosophische Anthropologie, Meyers Enzyklopädisches Lexikon, Bd. 2, S. 317.

[14] Marquard, O.: Homo Compensator, in: Diskurs Mensch, München 1985, S. 328.

XII.

Plessner oder das Prinzip der „offenen Frage" in seiner „exzentrischen" Anthropologie und Geschichtsbetrachtung

Bei Plessner finden wir die Ansätze von Scheler (Geist) und Gehlen (das Biologische) gewürdigt, aber in seiner integralen, d. h. nicht-reduktiven, offenen Anthropologie geht Plessner von der grundsätzlichen und nicht weiter zurückführbaren Verschränkung von Umwelt und Welt aus. Und diese Verschränkung kann weder metaphysisch (Scheler) noch biologisch (Gehlen) monokausal erklärt werden. Die Anthropologie Plessners geht von dem Primat der Frage aus, und sie bleibt prinzipiell offen für neue Interpretationen des Menschen und der Geschichte. Wegen der Verschränkung von Umwelt und Welt – „Umweltgebundenheit" und „Weltoffenheit" – bleibt die Geschichtsmächtigkeit des Menschen (ob im Sinne, dass der Mensch den Sinn der Geschichte kenne oder dass er sie allein gestalte) problematisch. Die Unergründlichkeit der Welt, die Unabschließbarkeit der Antworten auf die Frage nach dem Menschen[1] lassen die Menschen nicht mehr formelhaft festlegen. Der Mensch kann dann höchstens als „homo absconditus" bezeichnet werden.[2]

Plessners Grundeinsicht in die „Unergründlichkeit des Menschen" ist die Zurückweisung einer endgültigen Festlegung des Menschen – sei es durch Theologie oder Metaphysik oder Geschichtsphilosophie –, wonach der Mensch die Kulmination der ganzen sehr aufwändigen Evolution sein soll.[3] Eine Sonderstellung des Menschen wird aber dennoch von Plessner keineswegs geleugnet. Das Ziel seiner Schrift ›Die Stufen des Organischen und der Mensch‹ ist ja gerade jenseits aller Spekulation, das Besondere an Menschen darzustellen. Methodisch schlägt Plessner vor, von den überlieferten Lehren von Menschen bewusst Distanz zu halten. Dies gelte besonders in Bezug auf Descartes. Die Ergebnisse der Psychologie, Biologie, Medizin u. a. müssen unbedingt berücksichtigt werden, ohne dabei dem Dogma einer Spezialisierung der Standpunkte zu verfallen. Denn solche monodimensionalen Betrachtungsweisen berauben das vieldimensionale

[1] Vgl. Plessner, H.: Macht und die menschliche Natur. Ein Versuch zur Anthropologie der geschichtlichen Weltansicht (1931), in: Gesammelte Schriften, V, S. 175 ff.

[2] Vgl. Plessner, H.: Philosophische Anthropologie heute, München 1974, S. 37–50, Gesammelte Schriften, VII, S. 353–366.

[3] Vgl. Plessner, H.: Philosophische Anthropologie heute, S. 62.

lebendige Subjekt (Mensch) seines Reichtums und machen es zu einem blassen Subjekt, zu einem bloßen Draht – so Plessner –, „an dem die zur Marionette gewordene Existenz ihre toten Bewegungen ausführt".[4] Hiermit will Plessner auf die bloß „nach innen" gewandte Einseitigkeit der existenzialistischen und „nach außen" gewandte Einseitigkeit der naturwissenschaftlichen Methode kritisch hinweisen.

Das Lebendigsein nach Plessner besteht nicht nur im Körperlichen des Menschen, sondern auch wesentlich im Leiblichen, in seinen Erlebnissen usw. Daher will Plessner seine anthropologische Forschung so ansetzen, dass er die Eigenart des Menschen deutlich macht, indem er die Menschen mit den erkennbaren Stufen des Organischen in Beziehung setzt und darüber hinaus das spezifisch „Exzentrische" des Menschen herausarbeitet durch die Anwendung einer unvoreingenommenen (phänomenologischen) Methode der Beschreibung.

Ein ganz allgemeines Merkmal lebendiger Körper ist nach Plessner die Eigenschaft der „Plastizität". Unter diesem Begriff ist die besondere „Art und Weise" zu verstehen, wie die von der Umgebung begrenzten Körper dennoch keine unverschiebbaren festen Grenzen besitzen. Es geht um die Verschiebbarkeit der Grenzen, ohne dass dadurch der Körper sein Ganzsein verliert.

Neben der „Plastizität" gibt es die „Unstetigkeit im Stetigen". Dies bedeutet, dass der lebendige Körper trotz aller Regelmäßigkeiten auch Unregelmäßigkeiten in seinen Bewegungen zeigt. Es ist das Sprunghafte, das nie eine völlige Gleichmäßigkeit sein lässt. Der Mensch ist auch durch seine Unfestgelegtheit gekennzeichnet.

Um das entscheidende Merkmal des Lebendigen geht es in seiner „Positionalität". Plessner hat diesen Ausdruck als Terminus technicus geprägt, um den besonderen Sachverhalt zu bezeichnen, dass jedes Lebewesen im Unterschied zum Nichtlebendigen ein „gesetztes" Wesen ist. Ein Tisch hat seine klaren Grenzen, er bricht an und mit seiner Grenze ab. Im Falle des Lebendigen gehört die Grenze, das Grenzbewusstsein noch zu ihm. Wegen dieses Verhältnisses des Dazugehörens der Grenze – trotz der sonst von der Umgebung, Außenwelt aufgeschlossen zu sein – kann das Lebendige Verhältnisse stiften, die an der Grenze das Übersichhinaussein des Lebendigen zeigen, aber auch sein Entgegensein. Es geht um eine Art „Orthaftigkeit" des Lebendigen, die es dadurch zeigt, dass es ständig über sich hinaus gerichtet ist. Es geht, um den Sachverhalt mit einem verständlichen Paradoxon auszudrücken, um eine „orthafte Ortlosigkeit". Dieser orthaften Ortlosigkeit verdankt das Lebendige, dass es seine Identität behält

[4] Vgl. Plessner, H.: Die Stufen des Organischen und der Mensch, Berlin 1975, S. 37.

trotz der dauernden Veränderungen. Die Menschen können daher zugleich in der Vollzugswelt leben, aber auch ihre Reflexionen erleben, da sie auch wegen der Positionalität ihre Exzentrizität erleben.

Es gibt verschiedene Weisen, wie die Positionalität verwirklicht wird. In der Pflanzenwelt finden wir die Spannung zwischen der „Abgeschlossenheit“ und „Aufgeschlossenheit“ dadurch gelöst, dass die Pflanzen ihre eigenen Umgebungen besitzen. Diese Organisationsform der Pflanzenwelt nennt Plessner eine „offene“. Auf der Ebene des tierischen Lebens finden wir eine höhere Art der Rückbezüglichkeit, die eher auf ein mittelbares Verhältnis des Tieres zu seiner Umgebung zielt. Das Tier besitzt eine größere Selbständigkeit im Vergleich zu den Pflanzen. Die Verbindung zur Umgebung wird durch Organe hergestellt, und das Tier zeigt eine gewisse Selbständigkeit. Es kann daher – so Plessner – seinen Körper durchherrschen. Das Tier hat eine Mitte und bewegt sich von ihr aus und zu ihr hin. Es ist aber keine bewusste Mitte mit einer Distanz, denn das Tier geht in seinem Hier- und Jetztsein auf. „Der Gesamtkörper“ – so Plessner – „ist noch nicht vollkommen reflexiv geworden.“[5]

Die höchste Stufe der Reflexivität erreicht nur der Mensch. Er ist in der Lage, sich seines eigenen Erlebens, seiner Zentralität und seiner Positionalität bewusst zu sein. Der Mensch kann sich von sich selbst distanzieren; er kann sich selbst „erkennen“, er kann wissen, wenn er ärgerlich ist, dass er es ist. Dieses Verhältnis des menschlichen Seins, vom Zentrum der Positionalität eine Distanz gewinnen zu können, vermittelt das „Ich“, das dieses Zentrum erfahren kann. Freilich ist nach Plessner dieses „Ich“ kein eigenständiges neues Zentrum neben dem „Selbst“. Das „Ich“ hat eine Art „Fluchtpunkt“ der eigenen Innerlichkeit, sagt Plessner.[6] Von diesem Punkt aus kann dem Szenarium des Lebens zugeschaut werden. Der Mensch kann sich selbst zuschauen; er kann sein eigener Zuschauer sein, ohne dabei in zwei dualistische Zentren zu zerfallen.

Will man diesen Fluchtpunkt auch noch als einen Gegenstand erfahren wollen, so sieht man sich einem regressus ad infinitum gegenüber. Diese endlose Reflexion, die theoretisch immer weiter vollziehbar ist, bleibt jedoch unvollzogen, weil die Menschen weder eine unendliche Zeit zum Leben haben noch erfahren sie nach einigen Reflexionsstufen irgendetwas Neues.

Ist aber dieses Ich, dessen wir nicht habhaft werden können, auch das Wesentliche am menschlichen Sein, so bleibt der Mensch sich selbst verborgen mit dem Bewusstsein dieser Verborgenheit. Nicht das, was verborgen bleibt, wird gewusst, sondern sein Verborgensein. Der Mensch ist

[5] Ebenda, S. 288.
[6] Vgl. ebenda, S. 290.

mehr, als was er von sich weiß. Hierin gründet dann die „Exzentrizität" der menschlichen Positionalität. Der Mensch kann nicht mehr in seinem Hier- und Jetztsein aufgehen. Die Menschen haben von Natur aus eine Art „Heimatlosigkeit", da sie immer von einer „orthaften Ortlosigkeit" umgeben sind. Der Mensch ist in dieser Welt, aber doch nicht nur in ihr und von ihr.[7]

Gäbe es eine körperliche Organisationsform für diese „Exzentrizität" der menschlichen Positionalität, so könnten wir durch die Vermittlung unsere Exzentrizität erfahren. Es lässt sich aber eine solche Organisationsform eines Körpers nicht denken, die der positionalen Exzentrizität entspräche. Der Reflektierende in uns ist nicht mehr körperlich. Obwohl Gehlen anerkennt, dass Plessner in seiner durch erfahrungswissenschaftliche Daten untermauerten Anthropologie über die noch metaphysisch gebliebene Anthropologie Schelers hinausgeht, bemerkt er dennoch kritisch, die plessnersche Behauptung, dass das Menschsein an keine bestimmte Gestalt gebunden sei, sei falsch.[8]

In seiner Betrachtung der gesellschaftlichen Lebensweise des Menschen spricht Plessner von drei Welten, zu denen der Mensch in Beziehung steht. Es sind: Innenwelt, Außenwelt und Mitwelt. Der Mensch als kommunikatives Wesen geht prinzipiell davon aus, dass die Ort- und Zeitlosigkeit seines eigenen Ichs auch die der anderen Ichs ist. Die Mitwelt ist eine Sache, die die Menschen in ihrem Miteinander gestalten, in dem Wissen von der Grenzenlosigkeit des menschlichen Seins. Daher ist es philosophisch abzulehnen, einen begrenzten Standort zu dem Standort zu machen, denn das Ich ist ja ortlos.

Von drei anthropologischen Grundgesetzen spricht Plessner, ausgehend von der positional-exzentrischen Daseinsform des Menschen. Es gibt das Gesetz der natürlichen Künstlichkeit. Der Mensch ist nicht wie das Tier in eine Umwelt der beschränkten Offenheit seines Trieblebens „eingebaut". Das Erlebnis der eigenen Exzentrizität macht es deutlich, dass der Mensch nicht in einem Gleichgewicht ist. Er muss es immer suchen, neu gestalten und wieder herstellen. Dem Menschen kommt daher eine „konstitutive Heimatlosigkeit" zu, und diese zwingt ihn immer auf der Suche nach einem Gleichgewicht zu sein.[9]

Nicht das rein Biologische, sondern diese ewige Spannung, dieser unaufhörliche Zwang zum Ausgleich zwischen Lebenszentrum und exzentrischem Ich ist der eigentliche Ursprungsort all dessen, was wir unter Kul-

[7] Vgl. ebenda, S. 292.

[8] Vgl. Gehlen, A.: Philosophische Anthropologie, Meyers Enzyklopädisches Lexikon, Bd. 2, S. 313.

[9] Vgl. Plessner, H.: Die Stufen des Organischen und der Mensch, S. 311.

tur, Religion, Geschichte, Tradition verstehen. So ist Plessner ein Kritiker einer jeden nur biologischen, naturalistischen, spiritualistischen, religiösen Erklärung der Kultur.[10]

Den Menschen ist Natürlichkeit genauso eigen wie seine Künstlichkeit, denn in dieser „Querlage“ findet sich der Mensch von Natur aus, d.h. „aus Gründen seiner Existenzform“. Seine Künstlichkeit ist dann doch natürlich, denn er kann nicht ohne sie sein.

Plessner ist völlig eins mit Gehlen, dass der Mensch von Natur aus zur Kultur kommen muss. „Nur weil der Mensch“, so Plessner, „von Natur halb ist und (was damit wesensverknüpft ist) über sich steht, bildet Künstlichkeit das Mittel, mit sich und der Welt ins Gleichgewicht zu kommen.“[11] Kultur ist für Plessner aber keine bloße Kompensation; sie ist eher eine vorpsychologische ontische Notwendigkeit. Im Gegensatz zu Gehlen ist Plessner skeptisch gegenüber einer Verbindung von Biologie und Ethik.

Das zweite anthropologische Grundgesetz nennt Plessner „Gesetz der vermittelten Unmittelbarkeit“. Was Plessner damit meint, ist die Art und Weise, wie die Dinge gegeben sind. Der Mensch ist weder ganz Innerlichkeit noch Äußerlichkeit. Daher gehört Ausdruck (Expressivität) zum Wesen des Menschen. Den eigenen Körper und die Dinge besitzt der Mensch, aber sein Leib und sein Werk ist der Mensch selbst. Aber das Werk, das er ist, ist immer mehr oder weniger als er, denn er verliert ja nie seine exzentrische Positionsform.

Was der Mensch erfährt, erfährt er so, dass er eine unmittelbare Beziehung zu den Dingen hat, aber zugleich diese vermittelt erlebt, weil er in ihr nicht ganz aufgeht.

Als Person übernimmt der Mensch, in der Mitwelt und Sozietät lebend, Verantwortung und spielt seine entweder von ihm selbst oder von der Gesellschaft festgelegte Rolle; als Individuum dagegen bleibt er unfestgelegt und hat den großen Reichtum an Möglichkeiten. In seinem personalen Charakter stellt der Mensch seine geschichtliche Wirklichkeit dar. Wegen der positionalen Exzentrizität aber kommt die Person nie zur Deckung mit dem Individuum, und es bleibt bei dem Hiatus zwischen dem, was ist, und dem, was sein sollte.

Die menschlichen Ausdrucksweisen erfinden nicht; es sind ihnen vorgelagerte Notwendigkeiten, die ausgedrückt werden. „Nicht der Hammer hat existiert, bevor er erfunden wurde, sondern der Tatbestand, dem er Ausdruck verleiht.“[12]

Das dritte Grundprinzip ist das „Gesetz des utopischen Standorts“.

[10] Ebenda, S.309ff.

[11] Ebenda, S.321.

[12] Ebenda, S.322.

„Utopos“ heißt ohne Ort. Der Mensch erfährt seine eigene Wurzellosigkeit, seine Unergründbarkeit, seine Ortlosigkeit, denn er kann ja seine exzentrische Position nicht orten. Wegen der offenen Möglichkeiten wird jedes Erreichte wieder verlassen, und der Mensch bleibt ständig auf der Suche nach dem Gleichgewicht. Die eigene Kontingenz wird erlebt, nicht jedoch der Grund dieser Kontingenz. So bleibt die Unwissenheit unaufhebbar. Dass wir Menschen unvollkommen sind, wissen wir; warum es so ist und sein muss, wissen wir nicht. Die Methode *via negationis* ist in dieser Sachlage begründet.

Plessner formuliert das „Prinzip der Unergründlichkeit des Menschen“, das verhindert, dass wir eine Uniformierung des Fremden nach unseren eigenen Denk- und Verhaltensmustern vornehmen. Dieses Prinzip besagt „das Sich-von-der-Geschichte-getragen-Wissen, das-Sich-aus-der-Geschichte-geworden-Wissen“.[13] Nach Plessner ist dieses Prinzip verbindlich, und „das Prinzip der Verbindlichkeit des Unergründlichen ist die zugleich theoretische und praktische Fassung des Menschen als eines historischen und darum politischen Wesens“.[14]

In der allgemein verbindlichen Anerkennung dieses Prinzips liegt eine philosophische Bescheidenheit verbunden mit der Bereitschaft, auf den Absolutheitsanspruch des eigenen Kategoriensystems zu verzichten. Wer alle Möglichkeiten a priori bestimmt, handelt gegen den Geist einer Anthropologie der offenen Frage. Dies ist auch der Grund, warum Plessner sein Prinzip der Unergründlichkeit in den Mittelpunkt des anthropologischen Denkens rückt. „Nur wenn und weil wir nicht wissen, wessen der Mensch noch fähig ist, hat es einen Sinn, das leidvolle Leben auf dieser Erde zu bestehen.“[15]

Ferner ermöglicht das Prinzip der Unergründlichkeit, dass wir unseren geschichtlich-politisch verheerenden Anspruch auf die „Suprematiestellung gegen andere Kulturen“ aufgeben. Plessner plädiert für eine Geschichte, die heterogene Perspektiven aufweist und gegen die Vorstellung eines „einlinigen Fortschritts“ ist, denn es ist die Vorstellung eines solchen einlinigen Fortschritts gewesen, die „den Blick der Historiker, Soziologen und Psychologen von vornherein auf das Abendland des 18., 19. und 20. Jh. fixiert hielt, als ob ihre Zivilisation … das letzte und höchste Stadium der Menschheit repräsentiere“[16].

Plessners anthropologische Ansätze von den Prinzipien der offenen

[13] Plessner, H.: Zwischen Philosophie und Gesellschaft, Frankfurt a. M. 1979, S. 315.

[14] Ebenda, S. 317.

[15] Ebenda, S. 296.

[16] Ebenda, S. 290.

Frage und der Unergründlichkeit des Menschen verleihen der Geschichte einen empirischen Charakter. Mit Dilthey lehnt Plessner daher einen geschichtsfremden Apriorismus ab, der in der Moderne für die Verabsolutierung europäischer Wertsysteme verantwortlich ist. Jede Selbstauffassung des Menschen ist eine Selbst-Auffassung, die ein abwandelbares Produkt seiner Geschichte ist. Selbst „die Wirklichkeit der Geschichte darf für diese Selbstauffassung nicht mehr bedeuten als erfahrbare Wirklichkeit"[17]. Und diese erfahrbare Wirklichkeit unterliegt dem allgemeinverbindlichen Prinzip der Unergründlichkeit des Menschen. Von einer „Durchrelativierung" der geistigen Welt des Menschen spricht Plessner, weil ein Rekurs auf ein Absolutes wissensmäßig nicht gegeben ist. Und hierin sieht Plessner ein positives Zeichen dafür, dass der Mensch den Absolutheitsanspruch aufgibt und die Vielfalt der Philosophien und Kulturen usw. akzeptiert. „In dem Verzicht auf die Vormachtstellung", schreibt Plessner, auf eine Form des Eurozentrismus bezugnehmend, „des europäischen Wert-Kategoriensystems gibt sich der europäische Geist erst den Horizont auf die ursprüngliche Mannigfaltigkeit der geschichtlich gewordenen Kulturen und ihrer Weltaspekte ganz frei. In dem Verzicht auf die Absolutheit der Voraussetzungen, welche diese Freilegung selbst erst möglich machen, werden diese Voraussetzungen zum Siege geführt. Europa siegt, indem es entbindet."[18] Plessners Anthropologie führt dazu, dass wir eine sowohl anthropologische als auch geschichtsphilosophische Enge vermeiden. So wie Löwith ist auch Plessner gegen die Monopolisierung eines historisch gewordenen Menschentums.

Das vorhin besprochene Prinzip von der Unergründlichkeit des Menschen verbindet das Apriorische mit dem Aposteriorischen, indem es grundsätzlich von dem Primat der Empirie zwar ausgeht, aber von einer allgemeinen Verbindlichkeit der Unergründlichkeit spricht und so die apriorische und aposteriorische Betrachtungseise verbindet.[19] Dem plessnerschen Prinzip der Unergründlichkeit unterliegt selbst die philosophische Frage nach dem Wesensbereich des Menschen. Und Plessner kritisiert in diesem Zusammenhang die im Grunde genommen apriorisch und metaphysisch angelegten anthropologischen Versuche Heideggers, Jaspers' und Schelers und meint, dass sie alle zumindest im Prinzip „Schüler des Transzendentalismus" geblieben sind.[20]

Will der Mensch sich in unüberholbarer Radikalität sehen lernen, so muss er seine, auch wissensmäßige, Gier nach einer außerempirischen, rein

[17] Ebenda, S. 298.
[18] Ebenda, S. 299.
[19] Vgl. ebenda, S. 295 ff.
[20] Vgl. ebenda, S. 139 f.

apriorischen und transzendentalen Verankerung aufgeben. Solange er dies nicht tut, wird er von einer quälenden Skepsis begleitet, die sich nur scheinbar überwindet, indem sie sich theologische, idealistisch-spekulative, aprioristisch-transzendentale Masken zulegt. Nur eine verwirklichte Skepsis führt zu ihrer Überwindung. Und im Prinzip der Unergründlichkeit findet die Skepsis ihr Ende. So heißt es bei Plessner: „Die im Sinn ihrer Überwindung verwirklichte Skepsis ist allein möglich als philosophische Anthropologie.“[21]

[21] Ebenda, S. 140.

XIII.

Jaspers oder die Anthropologie der „Existenzerhellung" und die Geschichtsphilosophie nach der „Achsenzeit"

Der Anthropologie hat Jaspers keine eigene Schrift gewidmet. Er war eigentlich der Anthropologie gegenüber zurückhaltend bis skeptisch, denn er meinte: Anthropologie mache (müsse machen) definitive Aussagen über die Menschen und ihre Stellung in der Welt und vergesse dabei, dass dies kaum möglich sei, denn der Entwurfscharakter der Menschen selbst bleibe bestehen. Es ist nicht so, dass Jaspers willkürlich – so der Vorwurf mancher Kritiker – den Anthropologiebegriff einenge. Jaspers ist der festen Überzeugung, dass der menschlichen Natur wesensmäßig keine volle Gegenständlichkeit zukomme. Auch bei Plessner lässt sich die positional-exzentrische Existenzform nicht vergegenständlichen.

Die zahlreichen und wichtigen Aussagen, die Jaspers in seinen philosophischen Schriften über die Menschen macht, erlauben uns, dennoch von einer Anthropologie zu sprechen. Nur dass Jaspers all dies unter dem von ihm dafür geschaffenen Begriff „Existenzerhellung" vorträgt. Da das Wesen des Menschen nicht wissenschaftlich-objektiv vergegenständlicht werden kann, bleibt jede Aussage über sein Sein in der Schwebe und kann nur noch als seine eigene Möglichkeit begriffen werden, die der Mensch im lebendigen Vollzug des Existierens zu verwirklichen hat. Er kann es tun, kann es aber auch sein lassen. Hinzu kommt, dass eine totale Vergegenständlichung das aporetische Problem der Selbstreferenz unzulässig reduktiv behandelt. „Der Mensch, der wir sind, scheint das Selbstverständliche und ist das Rätselhafteste nicht bloß unter allen anderen Dingen in der Welt."[1]

Der Mensch als ein Wesen zwischen der Tier- und Götterwelt lässt sich schwer auf den Begriff bringen. Keine seiner vielfältigen Bestimmungen von seiner Tierähnlichkeit bis zur Gottesebenbildlichkeit und zum bloßen Evolutionsprodukt bekommt den eigentlichen Menschen in den Blick, denn das erkennende Ich bleibt von dem erkannten Ich unüberholbar. Dies gilt auch dann, wenn wir das erkennende Ich zu einer bloßen Reflexionsinstanz machen.

Jaspers stellt die Frage, ob wir uns aus der Natur begreifen. Und er gibt die Antwort, nein, denn „die Natur ist stumm" und sie schweigt. Freilich kann ihr Schweigen für das Selbstverständnis des Menschen eine doppelte

[1] Jaspers, K.: Kleine Schule des philosophischen Denkens, München 1971, S. 48.

Bedeutung besitzen: Erstens kann das Schweigen uns unheimlich vorkommen; es kann zweitens aber auch etwas Vertrauenerweckendes sein. Aber nach Jaspers bleibt der Mensch als Glied der Natur einsam, ein Schicksal, das ihm aufgegeben ist und das er eigentlich mit der Natur und nicht ohne oder gegen sie meistern kann. Daher bleibt die Anthropologie heute mehr denn je mit den ökologischen, resourcenmäßigen und bevölkerungspolitischen Problemen eng verbunden.

Jaspers fragt, ob wir Menschen uns aus unserer Leiblichkeit begreifen. Jaspers scheint diese Frage dahingehend zu beantworten, dass er meint, der Mensch sei mehr als das bloß leibhaftige Dasein. Auch wenn der Mensch sich aus seiner Leiblichkeit begreift, so ist und bleibt ein solches Selbstverstehen unvollständig. Können wir uns dann aus der Geschichte begreifen? fragt Jaspers weiter. Auch hier wird im Ganzen eine negative Antwort gegeben, denn trotz der nicht zu leugnenden Realität der Traditionen sind wir nicht einfach in dem wissbaren Geschichtsprozess ganz eingebettet. Die Geschichte verlangt nach Verantwortung, und die können nur die Menschen tragen und übernehmen, die zwar *in* der Geschichte, aber nicht nur *aus* ihr sind. Dass Jaspers hier unter Geschichte in der Hauptsache die Menschheitsgeschichte meint, geht aus dem Zusammenhang hervor. Auf die Frage, ob dann der Mensch sich aus sich selbst als etwas Feststehendes, Gegenständliches begreift, gibt Jaspers eher eine negative Antwort, denn das Wesen des Menschen ist stets in Bewegung, ist im Werden begriffen. Die Bilder, die die Menschen auf dem Wege seines Werdens führen, sind wiederum Bilder, die er selbst gemacht hat und für die er selbst die Verantwortung trägt.

In seinem Nachdenken über den Menschen geht Jaspers von der These aus: „Der Mensch ist grundsätzlich mehr, als er von sich wissen kann.“[2] Diese Aussage ist nicht bloß als eine unreflektierte oder gar skeptische zu verstehen; sie stellt das Ergebnis einer kritischen Überlegung dar. Jaspers vertritt die Ansicht: Will man wissen, was der Mensch eigentlich sei, so wähle man das Wort, den Begriff 'Freiheit'. Diese Freiheit ist aber nicht als eine Selbstgenügsamkeit des Menschen zu verstehen, denn der Mensch hat sich selbst nicht geschaffen, kennt nicht sein Woher. Er besitzt jedoch unterschiedliche Formen dieses Wohers. Diese Freiheit besteht darin, dass der Mensch nicht bleiben kann, was er (gegenständlich) ist. In seinem Über-sich-hinaus-Sein, d.h. in seiner Transzendenzgebundenheit, erlebt er seine Freiheit. Oft nennt Jaspers diese Transzendenzgebundenheit auch Gottbezogenheit. Er meint damit nicht bloß den Gott der Theologen, auch nicht den der Philosophen, sondern eher eine freie, schicksalhafte, aber auch risikoreiche Möglichkeit zu werden.

[2] Jaspers, K.: Einführung in die Philosophie, München 1971, S. 50.

Jaspers, der selbst auch ein Naturwissenschaftler gewesen ist, leugnet nicht die Ergebnisse der naturwissenschaftlichen Forschungen über den Menschen; was er jedoch mit Entschiedenheit zurückweist, ist der unbegründete Anspruch, dass das, was uns in unserem Akt der Reflexion als die nie zu vergegenständlichende innere Instanz gegeben ist, jemals Gegenstand wissenschaftlicher Fragen und Forschungen werden kann.

Unsere Freiheit ist nicht bloß das empirische Dasein, das uns in einer empirischen Weise zugänglich ist. Das „Ich“ als das ungegenständliche Wesen wird erfahrbar, wenn ich mir bewusst werde, dass ich ein Wesen bin, das nicht bloß 'da' ist, sondern zu dessen Wesen es gehört, dass es etwas soll, vermag und verantwortet. Diese Unfertigkeit des menschlichen Wesens ist eng verbunden mit seiner Fähigkeit zur Freiheit. Ich erfahre mich als etwas, was an mich Ansprüche stellt, über die ich zu entscheiden und die ich zu verwirklichen habe. Diese Art zu sein nennt Jaspers, um sie von dem bloßen Dasein zu unterscheiden, „Existenz“. 'Dasein' ist empirisch da, und es ist auch ohne Freiheit möglich; Existenz ist jedoch nur als Freiheit möglich. Dasein ist schlechthin zeitlich, Existenz ist zwar in der Zeit, aber doch mehr als Zeit.[3] Dieses Sein der Freiheit, das in der Zeit und doch quer zur Zeit ist, erlaubt grundsätzlich keine Ontologisierung des Menschen. „Was der Mensch sei, ist ontologisch nicht zu fixieren.“[4] Diese philosophische Überzeugung Jaspers' macht deutlich, was noch zu zeigen sein wird, dass er gegen jede geschlossene geschichtsphilosophische Spekulation und Konstruktion ist.

Von einer solchen, oben kurz dargelegten Philosophie des Menschen geht die Anthropologie Jaspers' aus und sieht in der mannigfachen „Existenzerhellung“ ihre Hauptaufgabe. Unter „Existenzerhellung“ versteht Jaspers eine andere, dem bloß wissenschaftlichen Denken entgegengesetzte Denkungsart. Da der Mensch sich als eine ständig in Bewegung befindliche Existenz begreift, ist er dem Zugriff des kalkulierenden und kategorisierenden Verstandes enthoben.[5]

Existieren heißt dann, sich der Bewegung der Existenz anschließen; Existenzerhellung ist daher als ein unendlicher Prozess unserer Selbstverwirklichung möglich. Sie ist und bleibt unsere Aufgabe, denn „Ruhe als Dauer in der Zeit ist dem Menschen nicht vergönnt“.[6] Nichts ist von vornherein vorbestimmt, weder das Gelingen noch das Scheitern. Es ist diese hoffnungsvolle, aber auch risikoreiche Offenheit, die sich einer jeden Vorwegnahme verweigert.

[3] Vgl. Jaspers, K.: Philosophie, Berlin 1948, S. 296.

[4] Ebenda, S. 835.

[5] Vgl. Ebenda, S. 304.

[6] Jaspers, K.: Kleine Schule des philosophischen Denkens, S. 57.

In dem Innewerden meiner Freiheit erkenne ich zugleich meine Bezogenheit auf etwas, was nicht auf mich, sondern worauf ich bezogen bin. Dieses Etwas bezeichnet Jaspers „Transzendenz“. Er benutzt auch des Öfteren den Begriff „Gott“ oder auch „Gottbezogenheit“, um diesen Sachverhalt auszudrücken. Diese Transzendenz braucht jedoch nicht mit einem Gott, so wie dieser Ausdruck normalerweise verstanden wird, gleichgesetzt zu werden, denn alles, worauf es bei Jaspers ankommt, ist das unbedingte Angesprochensein, auf Grund dessen wir außerhalb von uns verankert sind. Dieses Außerhalb kann die große Natur, Geschichte, Zufall u.dgl. sein. Jaspers spricht in diesem Zusammenhang auch von einem ‘Gottesbewusstsein’, das selbst im Scheitern erfahren wird als das, was wir zwar sollten, aber nicht leisteten.

Es stellt sich die Frage, ob wir Menschen das, was wir sollten, aber nicht leisteten, willkürlich nicht getan haben oder ob wir nicht anders konnten. Wäre unsere Freiheit, meint Jaspers, reine Willkür, so brauchten wir keine Transzendenz. Wir brauchen sie aber, weil wir von einer umgreifenden Instanz her in unseren freien Entscheidungen erfahren, wie wir uns entscheiden sollen. Jaspers spricht in diesem Zusammenhang auch davon, dass wir uns von der Transzendenz gegeben sind, dass wir uns der Transzendenz verdanken. „Auf der Höhe der Freiheit, auf der uns unser Tun notwendig erscheint … als inneres Einverständnis eines gar nicht anders Wollenden … sind wir in unserer Freiheit uns als von der Transzendenz gegeben bewußt.“[7] Unser Freiheitsbewusstsein ist nach Jaspers immer verbunden mit der Einsicht in die notwendige Transzendenzgebundenheit. Als ‘Knotenpunkt’ scheint der Mensch an der Grenze zwischen Welt und Transzendenz beheimatet zu sein. Die Gefühle der Heimat und Heimatlosigkeit sind hier beisammen.

So kommt Jaspers zu seinem bekannten und viel diskutierten Begriff der „Grenzsituation“. Es sind Situationen, in denen der Mensch sich befindet, ohne dass er auf sie einen Einfluss hätte oder sie auch ändern könnte. Leid, Tod, Kampf, Schuld u. a. sind solche Situationen. Die Unaufhebbarkeit, die Endgültigkeit der Grenzsituationen stimmt uns pessimistisch, und wir versuchen, dafür unterschiedliche Erkärungsmuster zu geben – gottgewollt, naturbedingt u. a. Der Mensch kann auch restlos verzweifelt sein, wenn ihm die Erklärungen nicht einleuchten.

Jaspers sieht, neben der Existenzerhellung, die angemessene Reaktion auf die Grenzsituation in der ‘existenziellen Verwirklichung’, welche darin besteht, dass der Mensch seine Freiheit als Möglichkeit verwirklicht. So kann die Freiheit, Hand an sich zu legen, eine solche Möglichkeit und deren Verwirklichung darstellen. Am Beispiel des Todes macht Jaspers

[7] Jaspers, K.: Einführung in die Philosophie, S. 51.

diesen Sachverhalt deutlich. Nicht nur bei dem Tod des Nächsten, sondern auch in der Gewissheit des eigenen Todes erfährt der Mensch die Grenzsituation. Angesichts des Todes befindet sich der Mensch vor der endgültigen Entscheidung: Was ist wesentlich und was ist hinfällig? Alle Verschleierungen werden hinfällig, die wir wie ein Spinngewebe über und um uns gesponnen haben. Der Mensch tritt hier aus dem bloßen Naturalismus heraus, und der Wert ‘Selbsterhaltung’ bekommt einen sehr differenzierten und nicht unbedingt endgültigen Sinn: Soll ich das bloße Leben, das Überleben wollen, oder soll ich das lebenswerte Leben wollen und auch wählen, was unter Umständen auch das Aufopfern des Überlebens bedeuten kann? Wer ein lebenswertes Leben in dieser Weise verteidigt, verwirklicht es zumindest dadurch, dass er/sie das tatsächliche Leben, das im Gegensatz zu dem lebenswerten Leben steht, freiwillig aufgibt. Uns hilft hier nach Jaspers weder das Vergessenwollen des Todes noch das Verzweifeltsein an ihm noch die Vorstellungen von dem Leben nach dem Tode. Alles, was wir brauchen, ist die Tapferkeit des Entschlusses, denn nur als „bloßes Dasein“, so Jaspers, „ sind wir sterblich … Wir sind sterblich in der Unentschiedenheit, unsterblich im Entschluß“.[8]

Zur menschlichen Existenz gehört wesentlich die Freiheit, die jedoch keine a priori Garantie dafür ist, dass Lebensentwürfe nicht scheitern werden. Jaspers ist der Meinung, dass der Mensch in allem, was er tut, scheitern kann. Im Tod erlebt er das Scheitern des Daseins; in der Erkenntnis erfährt er das Scheitern seines Erkenntniswillens; als Handelnder scheitert er, indem er keinen allgemein gültigen und beständigen Endzweck ausmachen kann. Die Grenzsituation und das Scheitern lassen uns alle Geltungen brüchig werden. Diese Tatsache erhöht unsere Verantwortung, entlastet uns nicht von ihr. Auf-sich-gestellt-Sein im unbedingten Hören der Sollensforderung erreicht der Mensch seine Existenz, und dies auch dann, wenn er scheitert.

Existenz, Freiheit und Möglichkeit des Scheiterns erlauben Jaspers, ein Bild der Geschichte zu entwerfen, das dem klassischen Modell entgegengesetzt ist. Die bedeutsamen geschichtsphilosophischen Konzeptionen in den Systemen Augustins, Hegels und in dem von Marx leben a priori von der Vernünftigkeit der Geschichte, ob diese Vernunft in der Geschichte nun theologisch, spekulativ oder bloß materialistisch verankert wird. Angesichts des Ganges der Geschichte erweisen sich die optimistisch-rationalen Vorstellungen von dem Verlauf und Ziel der Geschichte eher als eitle Fiktionen. Ein Wesen, dem die Geschichte weder als etwas ganz Gelungenes oder Misslungenes widerfährt, kann keine Geschichtsphilosophie im

[8] Jaspers, K.: Kleine Schule des philosophischen Denkens, S. 157 f.; vgl. auch Philosophie, S. 489.

klassischen Stil entwerfen. Da der Mensch endlich und unvollendet ist, kann er sich zwar eine vollendete Geschichte vorstellen, nicht aber ihre vollständige Realisierbarkeit. Daher sind solche Geschichtskonzeptionen entweder bloße Konstruktionen oder gläubige Vorstellungen. Hinzukommt, dass die gewesene Geschichte uns im Geiste der Empirie eher misstrauisch macht.

Geschichte ist nach Jaspers nicht einfach das bloße Geschehen, sondern wesentlich das Wissen von der Geschichte. Aber den Gedanken von der Einheit und Einheitlichkeit der Geschichte möchte Jaspers frei halten von dem bloß Metaphysischen und Theologischen. Die Suche nach einer Einheit der Geschichte ist im Denken und nicht in dem Gedachten zu finden. So schreibt Jaspers: „Die Einheit der Geschichte ist selbst nicht mehr Geschichte … Das Eine ist vielmehr der unendliche ferne Bezugspunkt, der Ursprung und Ziel zugleich; es ist das Eine der Transzendenz. Als solches kann es nicht gleichsam eingefangen werden, nicht zu dem ausschließlichen Besitz eines geschichtlichen Glaubens werden, der sich als die Wahrheit schlechthin allen aufzwingen dürfte.“[9] Diese deutlich ausgesprochenen Worte Jaspers' weisen die abendländische geschichtsphilosophische Konzeption nicht nur in ihrer christlichen Version mit ihrem eigentlichen 'Grund im christlichen Glauben' zurück, sondern auch die ihr entlehnte hegelsche und die rein dialektisch-materialistische, aber ebenso spekulative marxistische.

Bei der Beantwortung der 'Frage nach der Struktur der Weltgeschichte' zieht Jaspers grundsätzlich das empirische historische Bewusstsein in Betracht. Dieses lässt uns aber sehr bescheiden werden, wenn es um das Entwerfen eines Gesamtbildes der Geschichte geht. Die Kategorien der Einheit und Vielfalt verlassen ihre entweder/oder Relation, denn es geht nicht mehr um die eine oder die andere, sondern um die Einheit *angesichts* der Vielfalt. Ohne das Vielfältige der Geschichte in den absoluten Stand zu heben, gilt es sein Primat dahingehend anzuerkennen, dass es nicht reduktiv behandelt werden darf. In diesem Zusammenhang merkt Jaspers kritisch an, dass Spengler von der „Notwendigkeit eines geheimnisvollen Totalprozesses“ ausgeht und ihn in den jeweiligen Kulturkörpern dingfest macht. Auch wenn Toynbee von einem kausalen und soziologischen Gesichtspunkt ausgeht, meint er, etwas Notwendiges an den geschichtlichen Prozessen feststellen zu können. „Beide (Spengler und Toynbee – Vf.) machen daher aus ihrer Gesamtanschauung heraus Voraussagen für die Zukunft.“[10]

[9] Jaspers, K.: Vom Ursprung und Ziel der Geschichte, München 1983, S. 339 und 327.

[10] Ebenda, S. 17.

Jaspers geht aber dennoch von der Überzeugung aus, dass es Einheit angesichts der Vielfalt gibt, die weder am Anfang war noch unbedingt am Ende sein wird, die aber unser Bemühen um Kommunikation leiten und lenken wird. Die Wahrheit der Einheitsidee, die Jaspers vertritt und verteidigt, ist in erster Linie dem Kommunikationswillen unterworfen und der Kommunikation verpflichtet. „Und dabei entwickelt sich uns ein Geschichtsbild, in dem zur Geschichte gehört, was erstens als ein Einmaliges in dem einen, einzigen Gesamtprozeß der Menschheitsgeschichte unverwechselbar an seinem Orte steht, und was zweitens in der Kommunikation oder der Kontinuität des Menschseins Wirklichkeit und Unentbehrlichkeit hat.“[11]

In den späten Schriften Jaspers', vor allem in seinem bekannten Buch ›Vom Ursprung und Ziel der Geschichte‹ gibt es zwei neue Aspekte hinsichtlich des geschichtstheoretischen Denkens. Erstens geht es um eine moderne geschichtsphilosophische Deutung, die jenseits aller Geschichtskonstruktionen die ewige Mitte der ganzen Historie empirisch zu finden bemüht ist, und zweitens handelt es sich um die bekannte These von der „Achsenzeit“ der Weltgeschichte. Die jasperssche These von der Achse der Weltgeschichte relativiert den christlich-abendländischen Gedanken von der einen einzigen Achse der Weltgeschichte. Jaspers erwähnt hier die Namen wie Augustin und Hegel, die alle Geschichte von Christus her und zu Christus hin deuten. Einfach, aber zutreffend, stellt Jaspers fest: „Der christliche Glaube aber ist *ein* Glaube, nicht der Glaube der Menschheit.“[12]

Hinsichtlich der Frage nach einer Achse der Weltgeschichte möchte Jaspers eher empirisch verfahren und diese dort festmachen, „wo die überwältigendste Fruchtbarkeit in der Gestaltung des Menschseins ist in einer Weise, die für das Abendland und Asien und alle Menschen, ohne den Maßstab eines bestimmten Glaubensinhalts, wenn nicht empirisch zwingend und einsehbar, doch aber auf Grund empirischer Einsicht überzeugend sein könnte derart, daß für alle ein gemeinsamer Rahmen geschichtlichen Selbstverständnisses erwachsen würde“.[13] Der Ort der einen Achse ist im Plural zu denken, und die eine Achse als ein neuartiger Denkprozess hinsichtlich des Selbst- und Weltverstehens findet sich zwischen 800 und 200 in China, Indien und Griechenland. Rund um 500 vor Christus „entstand der Mensch, mit dem wir bis heute leben. Diese Zeit sei in Kürze die „Achsenzeit“ genannt“.[14] In China lebten die Denker wie Laotze, Konfu-

[11] Ebenda, S 18.
[12] Ebenda, S. 19.
[13] Ebenda, S. 19.
[14] Ebenda, S. 19.

zius, Chuang Tzu, Mo Tzu und viele andere; in Indien die upanishadischen Denker, Buddha, Mahavira und viele andere und in Griechenland Parmenides, Heraklit, Sokrates, Plato und viele andere. Zum ersten Mal, so meint Jaspers, wagten die Menschen den Schritt, die Welt und sich selbst vom eigenen Denken, von der menschlichen Vernunft her zu verstehen, zu deuten und zu erklären. Diese geistig-philosophische Unabhängigkeit hat der denkende Mensch bis heute beibehalten, auch wenn er stellenweise von der Theologie Anleihen macht. In Bezug auf unser Verständnis der Geschichte begriff der Mensch dieser Achsenzeit, dass das menschliche Dasein selbst ein Gegenstand des geschichtlichen Nachdenkens ist. „Das Ganze der Geschichte wird gedacht als eine Folge von Weltgestalten, entweder als ein Prozess des ständigen Schlechtwerdens, oder als Kreislauf, oder als Aufstieg."[15] Diese drei Modelle der Geschichtsdeutung sind heute noch in unserem Denken wirksam.

Man hat Jaspers oft vorgeworfen, dass er das Trennende dieser Kulturen kaum in Betracht ziehe. Jaspers ist sich der erhellenden Unterschiede dieser drei Orte der einen Achsenzeit bewusst, betont jedoch das Verbindende mehr, weil es der Kommunikation dient. Der verbindende Einheitsgedanke ist das philosophische Erwachen, eine einmalige Tatsache, die unterschiedliche Entwicklungen und Gestaltungsformen kennt. Es geht hier um Einheit und nicht um Einheitlichkeit.

Die Konzeption der Einheit der Geschichte, die dem jaspersschen Geschichtsvertändnis zugrundeliegt, leugnet nicht die vielfache Geschichtlichkeit und bedeutet nicht die Ausschließlichkeit des Anspruchs einer bestimmten Geschichtlichkeit, die zum Ethnozentrismus führt. Der Einheitsgedanke ist auch nicht bloß in der biologischen Gattung des Menschseins begründet. Eine solche 'Naturalisierung des Menschen' lehnt Jaspers ab. Einheit ist eigentlich die Zielrichtung, die keine besondere Geschichte ganz besitzt, die aber alle im Sinn haben, wenn sie miteinander kommunizieren.

Das Ganze des Menschseins ist ebenso nur als Idee gegeben und nicht als ein konkretes Dasein vorhanden. „Es gibt nicht den Menschen, der alles Menschliche ist oder sein kann, weder in der Wirklichkeit noch in dem Entwurf einer Vorstellung von ihm."[16]

Jaspers lehnt die Ansicht von der radikalen Verschiedenheit der einzelnen Völker und Kulturen ab. Ebenso lässt er den philosophischen Geist an mehreren Orten wehen. Die Idee von der totalen Reinheit einer Kultur lehnt Jaspers ebenfalls ab, denn diese Idee kann u. U. zu gefährlichen Konsequenzen führen. Die Geschichte kennt eine Menge von Beispielen.

[15] Ebenda, S. 24.
[16] Ebenda, S. 307.

Seiner Anthropologie zufolge begreift Jaspers die Idee der Einheit nicht als etwas schon Fertiges, sondern als etwas, was auf die Zukunft hinweist und die unterschiedlichen konkretgeschichtlichen Anstrengungen als eine gemeinsame Bewegung auf dieses zukünftige Ziel hin begreifen lässt. Die Einheit der Menschheit ist auch nicht mit dem Universalen als der Übereinstimmung unter den Kulturen, Religionen und Philosophien zu verwechseln, denn sie ist nicht das bloß Allgemeine, sondern die Erfüllung der eigenen Geschichtlichkeit.

Jaspers' Idee der Einheit ist das eigentliche Ethos der Menschheit, und sie bleibt als die leitende und lenkende Idee verbindlich. Hinsichtlich der Frage nach dem Fortschritt in der Geschichte erkennt Jaspers einen Fortschritt im Wissen, im Technischen, aber nicht in diesem Ethos, nicht „in der Substanz des Menschseins. Ein Fortschritt im Substantiellen wird durch die Tatsache widerlegt. Die höchststehenden Völker sind zu Grunde gegangen, sind minderwertigen erlegen. Kulturen sind von Barbaren zerstört worden ...“[17] Die Idee der Einheit der Menschheit wartet auf ihre Verwirklichung, und diese kann endlos dauern, ohne obsolet zu werden, denn sie ist es, was uns verbindet, eine Verbindung, die nicht bloß das begrifflich Intellektuelle meint, sondern die Menschen näher bringt und Kommunikation und Solidarität fördert. Durch Sinn und Ziel definiert sich die jasperssche Einheit der Menschheit. „Die Einheit ist nicht Tatbestand, sondern Ziel. Die Einheit der Geschichte erwächst vielleicht daraus, daß die Menschen sich verstehen können in der Idee des Einen, in der einen Wahrheit, in der Welt des Geistes, in dem alles auf alles seinen sinnhaften Bezug hat, zueinander gehört, und sei es sich zunächst noch so fremd.“[18] Diese Worte klingen zwar sehr hegelianisch, haben aber mit der spekulativ-systematischen und metaphysisch-theologischen Geschlossenheit des hegelschen Geschichtsbildes nichts im Sinn. Die menschliche Gier, immer im Besitz der einen einzigen und allgemeinverbindlichen Wahrheit zu sein, hat immer dazu geführt, dass man einen bestimmten Sinn in den absoluten Stand gesetzt hat. „Und wenn jeder Sinn, der verabsolutiert ist, scheitern muss, so suchen neue Generationen alsbald durch ihre Philosophen wiederum einen übergreifenden Sinn, der die Geschichte beherrscht habe und beherrsche, und der nun, nachdem er begriffen sei, auch als gemeinter Sinn in den eigenen Willen aufgenommen und zur Führung werden könne (so in der christlichen Geschichtsphilosophie, so in Hegel und in Marx und in Comte u. A.).“[19]

Die jasperssche Konzeption der Einheit der Geschichte unterscheidet

[17] Ebenda, S. 311.
[18] Ebenda, S. 316.
[19] Ebenda, S. 318 f.

sich wesentlich von den geschichtsphilosophischen Vorstellungen der Vergangenheit, denn diese haben stets die eigene Perspektive verabsolutiert und, gestützt durch die außerphilosophischen Faktoren, sich auch zum größten Teil durchgesetzt. Ethnozentrismus hat es überall gegeben, nur der Eurozentrismus hat sich globalisiert. Die Einheit hier steht für eine Einheitlichkeit, die neben sich keine andere Geschichtlichkeit anerkennen will. Hier wird die Einheitlichkeit der einen Universalgeschichte entweder durch die Offenbarung der Gottheit oder durch die spekulative Vernunft oder durch die sozial-geschichtliche Gesetzmäßigkeit konstruiert. Solche Konstruktionen sind nach Jaspers zum Scheitern verurteilt. Die neueste Ironie in der Reihe solcher gescheiterten Konstruktionen ist die Blamage der sozialistisch-kommunistischen Systeme, die mit dem Anspruch auf den Plan getreten waren, den universalgeschichtlichen Zweck von der Freiheit aller und von der klassenlosen Gesellschaft zu realisieren.[20]

Für Jaspers ist und bleibt die Geschichte offen, und wir kennen ihren Ursprung nicht. Sie besitzt daher eine zweifache Unendlichkeit – in der Vergangenheit und in der Zukunft. Für die Konstruktionen der klassischen geschichtsphilosophischen Konzeptionen ist die Geschichte geschlossen. Sehr deutlich und kritisch bemerkt Jaspers in diesem Zusammenhang: „Der Anfang und das Ende sind hinzuerfunden in der Gestalt einer vermeintlichen Offenbarung."[21] So spricht Jaspers von zwei sich gegenseitig ausschließenden Geschichtsauffassungen: Entweder ist die Einheit der Geschichte etwas Gewußtes, was bedeutet, dass wir den Anfang, das Ende und den ganzen Gang der Geschichte kennen. Oder die Geschichte ist und bleibt faktisch-empirisch etwas Ungeschlossenes. Es ist die Aufgabe und Pflicht des Betrachters, sich für die Zukunft offen zu halten. Jaspers bejaht und verteidigt die zweite Grundhaltung.

Die zentrale Frage für Jaspers ist die Art und Weise, wie wir die notwendige, aber offene Idee der Geschichte begreifen und ergreifen. Nach vielen negativen Beschreibungen der Einheit der Geschichte versucht Jaspers, diese Einheit als ein Zeichen, als ein Symbol, als ein Hinweis, ja sogar als eine Chiffre zu begreifen, und er warnt alle Geschichtsdenker vor dem Übermut, von der Vision eines allumfassenden Begreifens der Geschichte als Einheit im Sinne der Einförmigkeit auszugehen. Der Chiffrencharakter der jasperschen Einheit der Geschichte schützt uns vor der Falschheit einer „Übertragung von Partikularem auf das Ganze".[22] So kann Jaspers

[20] Vgl. Mansilla, H. C. F.: Die Trugbilder der Entwicklung in der Dritten Welt, München 1986, Kap. III: *Zur Kritik der Geschichtsphilosoiphie*, 35ff.; Jaspers, K.: Vom Ursprung und Ziel der Geschichte, S. 319ff.

[21] Ebenda, S. 320.

[22] Ebenda, S. 322.

von der Universalgeschichte, die von der Idee der Einheit gespeist wird, sagen, sie sei als eine Aufgabe zu begreifen. In unserem Bemühen, diese Aufgabe ohne die exklusivistischen Absolutheitsansprüche zu erfüllen, bleiben alle Völker, Kulturen und Religionen der Solidarität, Kommunikation und reziproken Verständigung verpflichtet. Eine solche Deutung der Einheit der Geschichte erlaubt Jaspers, dass er seinem universalgeschichtlichen Schema die Prädikate Offenheit, empirische Realität und eine mögliche Realisierbarkeit zuschreiben kann. Hier gebraucht Jaspers den Ausdruck 'eine ideale Achse' und setzt diese in Verbindung zu der realen Achsenzeit, wobei die letztere eine „Inkarnation“ der ersteren wäre.[23] Die ideale Achse stellt die Struktur der Geschichte dar und erlaubt uns, eine Zukunft zu gestalten, an der alle Kulturen mitbeteiligt sein werden. Die ideale Achse stellt auch den Ort eines möglichen Verstehens dar, wo nicht so sehr der Wille zur Übereinstimmung, zum Konsens, sondern zur Kommunikation und Solidarität am Werke ist. Das Eine dieser idealen Achse bekundet sich im 'Willen zur grenzenlosen Kommunikation' und begreift diese als eine 'unendliche Aufgabe'.

Die Idee der Einheit, die dem Geschichtsverständnis Jaspers' zu Grunde liegt, ist eine Einheit, die immer angesichts der Vielfalt gilt. Daher befreit eine solche Konzeption der offenen geschichtlichen Einheit die Zukunft von der Vergangenheit, von einer Vergangenheit, deren geschichtsphilosophische Konzeptionen mehr sein wollten als Symbole, und die den Anspruch hegten, die gesamte Geschichte von einem für alle Zeiten bestimmten archimedischen Punkt her zu verstehen, zu erklären und zu verändern. Aber „Einheitsvorstellungen“, so Jaspers, „täuschen, wenn sie mehr sein sollen als Symbole …; denn alle uns sichtbar werdenden Einheiten sind partikular, sind Vorbedingungen einer möglichen Einheit, oder sind Nivellierungen, hinter denen sich abgründige Fremdheit, Abstoßung und Kampf verbergen.“[24]

Das moderne geschichtliche Bewusstsein, angefangen mit der kritischen Geschichtsforschung im 19. Jahrhundert, ist dem Geist der Empirie zutiefst verpflichtet und ist einer eindimensionalen, theologischen und spekulativ-metaphysischen oder ideologischen Totalgeschichtsdeutung gegenüber skeptisch bis ablehnend. Auch wenn es eine immer währende geschichtliche Wahrheit geben sollte, so ist heute davon auszugehen, dass diese sich in keiner historisch lokalisierten Gestalt exklusiv zeigt. Es ist ein zu kurzatmiges menschliches Vorurteil, zu meinen, eine solche geschichtliche Wahrheit habe eine Vorliebe für eine bestimmte Kultur, Religion oder Philosophie. Daher gilt es heute, von historischen Verabsolutierun-

[23] Ebenda, S. 324.
[24] Ebenda, S. 326.

gen Abschied zu nehmen, denn sie führen uns zum Nihilismus und zu einem destruktiven Relativismus, der Hand in Hand geht mit einem Absolutismus, weil sich mehrere Absoluta im gleichen Denkraum gegenseitig relativieren.

Für das empirisch gestimmte moderne geschichtliche Bewusstsein ist auch die unermessliche Länge der Zeit von großer Bedeutung. Die archäologischen Befunde haben bewiesen, dass die Menschheitsgeschichte mehr als hunderttausend Jahre aufweist und jede Zeitrechnung von der Weltschöpfung bis heute bloß von historisch-musealem Interesse ist. Rechnet man dazu, dass die Menschheitsgeschichte auch ein Teil der großen kosmischen Naturgeschichte ist, was Jaspers kaum für seine Geschichtsdeutung in Betracht zieht, dann erscheint das hochmütige Sonderstellungsbewusstsein des Menschen fehl am Platz. Der Gedanke, dass unsere Menschheitsgeschichte mit ihren unleugbaren Besonderheiten im Großen und Ganzen dem gleichen Gang der Dinge gehorcht, führt uns zu der Einsicht in die kosmische Verbundenheit aller Wesen, einschließlich der Menschen. Die hierin sich als Einsicht bekundende Bescheidenheit führt zu einem Kommunikationswillen und zu einer Sehnsucht zum Miteinander mit der Welt des Menschen, der Tiere, der Pflanzen, um nur einige zu nennen. Es gibt etwas, was noch umfassender und mächtiger ist als die Menschheitsgeschichte. Man kann es die objektive kosmische Struktur nennen, der auch die Menschheitsgeschichte unterliegt.

„Die Geschichte“, heißt es bei Jaspers am Ende seiner Schrift ›Vom Ursprung und Ziel der Geschichte‹, „ist nicht vollendet, – das Geschehen birgt in sich unendliche Möglichkeiten, – jede Gestaltwerdung der Geschichte zu einem gewußten Ganzen wird durchbrochen … Ein Abschluß der Geschichte erscheint unmöglich, es geht aus dem Endlosen ins Endlose …“[25] Der Mensch findet ein Unbehagen an der Geschichte, denn er möchte so gerne den einen Anfang und das eine Ende kennen. Das Paradoxe daran ist, dass alles, was nach oder mit der Schöpfung und Entstehung kam, nicht wissen kann, was vor der Schöpfung war, und der Mensch kam nach der Schöpfung und befand sich in der Geschichte. Diese Suche nach dem archimedischen Punkt bleibt eine Sehnsucht und kann durch kein geschichtliches Wissen befriedigt werden. Jaspers stellt unterschiedliche Versuche des menschlichen Geistes dar, die Geschichte zu überschreiten, so z.B. durch die Hinwendung zur großen Natur, zum einen zeitlosen Allgemeinen, zur Geschichtlichkeit, zum Unbewussten u.a. Alle diese Versuche sind zum Scheitern verurteilt, weil sie entweder ungeschichtlich werden oder aber immer geschichtlich, d.h. in der Geschichte verankert bleiben. So schreibt Jaspers resümierend, aber in einem nur scheinbar re-

[25] Ebenda, S.335.

signierenden Ton: „Aller Aufschwung über die Geschichte wird zur Täuschung, wenn wir die Geschichte verlassen. Die Grundparadoxie unserer Existenz, nur in der Welt über die Welt hinaus leben zu können, wiederholt sich im geschichtlichen Bewußtsein, das sich über die Geschichte erhebt. Es gibt keinen Weg um die Welt herum, sondern nur durch die Welt, keinen Weg um die Geschichte herum, sondern nur durch die Geschichte.“[26]

Dem Geschichtsbild Jaspers' liegt der einheitliche Gedanke zu Grunde als eine umgreifende 'Einheitsidee' im Sinne der Zielvorstellung einer 'regulativen Idee' der Einheit der Menschheitsgeschichte. Trotz einer Verankerung des Menschen und seiner Geschichte außerhalb seiner selbst und seiner Geschichte, ist und bleibt der Mensch als ein handelndes Wesen in der jeweiligen konkret-existentiellen Situation für die Geschichte verantwortlich.

Jaspers' Idee von der Einheit der Geschichte mag stellenweise ein wenig gestelzt erscheinen, aber ihre Offenheit und Toleranz ermöglichen eine gemeinsame Anstrengung aller Kulturen, Philosophien, politischen Weltanschauungen und Religionen auf dem Weg der heute so notwendigen und schicksalhaften Kommunikation und Verständigung.

[26] Ebenda, S. 339.

XIV.

Löwith oder die natürliche Anthropologie und die „Kritik der geschichtlichen Existenz“

„Der Mensch Löwith“, so schreibt Irving Fetscher in seiner kritischen Laudatio zum 75. Geburtstag von Löwith[1], „scheint etwas von der ruhigen Gelassenheit östlicher Weisheit in sich aufgenommen zu haben, die er im japanischen Exil kennen und schätzen gelernt hat. Der philosophische Schriftsteller besticht durch … das Fehlen jeder Prätention.“

In seinem Vorwort zu Löwiths Buch ›Mein Leben‹ sagt Koselleck, dass es nach Löwith keinen Weg zurück zu den alten Theologien, spekulativen oder materialistischen Geschichtsphilosophien und zur Seinsgeschichte geben könne. Über den Weg Löwiths schreibt er: „Es war der Weg des philosophierenden Historikers in die konsequente Skepsis, und es war der Weg des geschichtlich reflektierenden Philosophen zu einer Sicht der Welt, die aller Geschichte vorausliegt.“[2]

Von radikalen Lösungen hält Löwith wenig und dies bezeugt er, indem er gegen die Erwartung mancher seiner Freunde einen Rückgang zum Judentum oder zum Christentum oder zu einer politischen Ideologie nicht vollzieht. „Statt dessen habe ich eingesehen, daß gerade die „radikalen“ Lösungen gar keine Lösungen sind, sondern blinde Versteifungen, die … das Leben vereinfachen. Das Leben und Zusammenleben der Menschen und Völker ist nicht von der Art, daß es durchführbar ist, ohne Geduld und Nachsicht, Skepsis und Resignation …“[3]

Löwith, der als deutscher Jude eine beträchtliche Zeit in Asien (Japan) verbrachte, ist einer der wenigen Denker über Mensch und Geschichte, der das griechische Erbe ernster nimmt als viele seiner Zeitgenossen und grundsätzlich nach der europäischen „Humanität“ fragt, erwachsen aus dem Christentum, das den Menschen eine gottgewollte Sonderstellung jenseits des griechischen Kreislaufmodells zukommen lässt.

Erst mit dem Menschen, der auf sich selbst bezogen ist und jenseits aller Metaphysik, Konstruktion und Religion seine Verankerung (sein Eingebettetsein) nur noch in der großen Natur mit ihrem Entstehen und Vergehen finden kann, entsteht die eigentliche Problematik des Menschen. Eine

[1] Zit. in: FAZ, 10. Jan. 1972, Feuilleton (Fetscher).

[2] Löwith, K.: Mein Leben in Deutschland vor und nach 1933. Ein Bericht, Stuttgart 1986, S. XIII.

[3] Ebenda, S. 139.

Humanität, die sich religiös-metaphysisch gibt, muss bald erkennen, dass sie ein Vorurteil ist.

„Ein Tier“, gibt Löwith in diesem Zusammenhang Nietzsche das Wort, „welches reden konnte, sagte: Menschlichkeit ist ein Vorurteil, an dem wenigstens wir Tiere nicht leiden“.[4]

In seinem Aufsatz ›Zur Frage einer philosophischen Anthropologie‹[5] spricht Löwith von einer Doppeldeutigkeit des Anthropologiebegriffs. Als ein der Theologie, Kosmologie, Ontologie analog gebildeter Begriff kann Anthropologie „die Wissenschaft vom Menschen meinen; sie kann aber auch den Logos des Anthropos (Menschen) selber meinen.“ Auch wenn der letztere Sinn weniger gebräuchlich ist, stellt er nach Löwith den ursprünglichen Sinn dar.

Löwith stellt die Frage nach dem besonderen Merkmal der philosophischen Anthropologie im Vergleich und Unterschied zu den anderen Anthropologien, etwa der biologischen. Eine bloße Zusammenfassung verschiedener Aspekte des Menschen ergibt doch nicht den Menschen als solchen. „Denn der Mensch ist weder ein anatomisch präparierbares Skelett noch ein physiologischer funktionierender Organismus noch das, was die verschiedenen Psychologien an ihm untersuchen.“[6] Für Löwith ist die philosophische Anthropologie ein einziger Versuch, den Menschen „als solchen und im ganzen“ in den Blick zu bekommen. So ist diese Wissenschaft keine Fachwissenschaft.

Der Ausdruck „der Mensch im ganzen“ kann erstens „den einen und ganzen Menschen im Unterschied zu den vielen besonderen Teilansichten, als den Menschen „als solcher“ bedeuten. In einem zweiten Sinn kann es den ganzen Menschen „im Ganzen dessen, was überhaupt“ ist (Scheler: in der Demokratie aller Seienden), meinen.

„Eine Anthropologie“, so Löwith, „die philosophisch sein will, kann nicht umhin zu fragen, wie sich das rätselhafte Bruchstück Mensch als solcher und im Ganzen zum Ganzen dessen, was ist, verhält“.[7] Schon hier sehen wir die Grundrichtung der anthropologischen Fragestellung, die nach Löwith das Verhältnis von Mensch und Welt mit einschließt. Freilich darf dieses Verhältnis Mensch und Welt nicht im Sinne einer Einbahnstraße nur vom Menschen her reduktiv gedeutet werden, „denn das würde voraussetzen, daß der Mensch für es (das Verhältnis) maßgebend ist und nicht auch die Welt“.[8]

[4] Löwith, K.: Von Hegel zu Nietzsche, Stuttgart 1958, S. 330.

[5] Löwith, K.: Zur Frage einer philosophischen Anthropologie, in: Neue Anthropologie, hrsg. von Gadamer und Vogler, Bd. 7, Stuttgart 1975, S. 330ff.

[6] Ebenda, S. 330.

[7] Ebenda, S. 331.

[8] Ebenda.

Löwith leugnet nicht den methodischen Vorrang, der darin besteht, dass der Bezug zu den Menschen das Wichtigste sei, denn nur der Mensch besitzt ein Selbstbewusstsein und ein Bewusstsein vom Ganzen. Aber Löwith will diesen methodischen und erkenntnistheoretischen Vorrang nicht ontologisiert wissen. Also ist nicht einfach der Mensch das Maß aller Dinge (gegen den homo mensura Satz von Protagoras), sondern auch das Weltall bleibt konstitutiv für sein Selbstverständnis. Das Verhältnis Geist und Natur ist ein reziprokes, auch wenn diese Feststellung vom Menschen getroffen wird.

In diesem Sinne heißt es, dass selbst die Fundamentalontologie Heideggers „die fundamentale Frage nach dem Sein überhaupt am Seinsverständnis des menschlichen Daseins [befestigt]".[9] Dass der griechische Kosmosbegriff eine Bedeutungsverschiebung durch das Christentum erfährt, scheint nach Löwith Heidegger nicht immer zu beachten. In seiner Abhandlung ›Vom Wesen des Grundes‹ hat Heidegger zum „anthropologischen Weltbegriff positiv Stellung genommen, ohne jedoch dessen christliche Herkunft in Frage zu stellen".[10] Für die Griechen besitzt der Kosmos eine Ordnung, ist nicht chaotisch.[11] Löwith meint, dass Heidegger fälschlicherweise selbst den griechischen Kosmos auf das menschliche Dasein „relativ" mache, obwohl es der Kosmos ist, der das menschliche Dasein umgreift.

Dieser kurze Hinweis – Löwith/Heidegger – soll nur die anthropologische Position von Löwith verdeutlichen helfen, die im Gegensatz zu Heidegger, den Löwith freilich einen „Denker in dürftiger Zeit" nennt, von dem Primat des Kosmischen vor dem Menschlichen ausgeht.[12] Löwith insistiert darauf, dass der Verlust der griechischen Weltansicht mehr Unheil als Nutzen gebracht hat. Die existenzphilosophischen Selbstverständnisse des Menschen haben radikal auf eine kosmische „Weltordnung" verzichtet. Sie kennen nur noch eine „Weltorientierung" (Jaspers), „Weltentwürfe (Heidegger) und die bodenlose Freiheit der Selbstbestimmung, d.h. das zur Freiheit „Verurteiltsein" (Sartre).

Löwith erkennt freilich den „ausgezeichneten Bezugspunkt Mensch" an, aber sagt zugleich, dass er „doch nur ein Punkt, ein Mikromegas (kleiner Großer) im Ganzen des Seienden ist".[13] Seit Descartes haben wir uns an die besondere Behandlung des seiner selbst bewussten „Ichs" als des einzig sicheren Fundaments für die Frage nach dem Seienden gewöhnt.

[9] Ebenda.
[10] Löwith, K.: Gesammelte Abhandlungen, Stuttgart 1960, S.238.
[11] Vgl. Kranz, W.: Kosmos, in: Archiv für Begriffsgeschichte II, 1 und 2, 1955/57.
[12] Vgl. Löwith, K.: Gesammelte Abhandlungen, S.239f.
[13] Löwith, K.: Zur Frage einer philosophischen Anthropologie, S.331.

„Die Ontologie ist von Descartes bis Hegel eine Ontologie des Bewußtseins“, sagt Löwith und entwickelt seine eigene anthropologische Konzeption „von der natürlichen Bestimmbarkeit“ des menschlichen Daseins im Ganzen des Seienden. Dabei weist er sowohl die an dem absoluten Geist als auch die an dem subjektiven Geist sich orientierende Anthropologie Hegels zurück.[14]

Menschsein bedeutet das kosmische Eingebettetsein des Menschen, denn kein Menschenleben kann sich diesen kosmischen Bezügen entziehen. Wir wissen nicht immer, wie weit und wie tief diese Bezüge uns bedingen und bestimmen. „Was wissen wir“, fragt Löwith, „für gewöhnlich von diesen anonymen Verhältnissen unsres leiblichen Lebens zum planetarischen, solarischen und siderischen?... Diese kosmischen Bezüge äußern sich meist nur in den dadurch bedingten Stimmungen.“[15] Jeder von uns kennt, wie der Mensch gestimmt bleibt durch Witterungswechsel, Wechsel der Jahreszeiten und der klimatischen Zonen. Auch die Drogen bestimmen unsere Stimmungen, „die“ – so Löwith – „in ihrer Wirkung auf Leib und Seele nicht minder natürlich sind, weil sie sich aus der Natur dieser Drogen unwillkürlich ergeben“.[16]

Trotz aller Zivilisiertheit und Kulturträchtigkeit des Menschen, trotz seiner Kultur und Geschichte als seiner zweiten Natur, bleibt der Mensch auf der Bühne der Natur und in der Natur. Er kann seinen Platz in dem Ganzen der Ordnung – Pflanzenwelt – Tierwelt – Menschenwelt – nicht aufgeben. Der Mensch ist nicht alleine im großem Universum, und er darf daher seine Stellung im Ganzen nicht selbstherrlich überschätzen. Alle Anthroplogien, die den Menschen von seinem ontologischen Bezug her, von seiner göttlichen Herkunft her begreifen (und Löwith nennt hier Namen, wie Augustin, Descartes, Hegel, Haecker, Scheler, Heidegger), sehen eine „naturalistische Banalität“ in dem Versuch, den Menschen aus seiner allgemeinen und immer gleichen Natur zu bestimmen.

Nicht die menschliche Natur ändert sich so sehr in den verschiedenen anthropologischen Interpretationen, sondern „sie verweisen“, sagt Löwith, „nur auf einen Wandel im Selbstverständnis des Menschen.“[17] „So wenig wie es eine moderne Natur gibt, wohl aber eine moderne Naturwissenschaft, so wenig gibt es eine moderne Menschennatur und insofern einen „modernen Menschen“, wohl aber zeitgemäße und antiquierte Anthropologien.“[18] Der von uns so bezeichneten „natürlichen Anthropologie“

[14] Vgl. ebenda, S. 332 f.
[15] Ebenda, S. 335.
[16] Ebenda.
[17] Löwith, K.: Gesammelte Abhandlungen, S. 184.
[18] Ebenda, S. 184 f.

Löwiths liegt ein bestimmter, aber umfassender Naturbegriff zu Grunde. Fast im Geist Humes, definiert Löwith Natur durch ihre Unhintergehbarkeit, Regularität u.a.

„Die Natur wäre keine Natur, wenn sie sich hintergehen ließe, und kein vernünftiger Mensch kann bestreiten, dass er als Lebe-Wesen zur Welt kommt, das sich von Natur aus bewegt, nach Nahrung verlangt, heranwächst, altert, erkrankt und schließlich stirbt."[19]

Dass der Mensch einen Widerspruch in seiner Natur sieht und beinahe einen Gegensatz zwischen Natur in ihm (Natur des Menschen) und seiner Natur (seinem Wesen) veranstaltet, geht auf das Konto der christlichen Anthropologie. Diese hat die menschliche Natur als eine gefallene interpretiert, als Krankheit und als etwas Widernatürliches angesehen. Natürlich ist aber nach Löwith beides, das Krankhafte und Kunstvolle, denn „die Natur ist aber nicht nur natürlich, wenn sie wachsen und gedeihen läßt, sondern ebensosehr, wenn sie zerstört, die Erde erbeben, das Meer tosen und Vulkane ausbrechen läßt".[20] Es ist ein Vorurteil des Menschen, dass er das ihm Unangenehme widernatürlich findet. Sehr deutlich übt Löwith Kritik an der christlichen Anthropologie, indem er sagt: „Die Krankheit des Menschen an seinem eigenen Menschsein wird als Sünde interpretiert, und die Heilung dieser Sünde kann nicht durch eine vernünftige Krankheitseinsicht und einen natürlichen Gesundungswillen erfolgen ... Das Heilmittel ist dann nicht mehr die philosophische Einsicht, sondern der christliche Glaube ..."[21]

Aber der Glaube liegt nicht in der Natur des Menschen, er muss ihm übernatürlich geschenkt werden. Löwith sagt: „Wir begnügen uns deshalb mit der geringen Feststellung, daß der Mensch eine Natur hat, aufgrund deren er nicht umhin kann, nach der Natur aller Dinge zu fragen und sich und die Welt als ein 'Problem', d.h. als etwas Vorgelegtes zu erfahren und zu durchdenken."[22] Der Mensch ist daher in erster Linie von Natur aus dann ein „fragendes Wesen", auch dann, wenn er sich selbst in Frage stellt.

„Obgleich der Mensch sich selbst und die ganze Welt in Frage stellen kann, ist und bleibt er doch von Natur aus ein Geschöpf dieser fraglos gegebenen, natürlichen Welt."[23] Daher bedarf nach Löwith die philosophische Anthropologie zu ihrer Grundlegung der Kosmologie. Denn „auch der Mensch, sofern er eine Natur hat, ein Menschengewächs, das durch Werden ins Sein kommt und wird, was es ist".[24]

[19] Ebenda, S. 198.
[20] Ebenda, S. 207.
[21] Ebenda, S. 198f.
[22] Ebenda, S. 199.
[23] Ebenda, S. 196.
[24] Ebenda, S. 185.

Der natürlich denkende Mensch fängt an, indem er sich wundert, warum die Dinge so sind, wie sie sind. Es scheint so zu sein, dass der Mensch mit den Dingen und Verhältnissen, wie sie sind, weder zufrieden noch einverstanden ist, weil sie eben nicht so sind, wie sie sein sollen. Dem menschlichen Fragen liegt ein Gedühl des Unbehagens zu Grunde. Dieses Befremdliche aber verliert der Mensch, wenn „der fragende Mensch die ihm Antwort gebende Einsicht gewonnen hat". Denn „dann würde er sich nunmehr wundern, wenn sich die Dinge anders verhielten und anders wären, als sie von Natur aus schon sind".[25] Hier verweist Löwith auf den buddhistischen Zen-Spruch, der da sagt, alles ist so, wie es ist, wenn man wissend geworden ist.[26] Nach Löwith sollte man vielmehr von der „Natur" des Menschen sprechen und weniger vom „Wesen" des Menschen, denn „die Natur als solche läßt sich durch kein 'Wesen' ersetzen."[27]

Löwith fasst die Hauptmerkmale seines Naturbegriffs zusammen: „Sie ist nicht die vergängliche Schöpfung eines außerweltlichen Gottes, sie ist auch nicht das 'Anderssein der Idee' (Hegel) oder die 'erste' Natur, die noch nicht zur Freiheit im Wesen Gottes erlöst ist (Schelling); sie ist noch weniger ein bloßer 'Grenzfall' des uns innerweltlichen Bewegenden (Heidegger); sie ist ebensowenig die Natur der modernen Naturwissenschaft, im Unterschied und im Gegensatz zum Geist der historischen Wissenschaften. Sie ist ewiges Leben und höchste Weisheit, d.h. der alles durchherrschende Logos der alles umfassenden Physis."[28]

Die menschliche Natur als die Natur im Menschen – so könnte man Löwith deuten – ist in ihrer Natürlichkeit jenseits aller historischen Relativierungen. Es gibt keinen Menschen – so Löwith – „der Renaissance" oder „des Atomzeitalters", und die Welt ist nicht die Welt „des kopernikanischen Zeitalters". Die Welt der Natur ist immer sie selbst, nur unsere Sehweisen haben sich geändert. Selbst die Frage nach der sog. „Sonderstellung" des Menschen will Löwith „nur innerhalb dieser Zugehörigkeit zu Naturwelt" lösen. Sonderstellung: ja, aber exklusive Sonderstellung: nein. Unsere Natur ist bestimmt durch die Natur in uns.

Diese „Naturbestimmtheit des Menschen", wie Löwith in seinem Anthropologieaufsatz schreibt, „betrifft nicht nur seine Angewiesenheit auf die Natur außer ihm, sondern auch seine eigene".[29] Zur Natur des Menschen gehört daher neben physisch-physikalischen Merkmalen auch das

[25] Ebenda, S. 207.

[26] Vgl. Löwith, K.: Unzulängliche Bemerkungen zum Unterschied von Orient und Okzident. in: Festschrift für H.-G. Gadamer, Frankfurt a. M. 1960.

[27] Vgl. Löwith, K.: Gesammelte Abhandlungen, S. 184.

[28] Ebenda, S. 183 ff.

[29] Löwith, K.: Zur Frage einer philosophischen Anthropologie, S. 336.

Biologisch-Psychologische mit Temperamentunterschieden, anderen Idiosynkrasien, ja die verschiedenen kretzmerschen Merkmale von „Körperbau und Charakter".

Sehr deutlich, und anscheinend auf den Existenzialismus zielend und auf Heidegger anspielend, schreibt Löwith: „Und wenn ein Philosoph eine bestimmte Befindlichkeit – etwa die Angst – als die Grundbefindlichkeit des menschlichen Daseins behauptet, so darf man annehmen, daß auch solche Behauptungen ihren Grund in dem eigentümlichen Temperament dieses Denkers haben."[30] Es wäre billig, hier Löwith eine Psychologisierung des Philosophischen vorzuwerfen.

Zur „Naturbestimmtheit des Geistes" gehören ferner die verschiedenen „Talente", Begabungen, d.h. der Sinn für etwas. „Das griechische Denken", führt Löwith als Beleg an, „ist vorzüglich vom Sehen des Sichtbaren her bestimmt, das Biblische vom Hören des Unsichtbaren".[31] Für die christliche Anthropologie ist der Mensch ein „Geschöpf", das auf das Hören des Gotteswortes angelegt ist, wohingegen in der griechischen Denkweise, bei Platon, auch das Unsichtbare, die Idee, einem theoretischen Schauen zugänglich ist. Im Unterschied zu dem griechischen Begriff für das Wahre *a-letheia* (wörtlich: das Unverhüllte, Nichtverborgene) ist der hebräische Begriff für Wahrheit von dem Verbum *aman* abgeleitet (das Zuverlässige, das Vertrauen).

Zur „Naturbestimmtheit des menschlichen Geistes" gehören ferner all die spontanen Zu- und Abneigungen für bestimmte Dinge, Farben, Tiere und Menschen. Diese unwillkürlichen Tendenzen sind unhintergehbar, und jede rationale Erklärung setzt diese voraus. Auch gehören zur Naturbestimmtheit alle natürlichen Veränderungen des Anderswerden (jung, alt, tot). „Diese Phänomene", schreibt Löwith, sind nichts „je-Eigenes", sondern jedermann eigentümlich, weil sie das allgemeine Menschenwesen, die menschliche Natur kennzeichnen".[32] Der Weg alles Lebendigen folgt dem Entstehen, Bestehen und Vergehen. Die Allgemeinheit der Gattung ist den individuellen Wünschen entzogen.

Anknüpfend an die Schrift von E. Strauß: Psychiatrie und Philosophie[33] und diese beschreibend – analysierend erarbeitet Löwith das Grundphänomen der Naturbestimmtheit des Menschen. Im Gegensatz zur traditionellen Bestimmung des Menschen als Bewusstsein, als Geist, Fürsichsein und Existieren findet er das Menschsein im Wiederkehren von Wachsein

[30] Ebenda.

[31] Ebenda.

[32] Ebenda.

[33] Guhle, H.-W., und Jung, R. (Hrsg.): Psychiatrie der Gegenwart, Bd. 1/2, Berlin 1963, S. 926ff.

und Schlafen. Nicht kontinuierlich leben wir, sondern in einer sprunghaften Fortsetzung des wachen Daseins mit seiner Zeitigung. In diesem periodischen Wechsel von Schlaf und Wachen erleben wir unsere Identität als ein Bewusstsein von ihr vor – und nach – dem Schlaf oder Traum. „Im Erwachen“, schreibt Löwith, „erwacht der Mensch zum Selbstgefühl und Selbstbewußtsein. Erst durch diese Beziehung auf sich selbst hebt sich dann alles andere als ein anderes von uns selber ab. ... Wenn ich erwachend zum Bewußsein meiner selbst komme, ist auch schon die andere Erfahrung gemacht, daß es andere gibt als mich selbst. Das Wachsein ist das zur Gewohnheit gewordene Setzen des Unterschiedes von Subjekt und Objekt, ein Unterschied, der sich in der bewußtlosen Gesammeltheit des Schlafes wieder aufhebt.“[34] All dies dient Löwith zur Unterstützung der natürlichen Anthropologie, die das Bewusstsein oder den Geist nicht negiert, sondern ihm eine Stelle in dem umfassenden Eingebettetsein der Menschen in der kosmischen Natur gibt und sie ihr unterordnet.

Löwith nennt es „nur die halbe Wahrheit, daß das seiner selbst bewußte und zu sich selbst verhaltende Sein auch für das Verständnis des Unbewußten oder des bloß lebendigen Seins das maßgebliche sei“.[35] Diese Voraussetzung hat die Ontologie des Bewusstseins nicht nur von Descartes bis Hegel beherrscht, sondern darüber hinaus auch die Existenzphilosophie. Jedem seiner selbst bewussten Sein geht eine Weise des menschlichen Daseins voraus, die selbst nicht durch das Bewußtsein bestimmt ist – Zustände vor der Geburt, im Schlaf, im Traum u. a.

„Der Umstand, daß das Bewußtsein maßgeblich ist für das Verständnis des Unbewußten, besagt nicht, daß es auch maßgeblich ist für das, was das Lebendige selber ist, nämlich etwas anderes und mehr als ein bloßer Mangel an Bewußtheit.“[36] So zu meinen, wäre ein idealistisches Vorurteil.

Löwith ist gegen die einseitige Glorifizierung des Bewusstseins, das als Teil des Ganzen und im Ganzen das Ganze beherrschen will. Dass die Physis des leibhaftigen Menschen tief in seine bewusste Existenz hineinreicht, ist nicht zu leugnen, und dies gilt auch dann, wenn wir annähmen, das Vorbewusste und Unbewusste seien auf Bewusstwerdung angelegt.

Die lebendige Natur des Kosmischen, das Nicht-um-sich-Wissen der Natur, darf nicht einfach mit Geistlosigkeit gleichgesetzt werden. Denn der Kosmos mit seiner Ordnung deutet auf einen Gesichtspunkt vom Vorrang der lebendigen kosmischen Natur über das bewusste Sein des Menschen hin.

„Wir müssen allem zuvor die Natur, die uns erzeugt hat, und den Zufall,

[34] Löwith, K.: Zur Frage einer philosophischen Anthropologie, S. 339.

[35] Ebenda, S. 341.

[36] Ebenda.

daß wir zur Welt kamen, voraussetzen, damit sich ein Welt- und Selbstbewußtsein ausbilden kann. Man muß also den Hegelschen ... Weg von der Idee bzw. vom Geist zur Natur und vom selbstbewußten zum naturbestimmten Geist und vom Wachsein zum Schlafen auch in umgekehrter Richtung gehen, um die ganze Wahrheit zu vergegenwärtigen ...“[37]

Auch wenn der Mensch weder ganz bruchlos in dem Kosmos, in der Welt, aufgeht noch einem überweltlichen Ursprung entspringt, ist und bleibt seine Naturzugehörigkeit maßgebend. In diesem Sinne mag der Mensch sein eigenes Rätsel bleiben, aber dass dieses Rätsel auch für die kosmische Natur ein Rätsel sein muss, das zu lösen der Mensch von Natur aus beauftragt ist, scheint eher ein menschliches Vorurteil zu sein. Die anthropologische Frage nach einer besonderen Sonderstellung des Menschen verrät ihre theologische, metaphysisch-ontologische, idealistisch oder materialistisch-konstruktive Herkunft. Mit Recht sagt Löwith, seine Ansicht über die Menschen zusamenfassend: „Der Mensch mag noch so sehr aus der Natur herausstehen, existieren, transzendieren und reflektieren, er ist von dieser Zugehörigkeit und Zuordnung zum Ganzen der Naturwelt nicht ausgenommen, auch wenn er unmittelbar nichts davon weiß.“[38]

Ein solches Wesen wie der Mensch, der seinem Eingebettetsein in der kosmischen Ordnung, in der großen Natur nicht entrinnen kann und der sich in einem ständigen Für und Wider die Natur befindet, kann nicht sein Maß an dem Geschichtlichen gewinnen. So bleibt für Löwith die Natur die Richtschnur für Mensch und Geschichte. Sowohl in dem Vorwort ›Von Hegel zu Nietzsche‹ als auch in dem von ›Weltgeschichte und Heilsgeschehen‹ formuliert Löwith das eigentliche Anliegen seiner geschichtlichen Darstellung so: „Bestimmt sich das Sein und der ‘Sinn’ der Geschichte überhaupt aus ihr selbst, und wenn nicht, woraus dann?“ In der griechischen Kosmos-Natur ist die Geschichte für Löwith aufgehoben, und er negiert die Geschichte als einen umfassenden Deutungsrahmen. Solche Rahmen sieht er sowohl bei Augustin als auch bei Hegel und Marx. Alle diese Deutungsversuche sind keine wissenschaftlichen Theorien der „wirklichen Geschichte“, sondern eine dogmatische Geschichtslehre, und sie alle lesen die Geschichte vom Ende her und entwerfen ein eschatologisches Bild einer Universalgeschichte.

Löwith wirft solchen Geschichtsdenkern, allen voran Hegel, vor, dass bei ihnen „die Wahrheit eine Tendenz habe, sich zu entwickeln“. Löwith selber sieht keinen „Fortschritt im Bewußtsein der Freiheit“, wovon Hegel nicht müde wird zu reden.[39] Das Problem der Geschichte ist innerhalb

[37] Ebenda.

[38] Zit. in: FAZ vom 10. Januar 1972 (Fetscher).

[39] Löwith, K.: Gesammelte Abhandlungen, S. 254.

ihres eigenen Bereiches nicht zu lösen, denn geschichtliche Ereignisse als solche enthalten „nicht den mindesten Hinweis auf einen umfassenden letzten Sinn.“[40] „Die Geschichte hat kein letztes Ergebnis“, so Löwith. „Eine Lösung ihres Problems aus ihr selbst hat es nie gegeben und wird es nie geben, denn die menschliche Geschichtserfahrung ist eine Erfahrung dauernden Scheiterns.“[41] Alle historischen Entwürfe – ob theologisch oder metaphysisch motiviert – sind gescheitert. Alle diese Geschichtsauffassungen haben den Menschen aus der Natur herausgenommen, und ihm entgegen der kosmischen Wiederkehr einen Entwicklungs- und Fortschrittsbegriff zugesprochen.

„Nicht die historische Welt“, sagt Löwith, „sondern die menschliche Natur überdauert allen geschichtlichen Wandel ...“[42] In dem ewigen Werden und Vergehen des Naturlaufs kann man nicht sinnvoll die Frage nach dem Sinn der Geschichte stellen, denn die immer gleiche Natur räumt dem Menschen keine außerordentliche Behandlung ein, auch wenn der Mensch als ein Geistwesen eine solche Behandlung für sich zu beanspruchen meint. Daher ist und bleibt die Dimension der menschlichen Existenz zentral. „Geschichtliche Revolutionen“, schreibt Löwith, „verlaufen nicht wie kosmische Revolutionen, d.h. wie regelmäßige Umläufe“.[43] Löwiths Kritik gilt grundsätzlich der Ansicht, dass der übermenschliche Kosmos, die Natur, die Welt, zur Menschenwelt reduziert wird und infolge dessen die menschliche Natur zur geschichtlichen Existenz. So gibt er seinen ›Gesammelten Abhandlungen‹ den Untertitel: ›Zur Kritik der geschichtlichen Existenz‹. In dem Aufsatz ›Mensch und Geschichte‹ versucht Löwith das Problematische dieser Konjunktion „und“ von einem geschichtsfreien Standort der Natur aus zu deuten.

Das Problematische dieser Verbindung: Mensch und Geschichte besteht darin, dass die Menschen ohne die Welt nicht, aber die Welt ohne die Menschen denkbar ist. „Wir kommen zur Welt – sie kommt nicht zu uns – und wir scheiden aus ihr, während sie selber weiterbesteht.“[44] Es ist daher ein menschliches Vorurteil zu denken, dass das „und“ auch eine wesenhafte Verbindung für die Welt ist.

Die Redensarten von der „geschichtlichen Welt“ (Dilthey), von der „geschichtlichen Existenz“ (Heidegger) und von der „Geistesgeschichte“ (Hegel) vernachlässigen unnötig die politische Geschichte, die die Weltgeschichte immer gewesen ist. Die hegelsche „Erfindung“ von einer „philo-

[40] Löwith, K.: Weltgeschichte und Heilsgeschehen, Stuttgart 1953, S. 175.
[41] Ebenda, S. 175.
[42] Ebenda, S. 183.
[43] Ebenda, S. 233.
[44] Löwith, K.: Gesammelte Abhandlungen, S. 152.

sophischen Weltgeschichte" und die Betonung der geschichtlichen Existenz haben die hegelsche idealistische These zur Voraussetzung, so Löwith, „daß die Wahrheit die Tendenz habe, sich zu entwickeln".[45]

In den beiden aristotelischen Bestimmungen des Menschen als *zoon logon echon* und *zoon politikon* ist weder von einer „historischen Vernunft" noch von einer „Welt-Geschichte" die Rede. Es geht um die gemeinschaftsbildende Fähigkeit des Menschen und nicht um die Voraussage eines eschatologischen Geschichtsverlaufs. „Es ist also offenbar möglich", schreibt Löwith, „von Menschen politisch und geistig zu sprechen, ohne auf die Geschichte und ihre Geschicke einzugehen".[46]

In dem theologisch-anthropologisch verengten Weltbegriff des Christentums meint Löwith die Behauptung von einer „geschichtlichen Existenz" zu finden. „Nur wenn der physische Kosmos zu einer Schöpfung Gottes wird, kann aus der Weltgeschichte, welche die Schöpfung von Mensch und Welt ist, auch die Idee einer „Weltgeschichte" hervorgehen, die sich dann schließlich im Menschen als einer „geschichtlichen Existenz" konzentriert."[47]

So lässt sich erklären und begreifen, dass nicht Aristoteles in seinem Freund und Welteroberer Alexander dem Großen den „Weltgeist" der Weltgeschichte erblickt, sondern nur Hegel in Napoleon. Der Logos des ewigen Kosmos mit seinem Entstehen, Bestehen und Wiederentstehen kann nicht in den vergänglichen „pragmata" unserer Geschichte aufgehen.

Zu meinen, die Griechen und auch die Asiaten hätten eigentlich gar nicht gewusst, was die Geschichte sei, „weil erst wir, nach dem Christentum, ein geschichtliches Bewußtsein haben, das die wechselvollen Geschicke als eine fortschreitende Geschichte der Menschheit auf ein letztes Ziel hin deutet", ist im Grunde genommen ein christlich-abendländisches Vorurteil.

Nicht, dass die Griechen von der ewigen Ordnung und der Größe des Kosmos nicht tief beeindruckt gewesen wären (denn sie waren es); sie wollten nur nicht das kosmisch Göttliche auf geschichtliche Ereignisse einengen. Die griechischen Denker waren „Historiker" und wollten nur „berichten" von wechselnden geschichtlichen Ereignissen.[48] Unser Eingebettetsein in den großen Kreislauf der Natur macht uns nicht pessimistisch, verurteilt uns nicht zur Untätigkeit; es lässt uns denken und handeln ohne Illusion, denn jedem kann dasselbe widerfahren, was man anderen zugefügt hat.

[45] Ebenda, S. 153.
[46] Ebenda, S. 153 f.
[47] Ebenda, S. 154.
[48] Ebenda, S. 155 f.

„Das historische Bewußtsein“, schreibt Löwith, „das an Marx … geschult ist, versteht nicht mehr das Einst der Zukunft mit dem Einst der Vergangenheit zusammenzusetzen, weil es nicht wahrhaben will, daß alle irdischen Dinge entstehen und vergehen“.[49] In seiner Schrift ›Weltgeschichte und Heilsgeschehen‹ kontrastiert Löwith den „eschatologischen Futurismus des Judentums und des Christentums“, der unser modernes historisches Bewusstsein zutiefst geprägt hat, mit dem griechischen Bewusstsein mit seinem tiefen Gefühl für die Hinfälligkeit aller menschlichen Dinge.

„Die Entdeckung der geschichtlichen Welt und der geschichtlichen Existenz, deren Sinn in der Zukunft liegt, ist nicht das Ergebnis einer philosophischen Einsicht, sondern das Produkt einer hoffnungsvollen Erwartung …“[50] Auch wenn unserem modernen Bewusstsein die christliche oder gar die marxistische Zuversicht von einem Reich Gottes bzw. der Freiheit abhanden gekommen ist, aber die Sicht auf die Zukunft als solche ist auch heute noch (in der Welt der technologischen Formation) herrschend geblieben. Löwith sieht darin „die Theologie der Geschichte“ verweltlicht.

Löwith bezeichnet es als ein „modernes Vorurteil“, wenn man Mensch und Geschichte einander ebenbürtig setzt. Und er findet eine solche Beurteilung von Hegel bis Heidegger über Marx und Dilthey. Löwith meint, dass nur eine unzulässige und übermäßige Betonung des Geschichtlichen ein solches Vorurteil zeitigen kann, denn in der Natur des Menschen braucht es nicht zu liegen. Da der Mensch heute nicht mehr in dem großen Umkreis der Natur, sondern im Horizont der Geschichte zu leben meint, verbindet er sein Wesen untrennbar mit der Geschichte, die er sich geradlinig und fortschrittlich vorstellt. Paradoxerweise aber wird der Mensch mit seiner Geschichte und in seinem Bestand gerade von der modernen, naturwissenschaftlichen, technologischen und industriellen Macht bedroht. Löwith stellt die Frage, warum gerade heute die Geschichte verabsolutiert wird. Und er antwortet: weil uns heute sowohl die alte griechische als auch die christliche Denkweise abhanden gekommen sind.

„Wenn das Universum weder göttlich und ewig ist, wie es für Aristoteles war, noch vergänglich aber geschaffen, wie für Augustin und Thomas, erst dann erhebt sich die Möglichkeit einer ‘geschichtlichen Existenz’, das heißt einer solchen, die keinen bestimmten Ort mehr im Ganzen des von Natur aus Seienden hat und darum ganz auf sich selbst und auf ihrer Zeitlichkeit steht.“[51]

In dieser Leere als Ortlosigkeit liegt nicht nur eine Entfremdung von

[49] Ebenda, S. 156.
[50] Ebenda, S. 157.
[51] Löwith, K.: Gesammelte Abhandlungen, S. 159 f.

der natürlichen „Kosmo-Theologie“ des Altertums und von der einmaligen, übernatürlichen Theologie des Christentums, sondern auch das Gefühl der Heimatlosigkeit. In der Abwesenheit einer haltbietenden Verankerung der menschlichen Existenz deutet sich der Mensch als etwas in die Welt „Geworfenes“ und begreift sein Sein als „Sein zum Tode“, aber nicht mit der, sondern eher im Protest gegen die Ordnung des kosmischen Kreislaufs.

Der Anspruch, dass unsere Aussagen über die Menschen die geschichtlichen Zeiten zu überdauern haben, kann nur eingelöst werden, „wenn sich der Mensch in allem Wechsel und Wandel wesentlich gleich bleibt, denn nur Bleibendes kann sich auch wandeln“.[52]

Was die Geschichte selbst trägt, kann wiederum nicht etwas Geschichtliches sein; es muss etwas Über-, Außergeschichtliches sein. Löwith findet dies in dem ungeschichtlichen „ewigen Kosmos“. Denn nur die Besinnung auf einen solchen Kosmos kann uns helfen, die geschichtlichen Wechselfälle zu überstehen und nach den Katastrophen neu anzufangen, ohne aber übermütig zu werden oder gar ganz zu verzweifeln. Der Mensch lernt auf diese Weise, dass er zwar unausweichlich in der Geschichte steht, ein geschichtliches Wesen ist, eine Geschichte hat, aber nicht von ihr lebt, in ihr aufgeht und sie ist. Daher sagt Löwith, dass „sich Geschichte und Mensch niemals decken“.[53]

Das abendländische Geschichtsdenken von Augustin über Vico, von Hegel bis zu Marx wird von Löwith im Gegensatz zu dem orientalischen Denken als eine unumkehrbare Richtung auf ein künftiges Ziel hin bezeichnet. Hegel – so Löwith – bedient sich, um die Weltgeschichte mit dem Gottesplan in Einklang bringen zu können, dessen, was er die „List der Vernunft“ nennt. „Diese List der Vernunft“, so Löwith, „ist Hegels philosophischer Begriff für den Glauben an Vorsehung“.[54]

In der Formulierung von Marx, dass die Geschichte „die wahre Naturgeschichte“ des Menschen sei, sieht Löwith ebenso eine willkürliche und selbstherrliche Abkoppelung der menschlichen Natur von der Natur. Nur so kann man verstehen, dass Marx von einer Produktion der geschichtlichen Welt spricht durch die weltverändernde Arbeit des Menschen. „Marx staunt nicht mehr über das, was von Natur aus immer so ist, wie es ist …, sondern er ist empört, daß es in der geschichtlichen Welt nicht anders ist, als es ist, und er will darum die Welt ‘verändern’“.[55]

Auch in dem von ihm so hoch geschätzten Denken Heideggers findet

[52] Vgl. ebenda, S. 161.
[53] Vgl. ebenda, S. 160.
[54] Vgl. ebenda, S. 179.
[55] Vgl. ebenda, S. 172.

Löwith die Vergessenheit des kosmischen Bezugs in dessen seinsgeschichtlichem Denken, das von einer „geschichtlichen Eschatologie des Seins". So heißt es bei Löwith: „Im Prinzip sind Hegels konstruktiver Fortschritt und Aufstieg und Heideggers destruktiver Rückschritt und Abstieg nicht zu verstehen. Beide bewegen sich in derselben modernen Verstiegenheit eines Geistes – und seingeschichtlichen Historismus."[56]

Wozu eine einseitige Überbetonung mit allen positiven und negativen Erwartungen führen kann, zeigt Löwith, indem er sehr deutlich sagt: „Der Zeitgenosse Napoleons denkt seine Vollendung der europäischen Geschichte des Begriffs als die erreichte Fülle eines unentwickelten Anfangs; der Zeitgenosse Hitlers denkt dieselbe Geschichte des abendländischen Geistes als einen sich vollendenden Hervorgang des Nihilismus."[57]

Es führt zu geschichtlichen Kurzatmigkeiten, zu Ungeduld und Intoleranz – so könnte man Löwith weiterführen –, wenn man eine irgendwie motivierte Einschränkung der Weltgeschichte vornimmt. Denn selbst das „Seinsgeschick" Heideggers beschränkt sich nach Löwith auf die Geschichte des Abendlandes, „als habe das universale Sein für den Okzident eine Vorliebe".[58] Der Logos des Kosmos, des Seins als solches kennt keine Parteinahme, ob im Orient oder Okzident, und daher sei einem jeden Anspruch gegenüber Skepsis und Vorsicht geboten, der sich von dem absoluten Geist, vom Sein selbst zugeschickt denkt.

Wie soll sich eigentlich das unwandelbare Wahre in der Welt der Geschichte voller Wandlungen zeigen? Denn es ist nicht richtig, die geschichtliche, die menschliche Welt mit dem Universum gleichzussetzen. Kein weltgeschichtlicher Augenblick kann das immer währende Ganze der Natur erschüttern, und daher ist Weltuntergang nicht gleichzusetzen mit dem der großen Natur. Wer so die Welt mit der Weltgeschichte, die Natur des Menschen mit der geschichtlichen Existenz gleichsetzt, verengt nicht nur sein Thema; er verfehlt es. Daher heißt es zusammenfassend bei Löwith: „Der metaphysische Historismus von Hegel, der historische Materialismus von Marx und Heideggers Rede vom „Seinsgeschick" sind gleichermaßen unzulänglich für ein Verständnis der Welt, weil sie alle vom Menschen und seiner geschichtlichen Welt ausgehen."[59]

Auch wenn wir die Frage, ob wir für die Welt oder sie für uns da ist, in dieser Schärfe nicht eindeutig für die Welt oder für die Menschen beantworten können, so ist die Herausnahme des Menschen aus dem kosmischen Haushalt doch ein menschliches Vorurteil, das zwar verständlich

[56] Vgl. ebenda, S. 175.
[57] Vgl. ebenda, S. 175.
[58] Vgl. ebenda, S. 175.
[59] Vgl. ebenda, S. 177.

sein mag, aber einer jeden Grundlage entbehrt. Wir sind mit und in der Natur, und nicht ohne und gegen sie, was wir sind. „Wer sagt uns", so Löwith, „daß die Welt auf die Menschen und seine Geschichte hin angelegt ist und nicht auch ohne uns sein könnte, nicht aber der Mensch ohne Welt ..."[60]

Dass Löwith an dem Ewigen des kosmischen Kreislaufs das eigentliche Maß für Mensch und Geschichte findet und uns vor apodiktischen Aussagen, die geschichtliche und menschliche Gewänder tragen, warnt, mag seine Schwierigkeiten haben, eine allgemein gültige Handlungsmaxime direkt aus der Kosmosnatur ableiten zu können, aber es hilft uns, uns in unseren Erkenntnisansprüchen zu bescheiden und gegenüber einem jeden Absolutheitsanspruch skeptisch und wach zu bleiben. Man hat in dieser Zurückhaltung Löwiths einen ungeschichtlichen, stoischen Rückzug vermutet. So hält Habermas Löwith vor, dass er nicht wahrhaben will, dass wir uns heute von unseren Pragmata nicht mehr so einfach distanzieren können, wie es zu Zeiten und unter Verhältnissen eines Heraklit, noch eines Aristoteles möglich war.

Von Löwith her könnte wiederum Habermas eine Schwäche für geschichtlich allgemein gültige, handlungstheortische Entwürfe vorgehalten werden und auch eine Kurzatmigkeit und eine zu große Engagiertheit verbunden mit der Überbewertung der eigenen geschichtlichen Situation. Hatte nicht auch Adorno, der sonst illusionslos zu sein glaubte, voller Pathos gesagt, man könne nach Auschwitz nicht mehr Gedichte schreiben und philosophieren.[61]

Löwith schwimmt nicht mehr im Fahrwasser des Deutschen Idealismus, und Habermas unterstellt Löwith eine geschichtsphilosophische Ansicht (Verfallsgeschichte), die nur dann zu Recht bestünde, wenn Löwith das Vorhandensein einer objektiven Vernunft oder eines bestimmten Geschichtssubjekts oder der Zielgerichtetheit des geschichtlichen Geschehens nicht geleugnet hätte. Aber Löwith, dessen Denken sich am ewig gleichen Kosmos orientiert, stellt weder Werden und Vergehen von geschichtsphilosophischen Vorstellungen in Abrede noch das Werden und Vergehen in der Natur.

Löwith plädiert für die Aufrechterhaltung eines „Skeptizismus", der eine philosophische Haltung ist und die in der Kunst besteht, das Stellen extremer Fragen zu vermeiden wegen der notwendig dogmatischen Lö-

[60] Vgl. ebenda, S. 179.

[61] Vgl. Habermas, J.: Karl Löwiths stoischer Rückzug vom historischen Bewußtsein, in: Philosophisch-politische Profile, Frankfurt a. M., 1971, S. 116–140; auch Saß, H.-M.: Urbanität und Skepsis: Karl Löwiths kritische Theorie, in: Philosopische Rundschau, 21, 1975, S. 1–23.

sungen, die solche nach sich ziehen. Skeptizismus ist die Kultur des Verzichts auf vorschnelle und endgültige Lösungen. „Der Skeptiker“, so Löwith, „ist der einzige Intellektuelle, d.h. wörtlich Einsichtige und genau Nachsehende (skeptomai), der noch daran glaubt, daß man etwas wissen – und auch nicht-wissen könne. Was der Mensch wissen kann, ist nicht, daß es in bezug auf die Welt, zu der auch der Mensch gehört, zeitlose Wahrheiten gibt, sondern daß es – im Unterschied zu der jeweiligen geschichtlichen Situation einer bestimmten Zeit – Immerwährendes gibt, das sich zu allen Zeiten bewährt, weil es das Wahre ist. Was immer ist, ist nicht zeitlos; was sich immer gleich bleibt, ist nicht zeitlich.“[62]

Auch wenn es nicht leicht ist, aus der Schau des Kosmos, aus der Einsicht unseres Eingebettet- und Bestimmtseins in die ewig rollende Ordnung von Entstehen und Vergehen ein eindeutiges Prinzip der sozialen Ordnung abzuleiten, scheint mir das löwithsche Insistieren auf dem Primat der Natur vor Mensch und Geschichte doch nicht unbegründet zu sein, denn keine Welt-, Umwelt- und Selbstveränderung vermag diese Verbundenheit aufzuheben.

Löwiths Geschichtsdenken befindet sich jenseits der optimistischen und pessimistischen Geschichtskonstruktionen und lebt aus der gelassenen, stoischen Kraft, die es der Einsicht in die kosmische Verbundenheit verdankt.

Nicht Umwelt, sondern Mitwelt ist die Welt der Natur für uns. Am Werden und Vergehen der Kosmos-Natur sollen wir nicht verzweifeln; wir Menschen sollen an ihr eher reifen. Die Naturwelt ist aus sich selbst bewegend und bestehend. Sie wird nie ganz zu unserer Umwelt. Gott als ein Prädikat des Kosmos kann kein persönlicher sein, und der Mensch ist dann kein Ebenbild Gottes. Wie alle anderen Wesen ist der Mensch auch ein Weltwesen, durch das die Welt zur Sprache kommt.[63] Hierin mag seine Sonderstellung liegen, und dies ist gerade die ‘natürliche Anthropologie’ Löwiths, die den unaufhebbaren Naturbezug des Menschen meint.

[62] Vgl. Löwith, K.: Gesammelte Abhandlungen, S. 92.

[63] Vgl. Löwith, K.: Mein Leben in Deutschland vor und nach 1933. Ein Bericht, Stuttgart 1986, S. 156.

XV.

Epilog: Die große Natur als Richtschnur für Mensch und Geschichte oder wider die Anthropozentrik – eine interkulturelle Perspektive

1. Im Geiste der phänomenologischen Methode, und das heißt auch jenseits aller Hypostasierungen und Konstruktionen sind wir in dieser Untersuchung von dem Vorrecht des Gegebenen und Erlebten ausgegangen mit dem Ziel, es vorurteilslos zu sehen und zu beschreiben. Freilich bedeutet das Gegebene in dem Bereich Mensch und Geschichte in der Hauptsache die 'ungeheure Empirie' (Goethe), die wir nicht ungestraft vernachlässigen können. Unsere Methode ist daher nicht so sehr formal und logisch-analytisch, sondern anschaulich-deskriptiv gewesen. Wir sind dabei nicht von vorbestimmten Grundbegriffen ausgegangen, sondern haben so weit wie möglich vorurteilslos das zu beschreiben versucht, was und wie es sich zeigt. Und hierin haben wir uns bemüht, den verbindlichen Logos zu erblicken, der sich nur bruchstückhaft zeigt und nur in 'Überlappungen' zu haben ist. Nur so kann man das Unverstellte sehen, erfahren, beschreiben und darstellen. Ferner kann man dadurch auch das enthüllen, was der menschliche Geist seit Urzeiten gewollt, ungewollt, spekulativ-ideologisch oder zu anthropozentrisch verschleiert hat.

Es wird nicht eine ausgedehnte Ordnung in die Natur hineinprojiziert (dies wäre immer noch eine anthropozentrische Konstruktion), sondern es wird eine Ordnung in der Natur wahrgenommen mit der daraus resultierenden Einsicht, dass das, was der großen Natur zu Grunde liegt und sie trägt, auch der Menschheitsgeschichte zu Grunde liegt und diese trägt. Freilich ist das, was alles trägt, selbst nicht Geschichte in einem partikularen Sinne der unterschiedlichen Geschichtsgattungen; es ist die eine Kosmos-Natur, welche an sich ungeschichtlich zu nennen ist, auch wenn sie sich der menschlichen Gesamtreflexion offenbart.

2. Der Mensch ist weder ganz frei noch ganz festgelegt, sondern besitzt in seiner Natur eine 'plastische Festgelegtheit bzw. Festlegbarkeit' durch sein Eingebettetsein in der großen kosmischen Natur. Daher wird selbst die 'exzentrische Position' (Plessner) des Menschen als ein anthropologisches Merkmal betrachtet, das zur menschlichen Natur wesentlich gehört. Seines Mangels an Wissen bewusst, wird der Mensch zu einem fragenden Wesen und kennt und lebt mit einer Asymmetrie zwischen Fragen und Antworten, wobei das Primat der Fragen bestehen bleibt. Es ist durchaus möglich, dass die große Natur sich so in der kleinen menschlichen Natur

zeigt. Auch die Bestimmung des Menschen als „homo compensator" (Marquard) bleibt noch zu anthropozentrisch, wenn damit das menschliche Schicksal bedauert werden soll, denn dann ist es immer noch ein menschliches Vorurteil, besser gestellt sein zu wollen. Alle Gattungen in dem großen Haushalt der kosmischen Natur gehorchen dem gemeinsamen Gang aller Dinge, der der allmächtigen Struktur von Entstehen-Bestehen-Vergehen unterliegt, die unterschiedliche Gattungen freilich unterschiedlich vollziehen.

3. Die Hauptfrage lautet: Hat die große Natur, von der ein Teil die menschliche Natur ist, eine basale Bedeutung, eine fundierende Bestimmung für Mensch und Geschichte oder nicht? Wenn ja, warum dann die entgegengesetzten Versuche der radikalisierten Geschichtlichkeit und Anthropozentrik, die doch letzten Endes ihren spekulativ-metaphysischen und/oder ideologisch-theologischen Charakter verraten? Falls nein, wo ist dann die allzu menschliche gesuchte Verbindlichkeit, um derentwillen großartige Bewusstseinsmodelle und handlungstheoretische und kommunikative Modelle entwickelt wurden und werden? Auch wenn es stimmt, dass das menschliche Ethos nicht bloß der Natur abgeguckt werden kann, bleibt die große Natur in einem eminenten Sinne maßgeblich an unseren Vorstellungen von dem, was letzten Endes gilt, mitbeteiligt. Will der Mensch neben der Natur eine die Ordnung der Natur restlos überwindende Ordnung herstellen, dann ist dieses anthropozentrische Vorurteil – aus welchen Beweggründen auch immer – eitel und zum Scheitern verurteilt.

Muss dieser Protest des Menschen sein? Eine verneinende Antwort würde die gesamte gewesene Menschheitsgeschichte Lügen strafen. Totale Machbarkeit der Geschichte ist zwar eine Illusion, aber der Gestaltungswille des Menschen lässt sich ebenso wenig leugnen, auch wenn dieser Wille stellenweise zerstörerisch ist. Die rahmenmäßige und unüberschreitbare Vorgegebenheit der großen Natur ist und bleibt für Mensch und Geschichte richtungsbestimmend verbunden mit der steten Mahnung zum Maßhalten und zur Bescheidenheit.

4. Im klassischen chinesischen Denken wird oft von zwei Wegen gesprochen: dem des Himmels und dem des Menschen, wobei der Weg des Himmels seinen Vorrang behauptet. In unserem Zusammenhang sind der Weg der Natur und der des Menschen nicht zwei entgegengesetzte Wege. Ist der Weg der großen Natur die Hauptstraße, der Hauptstrom, so sind die Wege des Menschen (und auch die anderer Lebewesen) die vielen Nebenstraßen und Nebenströme, die sich von der Hauptstraße bzw. dem Hauptstrom abzweigen, um wieder zu ihr bzw. zu ihm zurückzufinden. Man kann eine solche Denkweise als 'naturalistisch' bezeichnen. Um Missverständnissen vorzubeugen, möchte ich hier von zwei Arten des Naturalismus sprechen: erstens der des 'natürlichen' und zweitens der des 'naturalisti-

schen' Naturalismus. Es geht um *Naturalismus* und *Naturalistismus*. Der erstere besagt: die Philosophie der menschlichen Natur und die der großen Natur sind keine einander ausschließenden Gegensätze. Sie sollen als komplementäre Pole betrachtet werden, freilich mit dem Vorrang der letzteren. Der zweite Weg ist eher reduktiv und macht das Geistige zu einem bloßen Epiphänomenon. Was gilt, ist nur die Philosophie der großen Natur und nicht die des Menschen. Die Vernachlässigung der partiellen Autonomie der menschlichen Natur führt dazu, dass der Naturalismus das eigentlich Kulturelle, Geistige, Religiöse u. dgl. nicht befriedigend erklären kann.

Dieser Untersuchung liegt der natürliche Naturalismus zu Grunde, welcher der Name einer Weise ist, die den Menschen, seine Natur, sein Bewusstsein weder reduktiv 'naturalisiert' noch diese als etwas ganz Außernatürliches hochstilisiert und so in einem unvermeidlichen, aber inakzeptablen Dualismus endet. Der hier vertretene Naturalismus geht von der Grundeinsicht aus, dass der Mensch mit seiner Geschichte unverrückbar in der großen Ordnung der großen kosmischen Natur eingebettet ist. Der Mensch stellt eigentlich einen Knotenpunkt von Natur, Kultur und Historie, von Mythos und Logos dar. Der Mensch mit seiner Geschichte ist nicht unabhängig *von* der Natur, sondern unabhängig *in* der Natur.

5. Die große Natur mit ihrem anfangs- und endlosen Kreis von Entstehen-Bestehen-Vergehen stellt den Grundrahmen dar, der jedem Zweifel und Protest enthoben bleibt, und ein menschliches Denken, das sich außerhalb dieses Rahmens stellt, beweist seine Ohnmacht und kompensiert diese durch großartige geschichtsphilosophische Konstruktionen. Während das Denken des gesunden Menschenverstandes dem Kreislauf des Entstehens-Vergehens, wenn auch nur widerwillig, zustimmt, versucht das zu anthropozentrische und kurzatmige philosophische Denken, gegen den Kreislauf zu revoltieren mit den dafür ersonnenen Argumenten. Die Unruhe dieser zweiten Stufe legt sich, wenn das Denken in einer reflexiv-meditativen Einstellung die allumfassende Unparteilichkeit der kosmischen Natur einsieht. Diese Veränderung ist dem Zen-buddhistischen Weg vergleichbar. Dort heißt es: „Bevor man den Zen studiert, sind Berge Berge und Flüsse Flüsse; während man ihn studiert, sind Berge nicht mehr Berge und Flüsse nicht mehr Flüsse; sobald man aber eine Erleuchtung gehabt hat, sind Berge wieder Berge und Flüsse Flüsse.“[1] Worauf es ankommt, ist die gebotene bescheidene Zurücknahme der allzumenschlichen Sehnsucht nach einer allmächtigen Sonderstellung des Menschen,

[1] Suzuki, D. T.: Zen Buddhism: Selected Writings of Suzuki, hrsg. von W. Barrett, New York 1956, S. XVI–XVII. Zitiert in: Die Philosophie Luwig Wittgensteins von K. T. Fann, München 1969, S. 99.

mögen die Begründungen für diese Sonderstellung von der Theologie bis zum Wissensvorsprung (besonders des technisch-technologischen Wissens) des Menschen reichen.

6. Unsere These von dem „Naturalismus“ mahnt uns zur Bescheidenheit in all unseren Versuchen hinsichtlich einer Welt-, Umwelt- und Selbstveränderung. Es ist unsere Pflicht, auf der einen Seite nicht aufzugeben, auf der von der großen Natur so plastisch, unparteiisch und dennoch unterschiedlich eingerichteten Bühne zu agieren und auf der anderen Seite nicht dem Wahn der überheblichen Selbstmächtigkeit zu verfallen und naturfeindliche und zu anthropozentrische geschichtsphilosophische Konstruktionen zu entwerfen. Denn ein solches philosophisches Denken bleibt doch noch im Fahrwasser des Deutschen Idealismus, des dialektischen Materialismus, einer theologischen Geschichtsteleologie und des 'seinsgeschichtlichen' Historismus.

7. Eine Anthropologie, eingebettet im großen Haushalt der Natur, gibt uns den Ort an, an dem alle Geschichtsentwürfe liegen, mögen sie sich noch so einbilden, jenseits dieses Ortes zu sein. Der Mensch als ein 'natürliches' Wesen hat Geschichte, geht in ihr nicht ganz auf; die große Bühne der großen Natur mit ihrer ewig wiederkehrenden Struktur ist das Ungeschichtliche. Die menschliche Vernunft ist in einer solchen Anthropologie nicht überflüssig, auch wenn sie sich oft blamiert hat, sondern sie soll ihr Maß an der Natur und in der Erfahrung finden und den zu mächtigen und gierigen Willen aufgeben, für sich allein eine unvergleichliche Sonderstellung zu erwarten. Es geht hier daher um eine grundsätzliche Askese hinsichtlich des uns lieb gewordenen Anthropozentrismus, der wiederum alles bis auf die Menschen zum Mittel degradiert.

8. Die Griechen (aber auch die Asiaten z.B.) haben in der Ordnung des kosmischen Geschehens vom Entstehen und Vergehen das Wiederkehrende des Wahren gefunden, auch wenn sie die heroischen Taten der großen Individuen mit Vorliebe beschrieben haben. Augustinus erblickte das Eschatologische der weltlichen Geschichte außerhalb der Geschichte mit Gott als dem alleinigen Herrn der Geschichte. Hegels Verweltlichung des christlichen Motivs, eingebettet in seinem großartigen und sehr originellen spekulativen System, machte das Ziel der Geschichte der Geschichte immanent im Sinne der Selbstentfaltung des absoluten Geistes und stellte das Historisch-Politische – ob im Sinne einer christlichen und/oder spekulativ-idealistischen Verabsolutierung – in den Vordergrund. Dieses geschichtsimmanente Ziel des absoluten Geistes, das bei Hegel noch pseudotheologische und idealistische Kleider trug, wurde von Marx in seiner These von der Selbstbefreiung der Menschen als Sinn und Ziel historischer Prozesse um die gesellschaftspolitische und politisch-ökonomische Dimension mit den Elementen der Emanzipation und Revolution erwei-

tert. Schließlich meinte man in der wissenschaftlich-technischen Beherrschung der Natur und in einer möglichen emanzipatorischen Gestaltung der Gesellschaft die lang ersehnten und gesuchten Mittel für eine Totalerlösung der Menschheit gefunden zu haben. Kritisch festzuhalten bleibt jedoch, dass bis auf das asiatische und griechische Modell eines grundsätzlichen Eingebettetseins des Menschen in der großen kosmischen Ordnung alle Entwürfe die Menschen und seine Geschichte schicksalhaft überfordert haben.

Die Einsicht ist nicht zu hintergehen, dass wir auch als Geist- und Vernunftwesen Naturwesen sind und bleiben. Dass uns als Vernunftwesen die großen Verbindlichkeiten fehlen, scheint nicht minder natürlich zu sein als die naturgegebenen z. B. im Tierreich, deren Abwesenheit wir bei uns gelegentlich bedauern, ohne dies (und dies ist gerade das 'natürliche') jedoch selbst in irgendeiner Weise beeinflussen zu können. Die große Debatte, die seit Jahren zwischen den Konsenstheoretikern und ihren Gegnern geführt wird, ist ein Beleg hierfür.

9. Wenn Menschen über Menschen und Geschichte nachdenken und Fragen nach einer Anthropologie und Geschichtsphilosophie stellen, dann entwerfen sie unterschiedliche anthropologische und geschichtstheoretische Modelle. Diese sind unleugbar der Kritik und Korrektur durch den empirischen Verlauf ausgesetzt. Mit anderen Worten: Jede Hypostasierung, Ontologisierung, Verabsolutierung eines bestimmten Entwurfes, einer bestimmten Vorsehung ist zu vermeiden.

Die Ordnung oder eben das, was sowohl der Menschheitsgeschichte als solcher der großen Naturgeschichte zu Grunde liegt und die Struktur des Immerwiederkehrenden aufweist, ist nicht bloß eine erdachte oder erfundene, sondern eher eine entdeckte; sie ist eine in der Empirie begründete, in der Erfahrung gegebene und ursprünglich geschaute Ordnung. Daher gilt es, eine bloß induktive oder deduktive Anthropologie und Geschichtsphilosophie zu vermeiden.

10. Beides muss vermieden werden: sowohl eine reduktive Anthropologie – denn das trans-kulturelle, trans-ethnische, das absolute Subjekt der Geschichte hat man bis heute vergeblich gesucht – als auch eine reduktive Geschichtsphilosophie, denn auch hier ist der Traum von einem bestimmten Ende oder von einem Ende schlechthin ausgeträumt. Weder der Mensch geht in einer bestimmten, konkreten Anthropologie auf, noch endet seine Geschichte mit einem bestimmten Entwurf. In der ewigen Ordnung der Dinge hat entweder alles und jedes seine Geschichte, oder aber nichts hat eine Geschichte.

11. Beide Grundideen: die einer planmäßigen Veränderbarkeit der natürlichen und sozial-politischen Welt und die der stetigen Vervollkommnungsfähigkeit des Menschen haben ihre Grenzen in dem weitgezogenen

Spielraum der kosmischen Natur, die alles duldet, nur keine radikale Zurückweisung ihrer selbst, die mit der Verabsolutierung des Anthropos verbunden ist. Daher wird gefordert: Weder ein plumpes 'Zurück zur Natur' noch ein alleiniges 'Zurück zur Kultur', sondern ein 'Zurück zur Natur über den Umweg der Kultur' verbunden mit der Einsicht in die unaufhebbare Schicksalsgemeinschaft aller Wesen in dem einen großen Haushalt der kosmischen Natur.

Ist nicht doch der Mensch selbst mit seiner Geschichte ein besonderer Umweg zu dieser Einsicht?

12. Wenn die seit Jahren heiß diskutierte, viel gelobte und auch vehement abgelehnte Theorie der Postmoderne für einen Abschied von einer geschichtswissenschaftlichen Erkenntnis, von einem sinnvollen Geschichtsprozess, von der Einheit als Einheitlichkeit, von Fortschritt, Emanzipation und Legitimation plädiert und das endlose Ende der Geschichte in einer Zukunft ohne Zukunft meint heraufkommen zu sehen, aber in ihrer Entscheidung für den eigentlichen Standort der Kritik noch unentschieden ist, ob dieser Ort nun der Mensch, die Geschichte oder die große Natur ist, dann ist unsere These von der grundsätzlichen Verankerung des Menschen und seiner Geschichte in dem großen Haushalt der kosmischen Natur eine hilfreiche Alternative, die – überzeugt von dem unparteiischen Walten des immer währenden Entstehen-Bestehen-Vergehens – weder den Fortschritt über Gebühr hochjubelt noch den Rückschritt und Verfall übermäßig beweint.

13. Die beunruhigende Frage der Postmoderne und an die Postmoderne ist: Was machen wir, wenn alle unsere idealen Sinngebungsstrukturen zerfallen und beliebig zu werden drohen? Wenn das Subjekt sich auflöst, verliert die Postmoderne ihren nihilistischen Stachel. Doch sobald wir unseres Eingebettetseins in der großen Natur gewahr werden, uns besinnen, bescheiden und unsere angemessene Ruhe, d. h. unsere Zufriedenheit finden, gelangen wir zu der einer persönlichen Bekehrung und einer Transformation ähnlichen reflexiv-meditativen Einsicht: Es ist eigentlich ein 'menschliches Vorurteil', zu meinen, das Leben auf Erden nicht führen zu können, ohne, jenseits des ewigen Kreislaufs, eine diesem enthobene, ja ihm entgegengesetzte und ihn überwindende Position zu beziehen. Der Mensch als Natur- und Geistwesen steht unentrinnbar in einer Schicksalsgemeinschaft, und der Gedanke, dass der Mensch ein Teil des großen Kreislaufs der Dinge ist, ist beruhigend und beunruhigend zugleich. Philosophische Reflexion qua philosophische Reflexion über Mensch und Geschichte sieht die große Natur als Richtschnur. Dem philosophischen Denken scheint sowohl ein tragisches als auch ein befreiendes Moment innezuwohnen. Endgültige Lösungen sind anscheinend nicht zu haben, weil die Kette der Fragen nicht aufhört. In einem verwandten Sinne lesen wir

bei Wittgenstein, die Frage des Fortschritts in der Philosophie betreffend: „– Wenn einer kratzt, wo es ihn juckt, muss ein Fortschritt zu sehen sein? Ist es sonst kein echtes Kratzen, oder kein echtes Jucken? Und kann nicht diese Reaktion auf die Reizung lange Zeit so weiter gehen, …“[2]

14. Eine solche zum größten Teil selbst verschuldete Sehnsucht nach der einen endgültigen Lösung muss bei den Konstruktionen der 'großen Erzählungen' Pate gestanden haben, deren Ende uns vor Augen geführt wurde. Ob die großen Erzählungen – säkularer oder sakraler Natur – je ein Ende finden werden, ist mehr als zweifelhaft, bedenkt man, dass im Erzählen eine Befriedigung liegt.

15. Mensch und Geschichte, Anthropologie und Geschichtsphilosophie – so unser Fazit – mögen sich ihrer Verankerung bewusst werden in dem großen Haushalt der kosmischen Natur. Dies heißt jedoch nicht das Ende aller Freiheiten, denn der große Rahmen der kosmischen Natur ist plastisch genug, um der menschlichen Fantasie genügend Freiräume zu lassen. Es geht letzten Endes nicht nur um die individuelle Bescheidenheit der Menschen in der Gattungskategorie Mensch, sondern auch und vor allem um eine Bescheidenheit der Gattung „Mensch“ selbst, einer Gattung, die zwar erhellende Differenzen im Vergleich zu anderen Gattungen aufweist, aber eine grundsätzliche Ähnlichkeit mit anderen Gattungen weder zurückweisen noch ganz überwinden kann, und dies trotz des ungeheuren Fantasiereichtums der menschlichen Gattung in Wissenschaft, Kunst, Kultur, Technik und Religion.

16. In seinem Willen zur Veränderung und Beherrschung sollte der Mensch seiner Experimentierwut Grenzen setzen aus der empirisch gegebenen Einsicht, dass es den Menschen wohl kaum gelingen wird, ein Experiment, das weder dem Schöpfergott noch der Mutter Natur noch dem Zufall noch dem Big Bang ganz gelungen ist, fehlerfrei zu gestalten.

[2] Wittgenstein, L.: Über Gewißheit, Werkausgabe Bd. 8, Frankfurt a. M. 1984, S. 573.

Bibliographie

Acham, K.: Analytische Geschichtsphilosophie. Eine kritische Einführung, Freiburg i. Br. 1974.

Anders, G.: Die Antiquiertheit des Menschen, 2 Bde., München 1983/84.

Augustinus: Bekenntnisse, übers. von J. Bernhart, München 1956.

Augustinus: Der Gottesstaat – De Civitate Dei, hrsg. und übers. von C. J. Perl, München/Zürich 1979.

Augustinus: Des heiligen Kirchenvaters Aurelius Augustinus ausgewählte Schriften, übers. von A. Schröder, München 1911–16.

Ave-Lallemant, E.: Religion und Metaphysik im Weltalter des Ausgleichs, in: Uit Tijdschrift voor Filosofie, 42e. Jaargang, Nr. 2, 1980.

Becsi, K.: Das indische Zeitalter. Perspektiven und Profile, Wien 1973.

Benthall, J.: The Limits of Human Nature, New York 1974.

Berdjajew, N.: The Russian Revolution, Vital Realities, New York 1923.

Biedermann, F. v. (Hrsg.): Goethes Gespräche, Gesamtausgabe, 2. Aufl., Leipzig 1909.

Blumenberg, H.: Arbeit am Mythos, Frankfurt a. M. 1979.

Brunner, P.: Zeit- und Geschichtsauffassung bei Augustin, in: Zeitschrift für Theologie und Kirche, 14, 1933.

Buber, M.: Gesammelte philosophische und pädagogische Schriften, Zürich 1947.

Burckhardt, J.: Weltgeschichtliche Betrachtungen, Stuttgart 1978.

Carr, E. H.: Was ist Geschichte?, Stuttgart 1977.

Chan, Wing-Tsit: A Source Book in Chinese Philosophy, Princeton 1973.

Cho, K.-K.: Bewußtsein und Natursein. Phänomenologischer West-Ost-Diwan, München 1987.

Cho, K.-K.: Restoration of Universism: Toward an Ethics of Accord: Beyond Human Society, in: The World Community in Post-Industrial Society, Seoul 5/1988.

Constantin, H. u. a.: Versuch einer marxistischen philosophischen Anthropologie, Neuwied 1972.

Dilthey, W.: Gesammelte Schriften, Leipzig 1924.

Dinkler, E.: Die Anthropologie Augustins, Stuttgart 1934.

Dörner, K.: Natur, Geschichte und Entfremdung bei Arnold Gehlen, in: Archiv für Rechts- und Sozialphilosophie, 51, 1965.

Dodge, P.: Beyond Marxism. The Faith and Work of Hendrik de Man, Den Haag 1962.

Drag, W. H. (ed.): Philosophical Analysis and History, New York/London 1960.

Dray, W.: Philosophy of History, New York 1960.

Dray, W. (ed.): Philosophical Analysis and History, London 1966.

Drexler, H. (Übers.): Geschichte des Polybios, 2 Bände, Zürich 1963.

Eisen, K. F.: Polybiosinterpretationen. Beobachtungen zu Prinzipien griechischer und römischer Historiography bei Polybios, Heidelberg 1966.
Faber, K.-G., Ch. Meier (Hrsg.): Historische Prozesse, Theorie der Geschichte. Beiträge zur Historik, Bd. 2, München 1978.
Fann, K. T.: Die Philosophie Ludwig Wittgensteins, München 1971.
Fetscher, I.: Christen oder Bolschewisten, Stuttgart 1957.
Fetscher, I.: Karl Marx und der Marxismus. Von der Philosophie des Proletariats zur proletarischen Weltanschauung, München 1967.
Figgis, J. N.: The Will to Freedom or the Gospel of Nietzsche and the Gospel of Christ, New York 1917.
Fleischer, H.: Marxismus und Geschichte, Frankfurt a. M. 1969.
Freud, S.: Das Unbehagen in der Kultur, Frankfurt a. M. 1972.
Frings, M. S.: Gott und das Nichts, in: Phänomenologische Forschungen, Bd. 6/7, 1978.
Frings, M. S.: Max Scheler: Drang und Geist, in: Grundprobleme der großen Philosophen, hrsg. von J. Speck, Göttingen 1973.
Fromm, E.: Marx' Beitrag zur Wissenschaft vom Menschen, in: E. Fromm. Analytische Sozialpsychologie und Gesellschaftstheorie, Frankfurt a. M. 1970.
Fromm, E. (ed.): Socialist Humanism. An International Symposium, New York 1966.
Fung, Yu-lan: A History of Chinese Philosophy, Princeton 1973.
Gadamer, H.-G., und Vogler (Hrsg.): Neue Anthropologie, Stuttgart 1975.
Gardiner, P. (ed.): Theories of History, Glencoe, Illinois, 1960.
Gasset, J. O. I.: Vom Menschen als utopischem Wesen, Stuttgart 1952.
Geertz, C.: The Interpretation of Cultures – Selected Essays, New York 1973.
Gehlen, A.: Philosophische Anthropologie, in: Meyers Enzyklopädisches Lexikon, Bd. 2, S. 312–17.
Gehlen, A.: Rückblick auf die Anthropologie Max Schelers, in: P. Gord (Hrsg.): Max Scheler im Gegenwartsgeschehen der Philosophie, Bern/München 1975.
Gehlen, A.: Der Mensch, seine Natur und seine Stellung in der Welt, Frankfurt a. M. 1971.
Gehlen, A.: Anthropologische Forschung, Hamburg 1961.
Gehlen, A.: Moral und Hypermoral, Bonn 1969.
Ghasempour, M.: Zarathustras Konzeption einer elementaren Ethik und Nietzsches Zarathustra-Rezeption, in: Ethik und Politik aus interkultureller Sicht, Bd. 5, Amsterdam 1996.
Glasenapp, H. v.: Die Philosophie der Inder, Stuttgart 1974.
Gruhle, H.-W., Jung, R. (Hrsg.): Psychiatrie der Gegenwart, Bd. 1/2, Berlin 1963.
Gulian, C.: Versuch einer marxistischen philosophischen Anthropologie, Darmstadt–Neuwied 1973.
Habermas, J.: Anthropologie, in: Philosophie-Lexikon, hrsg. von V. A. Diener und I. Frenzel, Frankfurt a. M. 1958.
Habermas, J.: Hegels Kritik der Französischen Revolution, in: Theorie und Praxis, Frankfurt a. M. 1963.
Habermas, J.: Karl Löwiths stoischer Rückzug vom historischen Bewußtsein, in: Philosophisch-politische Profile, Frankfurt a. M., 1971.

Halbfass, W.: Anthropological Problem in Classical Indian Philosophy, in: Beiträge zur indischen Forschung: Ernst Waldschmidt zum 80. Geburtstag gewidmet, Berlin 1977.
Häberlin, P.: Der Mensch, Zürich 1941.
Handlin, O.: Truth in History, Cambridge (Mass.) 1979.
Hartmann, N.: Ethik, Berlin 1926.
Hegel, G. W. F.: Enzyklopädie der philosophischen Wissenschaften, Frankfurt a. M. 1970.
Hegel, G.W.F.: Vorlesungen über die Philosophie der Weltgeschichte, Philos. Bibl., Hamburg 1955.
Hegel, G. W. F.: Die Vernunft in der Weltgeschichte, hrsg. von J. Hoffmeister, Hamburg 1955.
Hegel, G. W. F.: Vorlesungen über die Philosophie der Geschichte, hrsg. von Th. Litt, Stuttgart 1961.
Heimsoeth, H.: Zur Anthropologie Friedrich Nietzsches, in: Blätter für deutsche Philosophie 17, 1, 1943.
Herder, J. G.: Ideen zur Geschichte der Philosophie der Menschheit, hrsg. von E. Suphan, Sämtliche Werke, Berlin 1877–1913.
Herder, J. G.: Ideen zur Philosophie der Geschichte der Menschheit, hrsg. von H. Stolpe, Berlin 1965.
Heuß, A.: Philosophische Anthropologie und der Wandel des Menschlichen. Überlegungen im Hinblick auf die Theorie Arnold Gehlens, in: Saeculum, 30, 1979.
Heuß, A.: Verlust der Geschichte, Göttingen 1959.
Horkheimer, M.: Gesellschaft im Übergang, Frankfurt a. M. 1972.
Horkheimer, M.: Zum Begriff des Menschen, in: M. Horkheimer. Zur Kritik der instrumentellen Vernunft, hrsg. von A. Schmidt, Frankfurt a. M. 1974.
Hsiao, Kunf-ch'uan: A History of Chinese Political Thought, Princeton 1979.
Hume, D.: Ein Traktat über die menschliche Natur, Philos. Bibl. 283, Hamburg 1973.
Hume, D.: Enquiries, hrsg. von L. A. Selby-Bigge, Oxford 1966.
Iggers, G.: Deutsche Geschichtswissenschaft. Eine Kritik der traditionellen Geschichtsauffassung von Herder bis zur Gegenwart, München 1976.
Iggers, G.: Geschichtswissenschaft im 20. Jahrhundert: Ein kritischer Überblick im internationalen Zusammenhang, Göttingen 1993.
Iljitschow, L. F.: Marx und die historischen Perspektiven der Menschheit, in: Karl Marx und die moderne Philosophie, Moskau 1968.
James, W.: Pragmatism and the Meaning of Truth, London 1978.
Jaspers, K.: Die großen Philosophen, München 1957.
Jaspers, K.: Einführung in die Philosophie, München 1971.
Jaspers, K.: Kleine Schule des philosophischen Denkens, München 1971.
Jaspers, K.: Philosophie, Berlin 1948.
Jaspers, K.: Vom Ursprung und Ziel der Geschichte, München 1983.
Jonas, F.: Die Institutionenlehre Arnold Gehlens, Tübingen 1966.
Jonas, F.: Geschichte der Soziologie, Hamburg 1968.
Kant, I.: Idee zu einer allgemeinen Geschichte in weltbürgerlicher Absicht, in: Gesammelte Schriften, Bd. VIII, 1. Abt., Berlin 1900ff.
Katz, D.: Mensch und Tier, Zürich 1948.

Kerler, D. H.: Weltwille und Wertwille, Leipzig 1921.

Kittsteiner, H.-D.: Listen der Vernunft. Motive geschichtsphilosophischen Denkens, Frankfurt a. M. 1998.

Köhler, U.: Sündenfall und Urknall, Stuttgart 1983.

Koselleck, R.: Kritik und Krise. Eine Studie zur Pathogenese der bürgerlichen Welt, Frankfurt a. M. 1973.

Kranz, W.: Kosmos, in: Archiv für Begriffsgeschichte II, 1 und 2, 1955/57.

Landmann, M.: De Homine. Der Mensch im Spiegel seines Gedankens, Freiburg i. Br. 1962.

Legge, J.: The Chinese Classics – With a Translation, Critical and Exegetical Notes, Prolegomena and Copious Indexes, 5 Vols., Hongkong 1970.

Legge, J.: The Sacred Books of China, Oxford 1891.

Lenk, K.: Von der Ohnmacht des Geistes. Darstellung der Spätphilosophie Max Schelers, Tübingen 1959.

Lepenies, W., Nolte, H.: Kritik der Anthropologie, München 1972.

Lepenies, W.: Das Ende der Überheblichkeit, in: Zeitschrift für Kulturaustausch, 1/1996.

Löwith, K.: Gesammelte Abhandlungen. Zur Kritik der geschichtlichen Existenz, Stuttgart 1960.

Löwith, K.: Mein Leben in Deutschland vor und nach 1933. Ein Bericht. Mit einem Vorwort von Reinhard Koselleck und einem Nachwort von Ada Löwith, Stuttgart 1986.

Löwith, K.: Nietzsches Philosophie der ewigen Wiederkehr des Gleichen, Stuttgart 1956.

Löwith, K.: Unzulängliche Bemerkungen zum Unterschied von Orient und Okzident, in: Die Gegenwart der Griechen im neueren Denken, Festschrift für H.-G. Gadamer, zum 60. Geburtstag, hrsg. von D. Henrich u. a., Tübingen 1960.

Löwith, K.: Von Hegel zu Nietzsche, Stuttgart 1958.

Löwith, K.: Weltgeschichte und Heilsgeschehen, Stuttgart 1953.

Löwith, K.: Zur Frage einer philosophischen Anthropologie, in: Neue Anthropologie, hrsg. von H.-W. Gadamer und P. Vogler, Stuttgart 1975.

Löwith, K.: Jacob Burckhardt. Der Mensch inmitten der Geschichte, Stuttgart 1966.

Löwith, K.: Vorträge und Abhandlungen. Zur Kritik der christlichen Überlieferung, Stuttgart 1966.

Löwith, K.: Gott, Mensch und Welt in der Metaphysik von Descartes bis zu Nietzsche, Göttingen 1967.

Löwith, K.: Jacob Burckhardts Stellung zu Hegels Geschichtsphilosophie, in: Dt. Vierteljahresschrift für Literaturwissenschaft, hrsg. von P. Kluckhohn, 6. u. 7. Jg., Halle 1928.

Löwith, K.: Max Weber und Karl Marx, in: Archiv für Sozialwissenschaft und Sozialpolitik, 6/7, 1932.

Löwith, K.: Max Scheler und das Problem einer philosophischen Anthropologie, in: Theologische Rundschau, N.F. 7, 1935.

Löwith, K.: Burckhardt und unsere Zeit, in: Neue Zürcher Zeitung, 1. 8. 1937, Nr. 1382, Bl. 3.

Löwith, K.: Zur neueren Nietzsche-Forschung, in: Theologische Rundschau, N.F. 10, 1938.
Löwith, K.: Die Einheit und die Verschiedenheit der Menschen, in: Philosophia (Belgrad), 3, 1938.
Löwith, K.: The Theological Background of the Philosophy of History, in: Social Research, 13, 1946.
Löwith, K.: Skepsis und Glaube in der Weltgeschichte, in: Die Welt als Geschichte. Eine Zeitschrift für Universalgeschichte, 10, 1950.
Löwith, K.: Natur und Geschichte, in: Die neue Rundschau, 62, H. 1, 1951.
Löwith, K.: Jacob Burckhardt. Der philosophische Verzicht auf Geschichtsphilosophie, in: Der Monat, 4, H. 48, 1951/52.
Löwith, K.: Christentum und Geschichte, in: Numen, 2, 1955.
Löwith, K.: Natur und Humanität des Menschen, in: Wesen und Wirklichkeit des Menschen, Festschrift für Helmuth Plessner, hrsg. von K. Ziegler, Göttingen 1957.
Löwith, K.: Marxismus und Geschichte, in: Neue Deutsche Hefte, 4, Nr. 42, 1957/1958.
Löwith, K.: Vom Sinn der Geschichte, in: Der Sinn der Geschichte, hrsg. von L. Reinisch, München 1970.
Löwith, K.: Hegels Aufhebung der christlichen Religion, in: Einsichten. Gerhard Krüger zum 60. Geburtstag, hrsg. von K. Oehler und R. Schaeffler, Frankfurt a. M. 1962.
Löwith, K.: Nietzsches antichristliche Bergpredigt, in: Heidelberger Jahrbücher, 6, 1962.
Löwith, K.: Geschichte und historisches Bewußtsein, in: Hundert Jahre Kohlhammer, 1866–1966, Stuttgart 1966.
Löwith, K.: Die Natur des Menschen und die Welt der Natur, in: Sitzungsberichte der Heidelberger Akademie der Wissenschaften, Philos.-hist. Kl., Jg. 1969.
Löwith, K.: Philosophische Weltgeschichte?, in: Merkur, 24, 1970.
Machovec, M.: Auf gemeinsamer Suche nach dem Sinn des Lebens, in: Schöpfertum und Freiheit in einer humanen Gesellschaft, Marienbader Protokolle, hrsg. von E. Kellner, Wien 1969.
Mall, R. A.: Einheit angesichts der Vielfalt, in: Einheit und Vielfalt. Das Verstehen der Kulturen, hrsg. von N. Schneider, R. A. Mall, D. Lohmar, Amsterdam 1998.
Mall, R. A.: Interkulturelle Philosophie und die Historiography, in: Ethnozentrismus, hrsg. von M. Brocker, H. Nau, Darmstadt 1997.
Mall, R. A.: Interkulturelle Kompetenz – Zur Bedeutung der Grundkenntnisse asiatischen Denkens unter besonderer Berücksichtigung des indischen und chinesischen, in: Internationales Management, hrsg. von A. Clermont und W. Schmeisser, München 1997.
Mall, R. A., Hülsmann, H.: Die drei Geburtsorte der Philosophie. China, Indien, Europa, Bonn 1989.
Mall, R. A.: Europa im Spiegel der Weltkulturen. Oder eine nicht-europäische Entdeckung Europas – Vom Mythos der Europäisierung der Menschheit, in: Gymnasium. Zeitschrift für Kultur der Antike und Humanistische Bildung, hrsg. von F. Bömer, R. Klein und H. Steinthal, Heidelberg 1999, S. 481–499.

Mall, R. A.: Interkulturelle Philosophie und deren Ansätze bei Jaspers, in: Karl Jaspers – Philosophie und Politik, hrsg. Von R. Wiehl und D. Kaegi, Heidelberg 1999, S. 145–162.

Mall, R. A.: Intercultural Philosophy, New York/Oxford 2000.

Mansilla, H. C. F.: Die Trugbilder der Entwicklung in der dritten Welt, München 1986.

Marquard, O.: Schwierigkeiten mit der Geschichtsphilosophie, Frankfurt a. M. 1973.

Marquard, O.: Homo Compensator, in: Diskurs: Mensch, München 1985.

Marx, K., Engels, F.: MEW, Berlin 1971.

Marx, K.: Pariser Manuskripte, Hamburg 1966.

Müller, W. A.: Die Wiederkehr des Zufalls. Kontingenz und Naturerfahrung bei Naturwissenschaftlern, Philosophen und Theologen, Gütersloh 1977.

Nakamura, H.: Ways of Thinking of Eastern Peoples. India China Tibet Japan, Delhi 1964.

Needham, J.: History and Human Value. A Chinese Perspective for World Science and Technology, Cambridge 1961.

Nietzsche, F.: Kritische Studienausgabe in 15 Bänden, hrsg. v. G. Colli und M. Montinari, München 1980.

Nietzsche, F.: Werke in zwei Bänden, Lizenzausgabe Deutsche Buchgemeinschaft Darmstadt, nach der Ausgabe von Karl Schlechta, Carl Hanser Verlag, München 1966.

Niethammer, L.: Posthistoire. Ist die Geschichte zu Ende? Reinbek bei Hamburg 1989.

Oelmüller, W., Dölle-Oelmüller, R., Geyer, C.-F. (Hrsg.): Philosophische Arbeitsbücher 7, Diskurs: Mensch, München 1985.

Philips, C. H.(ed.): Historians of India, Pakistan and Ceylon, London 1961.

Plessner, H.: Die Frage nach der Conditio humana, Frankfurt a. M. 1976.

Plessner, H.: Die Stufen des Organischen und der Mensch, Berlin 1975.

Plessner, H.: Macht und die menschliche Natur. Ein Versuch zur Anthropologie der geschichtlichen Weltansicht (1931), in: Philosophie und Gesellschaft. Ausgewählte Abhandlungen und Vorträge, Frankfurt a. M. 1979.

Plessner, H.: Philosophie und Gesellschaft, Bern 1953.

Plessner, H.: Philosophische Anthropologie heute, München 1974.

Pohlmann, E.: Der Mensch – das Mängelwesen? Zum Nachdenken antiker Anthropologie bei Arnold Gehlen, in: Archiv für Kulturgeschichte, 52, 1970.

Popper, K.: Falsche Propheten, Bern 1958.

Popper, K.: Das Elend des Historismus, Tübingen 1957.

Portmann, A.: Biologische Fragmente zu einer Lehre von Menschen, Basel 1951.

Pusalkar, A. D.: Conception of History in Ancient Indian Literature, in: Our Heritage, Bulletin of the Depatment of P. G. Training and Research, Sanskrit College, Calcutta, Vol. 12, Part 2, July–December 1964.

Radhakrishnan, S., and C. A. Moore (ed.): A Source Book in Indian Philosophy, Princeton 1973.

Rensch, B.: Homo sapiens. Vom Tier zum Halbgott, Göttingen 1959.

Ricœur, P.: Geschichte und Wahrheit, übers. mit einer Einleitung von Leick, R., München 1974.

Rohr, G.: Platons Stellung zur Geschichte. Eine methodologische Interpretationsstudie, Berlin 1932.
Rombach, H.: Strukturanthropologie. Der menschliche Mensch, Freiburg/München [2]1993.
Rosenkranz, K.: Psychologie oder die Wissenschaft vom subjektiven Geist, Berlin 1863.
Rossmann, K. (Hrsg.): Deutsche Geschichtsphilosophie von Lessing bis Jaspers, Bremen 1959.
Rothacker, E.: Philosophische Anthropologie, Bonn 1975.
Russell, B.: History of Western Philosophy, London 1967.
Saß, H.-M.: Urbanität und Skepsis: Karl Löwiths kritische Theorie, in: Philosophische Rundschau, 21, 1975.
Schaeffler, R.: Einführung in die Geschichtsphilosophie, Darmstadt 1973.
Schaff, A.: Geschichte und Wahrheit, Wien 1970.
Schapp, U.: Philosophie der Geschichten, Leer 1959; Wiesbaden 1975, Nachdr.
Scheler, M.: Die Idee des Friedens und der Pazifismus, München 1974.
Scheler, M.: Die Stellung des Menschen im Kosmos, München 1962.
Scheler, M.: Gesammelte Werke, Bern 1960.
Scheler, M.: Nachlaß, Ana 315 CCV, 29.
Scheler, M.: Philosophische Weltanschauung, Bern 1968.
Schmidt, A.: Geschichte und Struktur. Fragen einer marxistischen Historik, München 1971.
Schmidt, A.: Der Begriff der Natur in der Lehre von Marx, Frankfurt a.M. 1978.
Schnädelbach, H.: Geschichtsphilosophie. Die Probleme des Historismus, München 1974.
Schott, R.: Das Geschichtsbewußtsein schriftloser Völker, in: Archiv für Begriffsgeschichte, 12, 1968.
Schulin, E. (Hrsg.): Universalgeschichte, Köln 1974.
Schwartz, E.: Das Geschichtswerk des Thukydides, Hildesheim 1960.
Seal, B. N.: The Positive Sciences of the Ancient Hindus, Delhi 1958.
Sik, O.: Der dritte Weg/Die marxistisch-leninistische Theorie und die moderne Industriegesellschaft, Hamburg 1972.
Smart, N.: World Philosophies, New York 1999.
Sonnemann, U.: Negative Anthropologie. Vorstudien zur Sabotage des Schicksals, Frankfurt a. M. 1981.
Stahl, H.-P.: Thukydides. Die Stellung des Menschen im geschichtlichen Prozeß, München 1966.
Sternberg, F.: Anmerkungen zu Marx heute, Frankfurt a. M. 1965.
Suzuki, D. T.: Zen Buddhism: Selected Writings of Suzuki, hrsg. von W. Barrett, New York 1956.
Taube, J.: Abendländische Eschatologie, Bern 1947.
Thier, E.: Das Menschenbild des jungen Marx, Göttingen 1957.
Toynbee, A. J.: A Study of History, London 1934.
Uexküll, Th. v.: Der Mensch und die Natur. Grundzüge einer Naturphilosophie, Berlin 1953.

Verrechia, A.: Zarathustras Ende – Die Katastrophe Nietzsches in Turin. Aus dem Italienischen von P. Pawlowsky, Wien 1986.
Weber, M.: Gesammelte Aufsätze zur Soziologie und Sozialpolitik, Tübingen 1924.
Wehler, H.-U. (Hrsg.): Evolution und Geschichte, Göttingen 1976.
Wimmer, F.: Interkulturelle Philosophie. Geschichte und Theorie, Wien 1990.
Wittgenstein, L.: Über Gewißheit, Werkausgabe, Frankfurt a.M. 1984.
Wolfe, B. D.: Marx und die Marxisten. 100 Jahre Theorie und Praxis einer Doktrin. Berlin 1965.
Zoepffel, R.: Historia und Geschichte bei Aristoteles. Abhandlungen der Heidelberger Akademie der Wissenschaften, Philos.-hist. Klasse, 1975, 2. Abh., Heidelberg 1975.

Register

Namen

Sachen